|光明社科文库|

土味书香
——王庄乡村教师生活史研究

蒋福超◎著

光明日报出版社

图书在版编目（CIP）数据

土味书香：王庄乡村教师生活史研究 / 蒋福超著. -- 北京：光明日报出版社，2024.4
ISBN 978-7-5194-7947-3

Ⅰ.①土… Ⅱ.①蒋… Ⅲ.①农村学校—教师—生活史—研究—中国 Ⅳ.①G451.4

中国国家版本馆 CIP 数据核字（2024）第 091694 号

土味书香：王庄乡村教师生活史研究
TUWEI SHUXIANG：WANGZHUANG XIANGCUN JIAOSHI SHENGHUOSHI YANJIU

著　　者：蒋福超	
责任编辑：杨　茹	责任校对：杨　娜　王秀青
封面设计：中联华文	责任印制：曹　净

出版发行：光明日报出版社
地　　址：北京市西城区永安路 106 号，100050
电　　话：010-63169890（咨询），010-63131930（邮购）
传　　真：010-63131930
网　　址：http://book.gmw.cn
E - mail：gmrbcbs@gmw.cn
法律顾问：北京市兰台律师事务所龚柳方律师
印　　刷：三河市华东印刷有限公司
装　　订：三河市华东印刷有限公司
本书如有破损、缺页、装订错误，请与本社联系调换，电话：010-63131930

开　　本：170mm×240mm	
字　　数：237 千字	印　　张：14.5
版　　次：2024 年 4 月第 1 版	印　　次：2024 年 4 月第 1 次印刷
书　　号：ISBN 978-7-5194-7947-3	
定　　价：89.00 元	

版权所有　　翻印必究

自　序

我想过请熟悉的专家或朋友来为本书作序，但或许还有更多书中没有表达完的话想说，我决定自己为自己的书写篇短序。

序言是全书的序曲，如同一首曲子需要序曲一样，它是全曲的情感铺垫，为全曲定下了一个基本的调子。可以从这几句已经打出的文字看出，本书是感性基调的。

但学术何以能感性呢？

我相信，所有的学术写作是基于自己的困惑感而来的，这个困惑感可以是对宏大问题的思索，如宇宙、人生、生命、教育等，更有可能是从自己的生命困惑中引发出来的对宏大问题的思考，这种思考是有根的，它的根生在自己的生命土壤里，所以对这个问题的思索，既是关乎自己的，也是关乎他人、关乎世界的。

我曾是一名乡村教师，我的父亲也做了十几年乡村教师。我的问题就从这里来。作为知识人的乡村教师，身居乡村，到底经历了什么？这些经历反映了什么？这些困境应该如何摆脱？这是个人问题，也是时代问题，需要被记录、被反思。我要引用我第一章的一段话来继续说明：

> 每个小人物，都在这个大时代不由自主的活着，推而广之，对一群乡村教师来说，我们通过各色故事，还能看到每个人在传统与现代的交替处，如何安身立命。这是一个隐喻，我和父亲的故事只是其中最普通的两个而已，下文中的每个故事，都是在忽明忽暗的时代里个人为追求美好而发生的点点滴滴，只不过有的美丽，有的枯燥，有的显得哀怨而已。如果能让你掩卷沉思，甚至感动流泪，你就会发现，你就是其中的某一位，与故事中的人物共欢戚，与这个伟大而渺小的时代共呼吸。

是的，学术，特别是人文社科学术，如果没有了生命关怀，似乎就丧失了灵魂。但反过来，如果只有感性的生命关怀，这种关怀却又显得力量不足。理论是照亮现实的光，它让现实经验变得更加通透、彻亮。在本书中，你会看到社会学的、现象学的、人类学的、政治学的等各种理论粉墨登场，但最终都归于哲学（包括教育哲学）的思考。

所以，本书行文的一大特色是富有鲜活感的现实描绘与哲学反思相互融合，力图在日神与酒神之间架起一座桥梁，让他们碰撞、对话、创造。当然，这一努力肯定有不畅之处，期待后续更多的自我成长。

我的研究从一个名叫"王庄"的村庄开始，从村庄的一群乡村教师开始，走进他们，就是走进自己。我与他们（特别是核心人物王校长）喝茶吃饭、喝酒抽烟，我感觉闯入了一个新世界。其实，这个世界的物理环境并不新，毕竟我是从农村出来的，仅仅是因为一群人的灵魂世界向我敞开，我才觉得这是个崭新的世界。

他们工作着、生活着、爱着、痛着、快乐着、愤懑着……时隔几年，我依然记得每一个面孔，每一段故事。我依然清晰地记得我为什么而哭泣、为什么而感动、为什么而兴奋不已。这才是中国，这就是中国，我心里不断地呐喊着、奔腾着。我把他们的故事写出来的同时，更要挖掘出故事背后的更多内容。这些内容与知识、道德、私人生活及其相互关系息息相关，和乡村教师的未来息息相关，和乡村课程与教学的发展息息相关。当然，和每个大时代里的小人物，都有内隐的关联。

王庄在中国，中国也在王庄。

欢迎你来到王庄中国！

目 录
CONTENTS

导论 现代性语境下的乡村教师研究 ……………………… 1

  第一节 时代背景：教育现代性发展困境 ………………… 1

    一、共时存在：教育现代性的当下遭遇 ………………… 1

    二、无根的现代性：一场知识人的"循环" ……………… 3

    三、政治哲学之于教育现代性 …………………………… 4

  第二节 现实境遇：村庄中的中国故事 …………………… 6

    一、公共的冷漠 …………………………………………… 6

    二、主体的迷失 …………………………………………… 8

    三、精神的荒芜 …………………………………………… 9

  第三节 我与父亲：两代乡村教师叙事 …………………… 10

    一、我的故事 ……………………………………………… 10

    二、父亲的故事 …………………………………………… 13

    三、想研究什么 …………………………………………… 15

  第四节 文献综述与学术启发 ……………………………… 17

    一、乡村教师研究综述 …………………………………… 17

    二、研究趋势和拓展空间 ………………………………… 23

第一章　研究设计

第一节　概念界定：乡村教师是谁 …… 26
　　一、乡村与农村 …… 26
　　二、乡村教师与乡村士绅 …… 27

第二节　理论工具：现代性下的国家、社会与知识群体 …… 29
　　一、国家中心 …… 29
　　二、社会中心 …… 30
　　三、国家限度理论 …… 31
　　四、公民社会理论 …… 32

第三节　研究假设：经济人与文化人 …… 34
　　一、经济人与文化人的假设 …… 34
　　二、生存论意义上的人 …… 36

第四节　研究方法：生活史与社会人类学的想象力 …… 38
　　一、生活史与教师研究 …… 39
　　二、生活史写作的想象力：描述与倾听 …… 41

第五节　田野点选择：为什么是王庄 …… 43
　　一、为什么是王庄？ …… 43
　　二、如何进入王庄？ …… 44
　　三、调查进展与困境 …… 45

第二章　王庄素描

第一节　地理人口 …… 48
　　一、地理概述 …… 48
　　二、院落类型 …… 51

三、家族情况 ··· 52

第二节　经济状况 ·· 54

　　一、经济来源 ··· 55

　　二、村庄与土地经济 ··· 55

第三节　历史文化 ·· 56

　　一、村镇名人 ··· 58

　　二、消失的艺人、匠人 ··· 61

　　三、村庄故事传说 ·· 62

　　四、村庄谚语俗语 ·· 64

第四节　教师群像 ·· 65

　　一、教师队伍的历史变化 ·· 65

　　二、主要人物人生经历梗概 ··· 69

　　三、必须做出的说明 ··· 70

第三章　知识关怀 ·· 71

第一节　知识构成 ·· 72

　　一、科学文化知识：边教边学呗 ······································ 72

　　二、乡土知识：我们的世界太小了 ··································· 74

　　三、政治知识：学校成了大杂烩了 ··································· 77

第二节　知识价值 ·· 81

　　一、知识崇信与反智主义：识字的人活泛 vs 恁老师能干 ········ 81

　　二、知识的经济区隔：仨钱儿的不和俩钱儿的玩儿 ············ 84

　　三、知识的政治区隔：识字的人难缠啊 ···························· 88

第三节　知识：身份认同、精神气质与现代性 …… 91
　　一、知识与身份认同 …… 91
　　二、知识的精神气质与现代性问题 …… 94

第四章　道德秩序 …… 98
第一节　道德想象 …… 98
　　一、圈子与面子：要钱有钱，要势有势 …… 98
　　二、耕与读：忠厚传家远，耕读继世长 …… 103
第二节　道德实践 …… 107
　　一、公与私：有时觉得对不住这些村里孩儿 …… 107
　　二、礼与孝：非得出个爪 …… 111
第三节　安于何处：共同体的迷失与乡村道德秩序 …… 116
　　一、国家主导的共同体脱嵌与共同体的破碎 …… 116
　　二、孤独与矛盾：乡村教师的道德现代性 …… 118

第五章　私人生活 …… 122
第一节　家庭 …… 122
　　一、感情：跟着咱也不容易 …… 122
　　二、伦理：绝枝不绝长 …… 128
　　三、空间布局：谁当家也不容易啊 …… 130
第二节　信仰与意义 …… 132
　　一、消散的村庄信仰：谁还有那份心啊 …… 132
　　二、信仰困境与危机：家里有病人，不得不信神 …… 134
　　三、自我指涉的精神生活：你要爱你的寂寞 …… 136

第三节　被捕的私人生活 ······ 139
一、大喇叭：国家与教师私人生活 ······ 139
二、鸡冠花：教师个人意识的觉醒 ······ 142
三、被捕：乡村教师私人生活的撕裂 ······ 145

第六章　最后的乡村教师：知识人与村庄的未来 ······ 148
第一节　现代与传统：紧张的教师 ······ 148
一、教师与他人：宗法权威与自觉理性、德性伦理与规范伦理 ······ 149
二、教师与自我：整体性与功能性、当下与未来 ······ 150
三、教师与社会：代言人与托管人、科层权力与专业权力 ······ 153

第二节　不和谐的乡村教师 ······ 154
一、世道人心：从同构到异构 ······ 154
二、身份认同：乡村教师的焦虑 ······ 156
三、生活策略：危险的虚无主义与国家主义 ······ 158

第三节　最后的乡村教师：知识人与村庄的未来 ······ 160
一、向东向西？儒学与乡村现代性的发展 ······ 160
二、重拾人心：从人生活的政治性开始 ······ 163
三、乡村教师与乡村共同体的秩序与意义之路 ······ 164

第七章　重回泥土：关于乡村教师生活变革的一场实验 ······ 168
第一节　重思乡村教育中的人、知识与社区 ······ 168
一、乡村教育的思考起点：工业主义教育及本质危害 ······ 169
二、温德尔·贝瑞的生态教育哲学观 ······ 171
三、生态乡村学校课程设想 ······ 177

第二节 乡村书院：一种重构乡村教师生活的可能形式 ……………… 181
  一、国家—社会理论关照下的百年乡村建设 ……………………… 181
  二、纠偏现代性：基于文化共同体的学校文化权力网络的重建 …… 184
  三、乡村书院：基于文化共同体的乡村学校建设的愿景与策略 …… 186

第三节 以乡村书院为载体的乡村学校 4+1 课程变革理论及实践 …… 188
  一、缘起：乡土课程的困境 …………………………………………… 189
  二、PBL 与乡村教育的契合性 ………………………………………… 190
  三、泥土课程：乡村学校 PBL 课程实验及"4+1"课程框架 ……… 194

结　语 ……………………………………………………………………… 201

参考文献 …………………………………………………………………… 207

附录：访谈提纲 …………………………………………………………… 217

后　记 ……………………………………………………………………… 219

导论
现代性语境下的乡村教师研究

> 在现代化过程中,我们已经开始抛离乡土社会。——费孝通

按照马克斯威尔的说法,学术研究的目的可以分为三种类型:个人的目的、实用的目的和科学的目的。[①] 本章将沿着这个思路,从教育现代性的发展(科学目的)、村庄发展(实用目的)和我与父亲两代乡村教师叙事引发的自我困顿(个人目的)三个方面表达本研究的意图与意义,并在最后一节对已有的研究做出历史回顾和学术反思。本章为导论,意为下一步研究做好背景铺垫。

第一节 时代背景:教育现代性发展困境

走向现代似乎成了这个时代响亮而又坚决的口号,教育现代性就在追逐教育现代化过程中,伴随着传统教育的没落而不断被言说、建构,其哲学内涵也在这些热热闹闹的嘈杂中变得含混不清。教育现代性的发展也在这种含混中遭遇发展的困境。

一、共时存在:教育现代性的当下遭遇

有学者用"半吊子现代性"[②]表达我国教育现代性发展不足的现状。其实,更甚的是,作为后发型或非源发型现代社会,中国现代性的求索始终在

[①] 转引自陈向明. 质的研究方法与社会科学研究[M]. 北京:教育科学出版社,2000:84.
[②] 吴全华. 复调的话语场景与吁求教育现代性的反思向度[J]. 教育理论与实践,2006(7):9-12.

"救亡"与"启蒙"之间游荡，前现代性文化、现代性松动与后现代文化[①]三者轮番上场，甚至芜杂交织，构成当前教育现代性诉求的更为复杂的现实图景。这至少表现在以下三个方面：

首先表现在个人的启蒙与遮蔽上。现代性的本质规定性之一，就是人的自我意识的自觉，就是个体的主体性的形成。康德（Kant）在《什么是启蒙》一文中就是在个体主体性的意义上定义启蒙的，他说"启蒙就是人类脱离自己加之于自己的不成熟状态"，所谓"不成熟状态，就是不经别人的引导，就对自己运用自己的理智无能为力"[②]。但诸如费孝通等许多学者所提出的那样，传统中国只有自我，没有个体。在以"我"为同心圆圆心的社会中，"我"只有在关系中才能够获得意义。在传统文化与现代权力的合谋下，我们一方面在教育现代性发展中看到了教师、学生等主体意识的增强，另一方面却看到顽固的小集团、小圈子文化潜伏于校园内。更甚的是，在理性化的个人还未发育完善之时，随着消费文化和泛娱乐化时代的到来，人又高举后现代文化的解构主义大旗，追求人的非理性放纵，崇尚标新立异的个人主义，拒绝深度，消解意义。校园文化中的反讽、戏谑、无厘头、达达主义正以真实的表达映照着这一现实。

其次表现在科学主义与经验本位的交织中。教育变革中科学主义的泛滥表现已经不需要太多的引证，规律、原则等逻各斯中心主义的话语诉求不论在教育研究还是实践中比比皆是。科学主义毋庸置疑是现代性的表达，但科学理性精神的养成却在教育现代性发展中发展不足。当科学话语成了一种霸权，除了走向反面的极权之外，也驾驭了现代人的精神世界，人的意义存在被隐没不谈，教育成了知识的习得，技术的应用，而非德性的养成，用韦伯（Weber）的话来说就是工具理性僭越了价值理性。除此之外，科学工具理性在教育中的发展还伴随着经验本位的复返，尊重教育惯习、依从教育权威等现象无不反映着前现代农耕文明所遗留的文化印痕。更甚的是，现代科层制度与个人权威的合谋，更将人与人之间的关系变得错综复杂。

[①] 后现代性这一概念在哈贝马斯那里并没有得到承认，"我们仍生活在现代，而不是后现代"，他认为是现代性的自反性的必然结果，或可称为"高度现代性"。此处使用后现代性并不表明我国已经进入后现代时代，此处的后现代是一种态度或话语。见哈贝马斯. 现代性的地平线——哈贝马斯访谈录［M］. 上海：上海人民出版社，1997：103.

[②] 康德. 历史理性批判文集［M］. 北京：商务印书馆，1991：22.

最后，在个人与国家的关系上，现代与前现代意识也共存共生，甚至后现代式的虚无主义也粉墨登场。民族国家当然是现代性的后果，个人与国家关系体现在教育现代性中首先表现为这样的问题，即是谁的现代性的问题，我还是我们？当自由主义与民族主义在上述现代性的问题框架中争吵不休时，我们却尴尬地发现，国家教育一方面很大程度上被实施为前现代式的愚忠，另一方面在意识形态式微的情势下沦落为国家虚无主义。当意识形态不能再为自我认同和根本意义提供支持时，理想信念教育就变得模糊、荒芜，庄严被戏谑、崇高被逃避、庸俗却得到褒扬，犬儒式的、无公德的个人主义以及信仰虚无主义引发的不仅仅是德育的困境，也让人之为人的意义无所附丽。

这就是中国教育现代性发展的现实一角：前现代的阴影一直存在，后现代的文化乘虚而入，与现代性文化交织芜杂，掣肘着教育现代化发展和转型。

二、无根的现代性：一场知识人的"循环"

教育现代性的当下遭遇，在知识人那里以狂欢的方式完成了理论的自我循环。追逐新鲜理论，然后以学者的眼光来审视它，成了圈内可爱的文字游戏，于是教育文化保守主义、激进主义、自由主义、教育本土化与全球化等话语频现。许多原理和结论往往没有明确的"所指"，呈现为"能指的狂欢"，以反对为乐，以批判（非批评）为创新，似乎产生了新的知识增长。虽然我们获得了丰富的知识资源，却又茫茫然不知所向了。大体来讲，这种讨论逃离不开古今中西范畴的文化—价值哲学窠臼。

文化—价值哲学是求"真"的思辨，本体论或价值论意义上探讨要不要教育现代性、要怎样的教育现代性问题，仔细分析，就会发现仍然没有逃离开百年来中国近现代教育发展中的"主义"之争。中国传统文化在遭遇西方现代性下，如何延续并创造性转化似乎成了教育传统论与西方论争执之后最后的问题。课程改革中综合实践活动课的设置、传统文化课程的增减等，都是这一问题的注脚。但是，很明显，不同文化—价值哲学论断的粉墨登场，无非是其他人文社科理论的演绎而已，从高呼教育现代性到批判教育现代性，中国教育现代性的发展经历了匆匆的三四十年。其中最明显的问题就是，它置换了教育现代性的阿基米德点，将超验的哲学构建置换了先验的自然法则——西方现代性的发展是与工业社会的发展密切联系的，是与现实历史进程犬牙交错的过程,是一个历时态①,而非像如上分析的中国那样共时态的过程。在中国农业、农民、农村仍然占据多半江山的话语情境下去谈中国的教育现代性问题,才是稳妥之道。

由此,中西方教育现代性的比较,不应只是一场知识群体的循环式的心路历程,一场借鉴、比附和理想化的措辞。它不应只是为了质问中国教育现代性缺了什么或多了什么,或者只是唤醒中国的"文化自觉",更不能只是拿什么新的分析话语来批判中国教育现代性的弊端,而可能需要回到琐碎的日常世界,回到人的世俗生活,发现我们共处于世界现代性巨大时代转变中的人心共同遭遇了什么问题,并为这一遭遇找到中国答案。

在这个"哲学不再是禁欲般的沉思活动,而是一种工匠式的手艺;学人、科学家终有一天理直气壮地驱逐了哲学"②的时代,在这个尼采(Nietzsche)所说的"蛋和蛋壳都破碎了"的现代,启蒙抹平了人和人的高低差异,所有平庸的东西都冒出来,并取得了存在的合理性时,人的生活到底应该如何过活,突然成了新的问题。这一人的生存秩序问题就是中西方共同遭遇的问题,这就是人在这个时代的生存本体性悲剧问题,这就是这个时代的性情和质感。对这一问题的隐匿就是教育现代性讨论的阿喀琉斯之踵。

三、政治哲学之于教育现代性

文化—价值哲学的致思路径无法从根本上探究这一问题。自我找寻与人心秩序的问题求助于政治哲学更能获得人生存的澄明之路。亚里士多德(Aristotle)说,人是政治的动物,政治哲学的缺失,恰恰是教育现代性研究和实践出现问题的可能根本原因所在,其理由至少有二:

首先,政治生活③是塑造人的现代性的重要渠道。教育现代性之痛就是社会转型之痛,社会未来走向的焦灼充分在教育者以及受教育者身上淋漓尽致地体现出来。说到底,教育的现代性就是人的现代性(姑且不论现代性到底

---

① 当然西方现代性的生成也不是一个线性的、不间断的必然过程,而是一个充满着断裂、跳跃、文化冲突和选择的多通路的复杂过程。
② 刘小枫. 刺猬的温顺[M]. 上海:上海文艺出版社,2002:103.
③ 本文中的政治生活非传统意义上的与政权相关切的意识形态问题,而是指现代性启蒙以来,个人脱离集体之后而结成的社会生活,与吉登斯所说的"生活政治"在"自我实现中所引发的政治问题"这层意义上是类似的。见安东尼·吉登斯. 现代性与自我认同[M]. 北京:生活·读书·新知三联书店,1998:246.

是哪种意义上的现代性),人的现代性首先应该从人的"自觉"开始,从细微的个人生活世界改变做起,就是重新塑造个人的生活方式问题,就是要关注个人的日常生活世界之构成,将自觉的公共生活与不自觉的私人生活区分开来,如果看不到这些,就不能生成真正的教育现代性和人的现代性。而解决这一问题,单单追求宏大而普遍的文化—价值哲学是不够的。

其次,政治参与是带来人生存价值的基础之一。"我们总是在寻求生活的意义,并且总是力图通过与我们所理解的世界的终极本质保持一致来寻找这种意义……社会只有重建精神崇拜,才能恢复它赖以生存发展的道德正当性和文化连续性。"① 在前现代社会,中国人的精神依托不在于彼岸的超越世界,而在于此岸的、人与人交往关切下的伦理信仰(即三纲五常)中。陈寅恪在悼念王国维的挽词中,道出了中国精神信仰的本质所在,他认为,"吾中国文化之定义,具于白虎通三纲六纪之说,其意义为抽象理想最高之境,犹希腊柏拉图所谓 Idea 者。……其所殉之道,与所成之仁,均为抽象理想之通性,而非具体之一人一事"②。当工业社会将中国人世俗信仰赖以存在的基础打破之后,要我们重新回到前现代的宗法血缘中去寻找存在感似乎变得不可能,我们只能再次在人世间重塑一个符合国人文化传统的在世意义世界。当下,人或许只有成为政治的人,在与自我、与他人的关系中才能确认自己的存在感和意义感,人和人只有在交往中,在别人的关切中,才能找到存在的价值感,用埃利亚斯(Elias)的话来说,在"自己的自我规范和社会责任中重新建立平衡"③。

由是,重拾人心,就需要依从政治哲学的"求善"关切,从日常生活世界批判开始。乡村教师生活史的研究,就是循着这条理路,以政治哲学的理论为视角,从国家、社会、个人三者的互动方面,去窥探乡村教师的日常生活史,去探究教育现代性发展解困的可能之路。

---

① 陈嘉明. 现代性与后现代性 [M]. 北京:人民出版社,2001:20.
② 刘桂生,张步洲. 陈寅恪学术文化随笔 [M]. 北京:中国青年出版社,1996:3.
③ N. 埃利亚斯. 个体的社会 [M]. 翟三江,陆兴华,译. 南京:译林出版社,2003:144.

第二节 现实境遇：村庄中的中国故事

中国的村庄是宁静的，纪录片《乡村里的中国》将隐藏在宁静背后的人心涤荡、苦乐阴晴立体地展现出来，让我们不禁感慨中国不只在上海、北京、深圳，还在一个个泥土味道的村庄里。但遗憾的是，在宏大的百年乡村故事背后，乡村的脚步却仍显沉重，乡村发生了巨变，却只是如梁漱溟在《乡村建设理论》中所说的："一部中国近百年史，从头到尾就是一部乡村破坏史。"①

本文的行文就在这种背景下进行，更进一步了解乡村就成了必须，这也能够为思考乡村教师在问题乡村中的所为、何以为、如何为抹上时代底色。总体来说，农村在改革开放四十多年来，同质化的乡村共同体被瓦解和打破，经济导向的发展也让乡村日趋符合市场逻辑，乡村的重新整合有利于建立一个新秩序，但这个过程还在进行中——古老乡村的文化精神不散，现代性的乡村内里尚未形成。大致来说，目前的农村有以下三大问题。

一、公共的冷漠

公共生活是农民在局限于家庭的、不被公众监视和国家权力干预的私人生活之外的生活样态，它关切农民的精神状态，并形塑着农村的公共价值，为村庄社会秩序提供保障。改革开放以来，村庄的公共生活日趋冷淡，出现了诸多问题。从外延来讲，当下乡村公共生活的问题主要体现在公共空间的萎缩、公共事务的漠然、公共权威的碎片化上。

传统乡村公共空间是礼治的，它的存在是以维持自身的日常生活为现实基础的，在水利设施、集体看青、红白喜事等事务上产生了多样的公共空间，也让传统礼俗、规则、道德、价值观等在公共交往中得到维系和不断传播。近代以来，市场经济的大潮加剧改变了"乡土中国"的传统构成，依附于土地上的农民离开土地，投身城市建设，"半熟人社会"代替"熟人社会"已

---

① 梁漱溟. 乡村建设理论 [M] //梁漱溟. 梁漱溟全集（第2卷）. 济南：山东人民出版社，2005：481.

成当下农村的生动描述,渐次动摇了传统公共空间存在的根基。正如费孝通所说:"礼治的可能必须以传统可以有效地应付生活问题为前提。乡土社会满足了这前提,因之它的秩序可以用礼来维持。在一个变迁很快的社会,传统的效力是无法保证的。"[1] 于是,在现代力量之下,村庄的公共活动减少,公共场所消失殆尽,"日复一日的生产和生活才是支配个体农民心理与行为的基本逻辑,而诸如村庄的选举或是村级民主之于这些日复一日的日子而言,无异于热闹的节庆仪式,虽然说必不可少,但远不是村庄生活的主流,从这个角度看,作为一种普遍现象,村庄的'无政治'倒是一种更为常态化的特征"[2]。最终,现代乡村人囿于自我的小圈子,陷入阎云翔所说的"没有公德、忽视公共责任和社会义务的个人"[3]。

公共事务是从代表国家行政力量的村庄行政机构与村民关系的意义上来说的。新中国成立以来的相当长时间里,国家权威起着全权式的整合作用,整个村庄被纳入国家建构性秩序筹划中。但随着现代性的推进,村民对公共事务的热情不再,尤其是土地二轮承包和税费改革之后,村集体基本已完全虚化、空壳化,村民与村、组集体的实质性关联已基本断裂,加之选举腐败、歪人当道等问题的出现,政治冷漠现象在当下村庄不断蔓延。

伴随公共空间的消失和公共事务的漠然现象,公共权威也碎片化了,衡量民间精英或体制精英的标准多元化了,或者是经济能力,或者是宗族长老,或者是拥有权力的体制人,或者是见过世面的回乡人,或者是略读诗书的知识人等,不一而足,但这种交往往往"成片"抱团,村庄也被撕裂成一片一片的、少有往来的"孤岛"。相较于费孝通意义上的"差序格局"是不同的,它限定于自我团体,交往范围几乎是不重叠的,无法达及整个村庄范围。费孝通所比喻的如同湖面上丢下一个石子所泛起的涟漪,不再逐个圈波及逐个圈地以"我"为中心展开,而更像是占山为王的一个个"山头",每个山头都有个"大王"和"大王"下的"我",各个山头有时联合,有时对抗。由是,当下农村形成了旧的权威体系被破坏掉,但新型的、现代的权威体系尚未成型的局面。

---

[1] 费孝通. 乡土中国 生育制度 乡土重建 [M]. 北京:商务印书馆,2011:55.
[2] 贺雪峰. 无政治村庄 [J]. 浙江学刊,2002,(01):19-21.
[3] 阎云翔. 私人生活的变革:一个中国村庄里的爱情、家庭与亲密关系1949—1999 [M]. 上海:上海书店出版社,2006:259.

二、主体的迷失

有学者用"无主体村庄"[①]一词来形容当下空心化农村的主体迷失现象。安静的村庄里的乡民却有着不安的内心，自我找不到安放之处。这种主体的不安可从时间和空间两个方面来进行分析，正是两者的共谋，造成了自我的时空萎缩，每个"我"在乡村里迷失了。

传统意义上，生活在宗法血缘下的农民的自我确认是通过回溯"过去"来实现的，过去就是现在，现在是过去的延伸而已，因此，斯宾格勒（Spengler）深刻认识到传统农业文明的自在性特征并断言"农民是无历史的"[②]。祖荫下的农民通过与先人的宗法的关系建立起与周围的人的亲密关系，并通过集体记忆的方式构建起集体认同，自我的时间确认感让人得到了确定性的秩序和温情的人际关系，是平和的、安然的。

自我在时间上的稳定确认在中国遭遇现代性之后发生了偏离，"中国从前现代性向现代社会的转变，必须实现价值观念的转变，以提供内在的驱力，使得中国文化进入一种类似于西方文化的'普罗米修斯—浮士德'动力式过程"[③]，"进步"这一信念就提供了极大的动力，甚至说，"进步"是现代性的前提。进步意味着对过去的否定，对现在的逃脱，建立在过去的稳定的自我认同动荡里，直面未知的"未来"，而未来虽然充斥着美好的幻想，却是不确定的。假如村庄中的自我在过去是生活在前辈规定好的有路标的道路上的话，那当下的自我则迷失在不确定的丛林中。

村庄认同的"我们感"是从生存的空间角度分析乡村中自我的迷失的关键词。说农民是"植物性"的，就是意指传统意义的农民对土地、村庄的空间依恋感。人与人的交往也往往以村落为边界点，村庄成了自我的空间延展，我是我们村的人，让多少人的精神和灵魂栖居于此，那时的乡愁可以得到抚慰，宗族和村落可以回望和想念。

当现代乡村以城市为理想模型，以马路、路灯和机器的轰鸣为追求的崇

[①] 刘勤. 自我、主体性与村庄：陕南丘村公共生活研究：1980—2006 [D]. 武汉：华中科技大学，2008.

[②] 奥斯瓦尔德·斯宾格勒. 西方的没落 [M]. 齐世荣，等译. 北京：商务印书馆，1995：198.

[③] 高瑞泉. 中国的现代性观念谱系 [M]. 桂林：广西师范大学出版社，2015：63.

拜物的时候，离乡成了必然，不只是身体意义上的离开，而是心灵本质上的对"落后"的村庄的嫌弃和逃离。"城市目的论不断地把农村包围到以城市为中心的意义表述体系中，城市的'文明'和'现代'建立在把农村作为封闭没落的他者之上，使农村除了作为城市的对立面外，除了是空洞的'传统'和'落后'的代名词外，不再有什么其他的意义。"① 做个城市人，成了自我的新的空间定义，人丧失了村庄是我的村庄、我是村庄里的人的主体性体验和感受，生存的意义和自我的和谐也变得无所附丽。

三、精神的荒芜

人从来就不是物质性的存在，人是一种意义的存在，如赫舍尔（Heschel）所说的："人的存在从来就不是纯粹的存在；它总是牵扯到意义。意义的向度是做人所固有的……像人占有空间位置一样，他在可以被称作意义的向度中也占据位置。人甚至在尚未认识到意义之前就同意义有牵连。他可能创造意义，也可能破坏意义；但他不能脱离意义而存在。"② 当下乡村的精神世界不可谓崩溃，但确是岌岌可危，在关系伦理、日常生活、个人信仰等方面体现得淋漓尽致。

维系传统人与人之间的"君君臣臣父父子子"的"正其位，安其身"的责任关系受到严重冲击。我们不能否定当下农民淳朴依然、善良敦厚，但不可否认的是，传统以血缘和地缘为经纬编制的村庄社会良序，被金钱和权力的双梭重新编排，有权厉害，有钱光荣成了有些村庄新的时代口号。

这同样体现在日常生活的"去精神化"上。农民在逐步解决物质生活的基础上，并没有发展出良性的精神文化生活，向"钱"看的欲望之力因没有文化的约束而相较于城市更甚，体现在地下"六合彩""二五八杠"等赌博活动和铺张浪费、攀比斗富的面子竞争时有发生，新生代农民则在电视、网络消费中度过无意义的一天又一天。

当下农民的精神荒芜在精神信仰上尤其表现明显。当建立在个人或对未来美好生活的期许基础上的意识形态产生危机之后，农民将权威认同从基层政权转向神权，在建庙宇、设道场等旧有信仰复苏的同时，底层农民越来越

---

① 严海蓉. 虚空的农村和空虚的主体［J］. 读书，2005（7）：74-83.
② A.J.赫舍尔. 人是谁［M］. 隗仁莲，译. 贵阳：贵州人民出版社，1994：46-47.

依赖释迦牟尼、穆罕默德、耶稣,又侍奉孔子、老子等各种中国化的多元宗教来吁求精神上的慰藉和灵魂上的寄托。农民的宗教信仰是非坚定的、功利的,"因为对于中国的平民尤其是乡村的平民来说,他往往没有在组织上加入某一个宗教,也没有在理念上坚定地认同某一个宗教,因为他没有信仰一个排他性宗教的必要"①。这就让信仰对人精神的超越作用产生怀疑。

第三节 我与父亲:两代乡村教师叙事

一个人的学术旨趣可能永远来自自己的生活史。只有与自己的生活经历、与激荡的时代联系在一起,才能引发持久的兴趣和意义。在本节,我将回顾我和父亲两代乡村教师的生活历史,从个人角度来说明学术与自我、与时代的关系。

一、我的故事

【1997:离乡】

1997 年,我离开生活了 18 年的村庄到地级城市上大学专科院校。对这段离乡经历,我有两件事印象深刻。一是开学当天我穿的是新买的卡其色(现在想想多么怪异的颜色)的西服。西服是父亲带我去县里的百货大楼买的,印象中的百货大楼挺拥挤,就像来到上学的地方感觉到的压抑一般拥挤。上学的城市并不大,但在当时不知道它的边界在哪里,第一次见火车呼啸而过,我知道我离开了农村。农村是没有火车的。大概当时觉得城市除了有火车,城市人还该穿西服吧。我就穿着西服,身上满是农村的泥土味道。

离乡去上师范院校,还是父亲的主意。当年我初中毕业时,中专生还比较火热,因为据说毕业后就可以包分配就业。但父亲一直不建议我去,"当时我去你老师办公室好说歹说才没让你报中专。你看看,如果上中专的话就轮到最后一届国家不包分配了",父亲现在回忆起来还满是为当年给我做出的决定而骄傲。

---

① 葛兆光. 认识中国民间信仰的真实图景 [J]. 寻根, 1999 (5): 18-21.

【1999：城市梦破】

我1999年毕业，结果高等师范生最后一年不包分配，毕业一年之后才进行招聘考试。在毕业前夕，我幸运地被当时县一中选中，去做英语代课老师。当时20岁的我感觉命运从此会产生巨大的转变，我要成城里人了！如母亲所说的，"俺儿要一步登上天啦，这辈子再也不跟土坷垃拌拉了"。但我失败了，毕业一年后，我没有考取县一中的老师。原因并不是我没有能力考取，而是我放弃了。我现在可以勇敢地承认，当时20岁的我，多么见识浅薄，记得有一次家长请客，桌上有盘红白相间的肉片，我夹起来便吃，旁边的老师告诉我那不能生吃啊，我还故作无所谓地说："没事，挺好吃的，不信你尝尝。"现在知道，那叫涮羊肉片。后来，我被分配到了我毕业的乡镇一中。

【2000：回到乡村与逃离农村】

2000年至2006年，我在镇一中教书。学校教室都是平房，办公室则是带"厦"的瓦房（当地建筑风格，在平房前用柱子支出一块高高的平台，高度一般与屋檐相平），坐落在村庄北面的河边，那时的小河还流水潺潺，夏天需要通过搭石才能过河，冬天则可以踩着河里坑坑洼洼的冰通过。六年乡村教师的生活状态可以用两个词来形容：成长和不安分。

身边农村教师的故事很多彩。敲钟的教工走路拖拉着腿，脸上总挂着微笑；地理老师高大威猛，却不幸亡妻，生活困顿，却也常约几个老友喝上几盅；大校长是一个壮汉，我们村里人，酒场不断让他脸庞整天泛着红润；英语老师同为师专毕业，身材肥胖，走路一歪一歪的，作为教研组长，他教学认真，也帮着妻子在镇上谋些小生意……太多太多鲜活的生命，扎根大地，朴实而又纯粹，相较于城市里的很多虚伪和无形压力，我更爱他们，我感觉我属于他们，但又不想属于他们。与人的交往让我成长很多，在教学上我也逐渐获得认可，连续3年出示市级公开课（每年只有两人），教学成绩也轻松排在前列。但还是不安分留在那里，尽管已经在农村成家，妻子是邻村的同学，在离镇一中不远的乡镇高中教书。

作为乡村老师，在自己的世界里是精神充足的，但每当与村民交往起来，那种知识分子的穷酸而又死要面子的窘相就显露出来。我住在镇上的高中里，平时偶尔回家，与村民的交往不多。我总觉得自己虽然生在农村，但是已经不是农村人了，好像在某个方面高出农民很多似的。但有一次过年的经历让我觉得尴尬而又羞愧。过年与家族的兄弟们在一起，要给全家族和相邻家族的人磕头拜年，敏感的我总会发现村里人对发了财的某个哥哥热情有加，想想也是，每个月450元的我，是得不到村里人的认可的。记忆中还有一件事情，当时初三班主任如果推荐初中毕业学生进入中职学校，是可以有些提成的。我每年都是动员最少甚至为零的人，因为我知道中职的办学质量不会让孩子有所成就。有一次班级要马上面临重新分班，同事们动员我让有中职意向的学生回家跟父母再商量下，否则分班过后这些学生如果以后上了中职，名额算分班后的班主任的。或许出于责任，或许出于对那几百块钱的侥幸渴望，我让其中一位原来中职意向非常强烈的学生回家再次询问父母，结果招致家长到学校来闹事，他们气愤地说："你们老师就这么缺钱吗？"家长说的话让我羞愧不已，这件事除了让我获得成长之外，也让我深刻感受到乡村教师与农村的隔阂。当时学校办学经费紧张，乱收费现象比较多，要想建立良好的家校关系，确实是非常困难的。

特别在学校与另一所初中合并到镇上之后，人心更加浮躁。教师工资低、待遇差，教师生活难以为继。曾有几个月没有发工资，老师们罢课示威，算是对国家权力的对抗。当时镇上采取的"镇压"策略是逐步瓦解法，让家里亲属是公务员的连带责任，慢慢从学校领导开始，再到每一个普通老师，慢慢回归课堂，罢课也成了一场不满情绪的发泄，最后不了了之。这时的我越来越没有心思安心教学，在教学之余准备考研。偶然的机会，从初中同学那里知道浙江大学招教育学硕士，不知天高地厚的我就报了名。

【2006：新生】

2006年至2008年在浙江大学求学的两年（该校全日制硕士试点改革，是两年制）是我重新获得生命意义的两年。我发现这两年我有两大收获：一个是读书的快乐，一个是生活的自信。

【2008：大城市恐惧症】

我2008年毕业，经过投简历、设计任务、两次面试，我获得了杭州教育局教科所的两个职位中的一个。当走在杭州的路边，我却迟疑起来，拿起身边的IC卡给家里人打电话，说："我要回家。"我经常回忆起这一幕，我觉得不单是因为我没有勇气面对大城市的挑战，更多的是我内心深处有个声音：你是个农村人，你的家不属于这里。对我来讲，家庭出身、自身失败经历、隐约的不自信都让我做出了这样的选择，我最终回到了我大学专科求学的学校。

【2008年至今：书斋与商海】

我很快乐，作为一个高校老师而快乐。生活压力所迫，我教学之余做兼职，我卖过书、创办过大学生网上论坛、做过中小学生辅导，后来在教师类培训行业正式进入商海，并小有成绩，现在同时还做着以传播传统文化为宗旨的书院。2013年我侥幸进入山东师大继续求学，从此，书斋与商海，一个理想主义者困顿着、游走着。

二、父亲的故事

父亲的故事是根据父亲的口述和父亲写下的万余字的回忆录整理的。

【出身：被打倒的地主羔子】

父亲回忆录中写道：小时候，家居住房非常宽敞。东院，建有五间堂房，东房、西房各两间，三间南房，西房最南端是栏圈，喂养着大牛、驴和生猪，可谓六畜兴旺。二道大门朝西，建筑十分壮观，门匾写有"为善最乐"四个大字，布局匀称，刚劲有力，是曾祖父盛文七十二岁高龄悬笔而就。可见上世老人虽然务农，且（应为"却"）学识匮浅，好善乐施。

父亲说：我的祖父1949年春寿终，临终时，父亲随国民党去了台湾已经两年之久，两岸隔绝未能回到老人身边尽孝送终。当时坡下有农田40余亩，因祖父年迈，父亲去了台湾，耕耘欠缺，于是家庭出资常年雇用两个长工，农忙时还雇用短工。这也让父亲一家在1950年被定性为"地主"成分，大部分土地和房屋被划为共有，留了很少土地，三间堂房，一间栏圈。可怜我的一双小脚的瘦弱祖母在后续的时光里受着巨大的肉体和精神折磨。父亲也常被唤作"地主羔子"。

我时常思考，一个人的家庭背景、所在的时代环境并不能由人决定，假如说人生如戏，那么国家和社会就如同人生的舞台一样，让人离不开，扮演什么角色也并不能由得了自己。

【立世：小老师】

父亲八岁念书，祖母常鼓励父亲说"只有念好书，长大才会有出息"，父亲也不负所望，成绩优异，1954年初小毕业后顺利考入完小（初小相当于1—3年级，完小指小学高年级，相当于4—5年级），1958年考入教育局所设的工读师范班，学制三年，然而不足两年，却因"公社"各村急用老师，而提前毕业，父亲进入某村小学教书，开始了五年的小老师生涯，这里有的学生年龄比父亲都大。

对那段生活，父亲的回忆录写道：处于年轻少壮，工作再苦再累也不怕，而生活方面的艰辛，则使我至今难忘。特别是1960年，农村粮食歉收，加之困难时期，各处生活紧张，购买粮食要凭粮证、粮票。对于刚参加工作不满一年试用期的，国家不发粮证。吃饭靠自己家庭解决。工作后的前几个月，吃的是从家里摊（"做"的意思）的煎饼，后来每况愈下，改吃地瓜秧窝头，把地瓜叶砸碎，泡透，拌地瓜干面捏紧放在锅里蒸熟，到了最困难之时，连地瓜叶都吃光了，竟吃花生皮窝头了。

试用期因教学成绩优秀，父亲被评为最年轻的"教学能手"，并顺利转为正式教师，在认定工资档次时，被认定为最高档即一档月薪29.5元（二档26.5元，三档24.5元）。

1961年，全国实施"精兵简政"，根据中央政策，省委发起"全省动员，百万大军回乡参加农业生产"的号召，教育界在小学阶段年满18岁以上的学生一律劝其回乡务农，小学教师学历低，教学能力差的分期分批精简下放。当时父亲的班里有超龄生十几名，工读师范类教师的精简上，则按照业务能力、教学成绩等诸项分类排名，全公社有六名教学能手予以留任，父亲是其中一位，其他五十多名精简回家，占教师总数的百分之九十。

乡村教师在历史的激荡回旋中，在国家缺乏教育人才时，奉献了自己的大好青春，那个时代的人满怀饱满的工作热情，倾尽所有，真正地默默耕耘在教育一线。

【转折：下放回家做农民】

1963年夏季，父亲上完早上第一节课，校长把他叫到办公室，校长一脸难为情，过了好大一会儿才说："蒋老师，我实在不想通知你，因为你年轻肯干，又任劳任怨，教学成绩好，但鉴于当前，盘踞在台湾的蒋介石国民党叫嚣要反攻大陆，海峡两岸关系极度紧张，有人向支部反映，说你父亲现在台湾，有这样的背景，怎么还能让其教书呢？迫于政治上的压力，支部只能忍痛割爱，要你退职了，望你谅解。"父亲在回忆录中继续写道，"我愣了半晌才走出校长室，回到自己的宿舍，捆好被褥，头也未回，愤然离开了学校。……一路上心乱如麻，以为这是在做梦，工作没有了，饭碗被踢了……"回到家，母子抱头痛哭。那时，父亲才二十岁。

草芥只能随波而流，至于身归何处，却不能自主。我很难想象父亲当年从正式"体制内"的人员一下沦落为无身份者的内心情景,只能按原文记录下来。记录不是追究,记录就是一种力量。

【困厄:农民苦,地主崽更苦】

集体化时代,不足百斤的父亲为多赚"工分",担起了推独轮车的重担,推粮食、推栏圈肥料、学大寨中推石头。在推石头中,父亲讲述了一个故事,当时为赶修工程,规定每天往返两趟运输者多奖励一斤玉米,父亲为了这斤玉米,每天往返,在一次上坡时,脚踩在石头上,崴了脚,强忍着回到家时,脚面已经肿起大包,一晚没能合眼,之后的五天五夜没能下炕。几天后,大队书记在高音喇叭里表扬了父亲。父亲写道:受此表扬,当时心里美滋滋的,身为地主子弟,而能得到大队干部的夸奖,这在当时的大队里,尚属首例。父亲就这样日复一日,年复一年,推了将近20年。

如果是那个时代的人们都在困厄中的话,父亲背负着地主子弟的身份,多了一层精神上的压抑。

【生存:从卖菜到卖煤】

这段时期及1978年之后,父亲与母亲和姐姐卖自家自留地里的白菜,后来到煤矿捡煤、卖煤讨生活,虽然艰难,但生活慢慢富裕起来。1988年,海峡两岸关系缓和,祖父回乡探亲,父亲见到了40年未见的他的父亲,我的祖父。

【转机:重回讲坛】

从1980年开始,听闻有相关政策出台,父亲开始申诉恢复公职,历时10年,多方奔波,父亲于1990年12月22日恢复公职。做了十几年乡村小学教师后,2004年4月,父亲60周岁,正式退休。

三、想研究什么

写作,不论是文学的还是学术的,都是面对一个未完成的自我,无怪乎美国史家贝克(Carl Becker)说,"人都是他自己的历史学家"。每个人可以通过考察一个人自己的过去文本而走向反思,而过去是零碎的、打破的,特别当存在的焦虑和不安泛起,面对空洞的自己,只有依凭不断思考,将碎片化的自我拼接起来,凑成完整的自我,这时,"面对碎片化的存在,生活史可以成为人们重建整体性以及一致性的场所"①,这种重建是自我批判的自我解放,在通过现象学式的描述与倾听中,自我得以敞开和澄明,人存在的本真性被召唤并被唤醒,从而让诚恳的自我悦纳成为可能。确定研究乡村教师,是受梁鸿《中国在梁庄》的启发,读后的激荡心情让我立即萌生了研究乡村教师的想法。当确定这一研究对象时,我内心澎湃,我发现,不是因为找到了学术圈这一研究不足的领域让我激动不已,而是我猛然被唤醒了。从专科生到乡村教师,到硕士,到大学老师,直至现在的博士生,6年的乡村教学生涯,是我人生的底色,但这一底色随着岁月流逝而渐渐变得模糊不清。我必须重新回到过去,解开当初逃离、生活不安分的根本原因所在,进而帮助"内心的小孩儿"慢慢成长,从而建立强大的、完整的主体性。

我还相信,当个人的学术使命与重大的现实社会相遇时,激发的既是个人的重新理解,也能在强烈的社会关怀中感悟他人,进而理解整个生命的意义。这可能是一个试图回答个人成长经历困惑的尝试,也是探索一个群体的教育经验和命运的主题研究。正是有了强烈的社会关怀,个人的学术使命和重大的现实社会主题才结合了。本节我将父亲的生活故事简单描述,就是想通过父亲的经历来反衬这个时代。每个小人物,都在这个大时代不由自主地活着,推而广之,对一群乡村教师来说,我们通过各色故事,还能看到每个人在传统与现代的交替处,如何安身立命。这是一个隐喻,我和父亲的故事只是其中最普通的两个而已,下文中的每个故事,都是在忽明忽暗的时代里个人为追求美好而发生的点点滴滴,只不过有的美丽,有的枯燥,有的显得哀怨而已。如果能让你掩卷沉思甚至感动流泪,你就会发现,你就是其中的某一位,与故事中的人物共欢戚,与这个伟大而渺小的时代共呼吸。至此,本书的研究问题逐渐明晰:通过透视村庄内数位乡村教师的生活史,探究乡村教师是如何在农村这一场域内生活的,其生存境遇、生存哲学是什么。这出于对教育现代性的问题的追问、对当下乡村共同体解体下的发展探寻,也更来自对自身完整性的渴求。

---

① 艾沃·古德森. 教师生活与工作的质性研究 [M]. 蔡碧莲,葛丽莎,等译. 北京:教育科学出版社,2013:117.

第四节　文献综述与学术启发

前人的研究成果是本研究的起点和发展基础，研究从某种意义上来讲，如同人在中年的尴尬境况，是一种回忆与畅想，回忆用以激励当下，畅想用以再次成长。以"乡村教师"为文献搜索主题，笔者通过文献搜索，爬梳出诸如教育学、社会学、人类学、政治学等不同研究视角，诚然如读者所视，许多文献无法进行如此过于简单的归类，甚至笔者归类与文献行文者的构想可能产生龃龉，但为行文以及论述方便，权且如此。此外，本节还对文献综述给予的研究趋势启发做出说明，并尝试描绘出可能的拓展空间。

一、乡村教师研究综述

（一）教育学视角

教育学视角扎根人的成长与发展，认为乡村教师的发展与知识、政策、学习、生存与生活等密切相关，其研究维度主要包括乡村教师队伍建设、专业发展、教师知识、职业生涯发展等，以下做出大致概括。

在教师队伍建设上，近年来，论者多认为乡村教师发展虽然取得极大成绩，但仍面临一些问题。在客观方面，问题主要有超编与缺人、人才流出、发展投入不足、职前培养与职业脱节、职后培训不足与错位等；在主观方面，问题主要有素质较低、乡土知识不足、职业期望值低、身份认同度低等。经问题原因分析，论者提出诸多解决策略，认为国家应该在吸引优秀教师、淘汰不合格教师、促进在岗教师专业发展等方面进行重大改革，培养和造就一支充满活力、优质高效的农村教师队伍，乡村教师的培训与自我成长也离不开乡村教师的乡土知识，乡村教师知识具有本土性、文化性和批判性，也正是建基于乡土知识和乡土情怀，乡村教师才能获得良好的职业生涯发展。有研究者从教师文化生态的角度提出改进乡村教师队伍建设的建议，认为在当前的社会转型时期，我国的乡村教育改革不仅仅是课程、教材、教学的改革，更是一场深深触及文化层面的重大变革，对乡村教师文化生态的考察和研究不能仅仅局限在教育上，应该把政治、经济、文化、教育等因素综合起来，并进行生态的整体改造,在当前应采取制度创新与政策创新,重塑乡村教师的文化生态,建立开放的教师教育生态系统,推动乡村教育改革,实现教育现代化。①

(二) 社会学视角

社会学视角下的乡村教师研究视野更加宽广,普遍聚焦于社会和国家关系、教师身份与角色、教师生活等方面。

研究者认为,乡村教师面临双重边缘化现象,既处于城市的边缘,又因为与乡村社会的疏离等原因而处于农村的边缘。在与国家关系上,随着现代性的推进,国家对乡村教师的控制力量逐渐增强,国家通过将乡村教师转为公办教师的手段,提高了乡村教师的待遇和社会地位,但同时它也割离了乡村教师和乡村社区的关系,造成了乡村教师与乡村社区的疏远,在某种程度上降低了乡村教师在乡村社区中的社会地位。例如,张济洲用历史学、社会学、文化学、人类学等多维视角,从国家与地方的社会互动关系中考察乡村教师角色的社会演变以及乡村教师国家身份的构建与乡村社会的矛盾和冲突,探寻乡村教师边缘化的历史成因,并对新农村背景下,构建乡村教师与乡村社区新型关系进行了探讨,认为乡村教师是实现乡村社区和谐发展必须依靠的知识力量,地方政府、教育行政部门应为乡村教师融入乡村生活提供实践路径,以文化资本优势引领农村社会发展。② 李建东的研究以社会结构理论为主要支持,通过历史研究、比较研究、参与观察和个案访谈等,探究国家、社区、乡村教师之间的关系。该文认为,作为一种职业,乡村教师首先被政府从社会空间上割离出来,如禁止教师改行、调动工作、对教师形象的定型

---

① 见以下论著,但不仅限于:1. 康晓伟. 农村教师知识的本质属性及其发展途径研究 [J]. 教师教育研究, 2015 (4). 2. 李长吉. 论农村教师的地方性知识 [J]. 教育研究, 2012 (6). 3. 唐松林. 中国农村教师发展研究 [M]. 杭州: 浙江大学出版社, 2005. 4. 刘铁芳. 乡土的逃离与回归:乡村教育的人文重建 [M]. 福州: 福建教育出版社, 2008. 5. 李柏玲. 群体身份与个体认同——A 县五名农村教师的叙事研究 [D]. 长春: 东北师范大学, 2013. 5. 孙颖. 从自在到自觉——东北山区五名农村教师自主发展的叙事探究 [D]. 东北师范大学, 2011. 6. 李长娟. 社会性别视角下乡村女教师生涯发展研究——基于三兴中学五位女教师个人生活史考察 [D]. 长春: 东北师范大学, 2010. 7. 周军. 乡村教师文化生态及乡村教育变革 [D]. 北京: 北京师范大学, 2005.

② 张济洲. "乡野"与"庙堂"之间:社会变迁中的乡村教师 [M]. 北京: 中国社会科学出版社, 2013.

及鼓励教师终身任教等政策,使得教师职业表现出稳定性、隔离性。教师作为一种职业,构成了政府管理乡村教师的基础。而政府关于乡村教师的公办教师、民办教师与代课教师类等级身份制度的划分,进一步加强了对乡村教师的管理。公办教师、民办教师和代课教师与政府、地方社区存在着不同的关系。人数、报酬、学历和职称等方面的控制也构成政府管理乡村教师的主要手段。随着乡村教师转为公办教师,乡村教师逐渐被纳入国家管理体制中,乡村教师与民众的关系逐渐拉开、疏远,从社区生活中心退离出来而"边缘化",在乡村社区中成为一个仅仅在学校里传授课本知识的职业群体。[1]

乡村教师的身份认同在传统与现代交融下孕育着危机,并诞生多样复杂的身份认同情景,教师角色应该定位于乡村建设,做改造乡村生活的灵魂人物,做乡村自治的积极参与者,摆脱乡村教师身份专业性的单调,实现乡村教师身份的公共性。李庆真认为,知识群体在构建村庄的自主性空间和公共领域中发挥着重要作用,知识群体在汪村(田野调研点)的发展历史中以不同方式构建了村庄的自主性空间,乡村需要自主性空间,但这种自主性空间并不必然地存在,常常受多重因素的干扰,从而呈现出许多不确定的状态。知识群体可能成为新时期乡村自治与整合的核心力量。[2] 李长吉、唐松林认为,农村教师作为知识分子在乡村建设中有着无法替代的作用,他们理应成为价值的引导者、规范的守护者、文明的引领者、文化的弘扬者、生活的帮助者,重新发现促进乡村教师发展的契机,应重新寻找乡村教师作为乡村中的知识分子,具有专业性与公共性的双重属性,为此须强调乡村教师与社会理想的关系,立足其当下生存环境,提倡精神自治并建立相应的集体保护机制。[3]

生活的描述与倾听对理解乡村教师具有独特的意义,对乡村教师生活的研究是乡村教师研究较为新颖的研究范围,研究者或对生活中的某一方面展

---

[1] 李建东.政府、地方社区与乡村教师——靖远县及23县比较研究[D].北京:北京大学,1996.
[2] 李庆真.变迁中的乡村知识群体与乡村社会[M].北京:光明日报出版社,2010.
[3] 李长吉.农村教师:改造乡村生活的灵魂——兼论农村教师的知识分子身份[J].教师教育研究,2011(1).
唐松林.乡村教师的公共性质与社会责任[J].大学教育科学,2008(5).
唐松林.理想的寂灭与复燃:重新发现乡村教师[J].中国教育学刊,2012(7).

开探究①，或对乡村教师生活展开全景式的观察，或是对当下教师生活的深描，或是对历史上乡村教师生活的历史梳理，为论者提供了极富厚重感的历史，启发论者既不要对乡村教师功能妄加拔高，毕竟生活于世，生计是推动一切活动的根本动力，又不能将多样的乡村教师简单化、单一化，恰恰是乡村教师群体的丰富性、多样性，才造就了乡村教师论述的复杂。王莹莹②以地处中原的稻村为个案，以扎根基层的农村教师为研究对象，运用文献分析、田野考察、口述史、教育叙事等方法与途径，对该村教师的生活史进行考察，并对农村教师生活样态从新中国成立后到当下的变迁与农村教育政策、教师政策，乃至和国家地方的社会、政治、文化发展的关系进行了比较深入的探讨，认为国家对农村教师政策的演变成为影响农村教师生活变迁的重要因素，乡土社会的"人情""关系"正是国家各项政策运行的土壤。扎根于此的农村教师，自觉抑或不自觉地对这些政策进行相同或者不同的个体选择，应对着生活中的种种事件。高盼望③以民国时期乡村教师群体为对象进行全景式的考察，以该群体的学校教学、社会交往、社会活动为主线并辅助之以刘大鹏、黄卓甫等乡村教师的个人生活史进行研究，挖掘该群体在艰苦条件下的桑梓之情、职业情操、道德守望、家国情怀。张建东博士论文中第四章"'忍饥坐谈道'：乡先生的日常生活"，从课堂教学、精神世界、情感生活、社会交游几个方面生动刻画了宋代乡村教师的多样态"原生态"逼仄形象。④久居中国的美国传教士明恩溥在《中国乡村生活》第九章"乡村学堂和游方书生"中，对乡村先生教学内容的单调、方式的单一、知识的贫乏、地位的尴尬刻画得入木三分。⑤

(三) 人类学视角

王铭铭认为，人类学是"致力于将人视作有内涵的完整形态来研究，它

---

① 唐开福. 城镇化进程中农村教师精神生活的田野考察 [D]. 上海：华东师范大学，2014.
② 王莹莹. 我国农村教师生活史研究（1949—2013）——基于稻村的个案分析 [D]. 长春：东北师范大学，2014.
③ 高盼望. 民国时期乡村教师的生活研究 [D]. 济南：山东师范大学，2015.
④ 张建东. 一个被忽略的教育群体——宋代民间士人的教育活动 [D]. 武汉：华中师范大学，2013.
⑤ 明恩溥. 中国乡村生活 [M]. 午晴，唐军，译. 北京：时事出版社，1998：70-104.

更关注人的'身心'与'身外之物'之间关系的探究,更侧重于'小我'与'大我'的辩证,更集中于人与物之间、人与人之间(包括'我'与'他'、前人与后人之间)、自由与规范之间、'分离'的必然与'团结'的必要之间(包括认同与等级之间)的关系之理解"①。人类学聚焦整体的人,当然包涵其生存其中的信仰、风俗、家族家庭、经济生产等。人类学视角下的研究显示,世界要比人民通常想的更加丰富和复杂,其目的是产生惊讶。

严格说来,对乡村教师的人类学研究并不多见,乡村教师相关研究散见于教育人类学、历史人类学、社会人类学、文化人类学等论著中。费孝通先生的《江村经济——中国农民的生活》是人类学本土化研究的里程碑,中间涉及一位姓陈的村主任,当过村中的小学校长,表达了农村教育与农村现实的隔阂和乡村教师在村庄的地位。他写道:"学期没有按照村中农事活动的日历加以调整""学校的教育方式是'集体'授课,即一课接着一课讲授,很少考虑个人缺席的情况""现在的女教员在村中没有威信",短短篇幅,道出了江村乡村教育质量的低下和乡村女教师在村庄的卑微地位。江涛以乡村教化为研究对象,在以村小为其中的一个教化因素进行分析时,对20世纪80年代之后乡村教师在农村的教化力量的逐渐式微做出细致描写,认为农村学校的"专业化"发展过程,造成了乡村学校、乡村教师与区域社会日渐分离,并且在现实的乡村社会生活中,乡村教师也同样面临着难以融入乡土社会的窘状。②张济洲的博士论文中有部分是对乡村教师与当地政府和乡村社区的关系的研究,还对代课老师的边缘人遭遇做出探究,他认为伴随国家政权下沉,取缔私塾教育,国家权力加强对乡村教育控制,乡村教师与乡村社区逐渐疏远,在政府与乡村社区两极之间,教师的重心完全偏向了一端,教师受制于政府管理,成为国家的"公家人",却逐渐失去了"乡土性",代课教师作为乡村教师问题的延续,生活在乡村教育中的沉默底层,并且在乡村教育日益国家化、统一化的情形下,代课教师最终被驱逐于国家教育体制之外。③

---

① 王铭铭. 我理解的"人类学"大概是什么?[J]. 西北民族研究, 2011 (1): 22-33.
② 江涛. 人类学视野中的乡村教化 (1949—2014) ——以伍村为个案 [D]. 长春: 东北师范大学, 2014.
③ 张济洲. 文化视野下的村落、学校与国家——一个地方社区基础教育变迁的历史人类学考察 [M]. 北京: 教育科学出版社, 2011: 157-162.

（四）政治学视角

政治学视角之下的乡村教师群体与权力、选举、村庄治理、公共空间等词密不可分，在乡村教师研究中属于非常新颖也非常见功底的研究，研究者多以时代与文化变迁、传统与现代的分野、国家与社会等理论为依托，或聚焦于小的乡村社区，或聚焦于历时态下某一群体的流变，既有对不可逆转的现代性的人文关怀，又为反思当下的乡村与知识人命运提供了极富内涵的可能之路。简述如下：

张伟的博士论文《层序社会中的师者》[1] 认为，传统中国社会表现出一种"礼治为本""实用理性"与"权力主导"相结合的文化性格，在这一性格的影响下，传统社会呈现出一种特殊的"层序格局"。师者理论上不但是文化知识的生产者与传播者，更是权力的参与者与德行的担当者，但现实中却极有可能面临着"左右为难"的尴尬处境，一方面要坚守知识人的底线，另一方面又不得不承受着君权的掣肘，作者还通过举业与坐馆、乡土与先生的两个侧面，来反映理想与现实的巨大落差，并言及西学以来师者从文化人退居为专业人的落寞境况，做出立根于现实、怀揣着过去、面朝向世界的展望。刘云杉的《从启蒙者到专业人：中国现代化历程中教师角色演变》[2] 可以说是一部权力结构下的教师与农村教育史，本书从教师的人员构成、社会地位以及社会对其所持有的期望等几方面做了详细的梳理，结合很多鲜活教师案例，让我们看到教师在不同的历史背景下所具有的不同特点与角色。以上两位辛辣却字字有理有据的表述，也为本研究从权力的视角深入教师的生活世界打开了一扇窗户。作为教育学圈外人，吴毅在《村治变迁中的权威与秩序：20世纪川东双村的表达》[3] 中第五章，论及20世纪国家对村庄前所未有的进入不仅表现在权力结构和政治文化上，还表现在作为现代性表征的新式教育和科技方面，后两者不仅是人类知识和智能在21世纪的表现形式，还转换为一种以"理性"和"科学"为合法性理由的意识形态权力。现代性及其意识

---

[1] 张伟. 层序社会中的师者 [D]. 济南：山东师范大学，2014.
[2] 刘云杉. 从启蒙者到专业人——中国现代化历程中教师角色演变 [M]. 北京：北京师范大学出版社，2006.
[3] 吴毅. 村治变迁中的权威与秩序：20世纪川东双村的表达 [M]. 北京：中国社会科学出版社，2002.

形态权力在21世纪里与国家互为表里，相互支撑。一方面，它借国家之力对乡村社会进行穿进和改造，借国家之力使自身具备一种至高无上的意识形态治权；另一方面，国家又凭借现代性的巨大能量及其意识形态治权，形成了控制和改造乡村社会的空前无比的能力。因此，整齐划一的国民教育在将科学、技术、文化这些现代性的普遍性知识导入村庄，以取代特殊主义的"地方性知识"的同时，实际上也在文化和心理的空间上重新域化了国家与村庄社会的关系。在这种重新域化中，传统国家与底层民间社会之间的遥远距离被极大地缩短，国家有可能通过教育来实现对村庄社会的现代化整合、开发与动员。在这些论述中，虽然看不到乡村教师的影子，但对乡村教师的活动场景分析透彻入里，也对本书从国家、社会视角对乡村教师的分析具有很大启发意义。

二、研究趋势和拓展空间

（一）研究方法上，质性研究的兴起

当下的乡村教师研究已经越来越趋向于质性研究。陈向明将质的研究定义为："质的研究以研究者本人作为研究工具，在自然情境下采用多种资料收集方法对社会现象进行整体性探究，使用归纳法分析资料和形成理论，通过与研究对象的互动对其行为和意义建构并获得解释性理解的一种活动。"[①] 近期研究中诸如深度访谈、田野调查、参与式观察、口述史、叙事、民族志等收集资料的方法愈加常见，就充分反映了这种趋势。

法国年鉴学派主要代表人物吕西安·费弗尔（Lucien Febvre）说，我们永远别忘了，历史的主体和客体乃是人，乃是如此丰富多彩的人，他的复杂性，无法用一条简单的公式来表达。[②] 对乡村教师的研究，质的研究能挖掘出量化研究无法抵达的人和社会的复杂性，并且能够解释和重建理论，特别是

---

① 陈向明. 质的研究方法与社会科学研究［M］. 北京：教育科学出版社，2000：12.
② 雅各布·坦纳. 历史人类学导论［M］. 白锡堃，译. 北京：北京大学出版社，2008：27.

在当下"规范认识的危机"的时代①，单一的理论和既有成见越来越不能解释多样的变动的事实，尤其在具有如此悠长历史和多种权力涉足的中国农村，乡村教师更需要去表达每一个具体的自我，以对抗单一描述带来的倾轧。

(二) 研究场域上，越来越聚焦于小型社区

社会学或人类学对村庄等小型社区的关注由来已久，而且非常成熟，费孝通的江村、王铭铭的溪村、闫云翔的下岬村、杨懋春的台头村、林耀华的黄村和义序村、黄树民的林村等不一而足。教育学界近几年也兴起了基于对村庄或学校小型社区的研究，如张济洲的伍村、司洪昌的仁村②、巴占龙的明花③、王莹莹的稻村④、唐开福的S中学⑤等。

村庄是现代中国的组成细胞，它构成了中国版图的绝大部分，在当下甚至更为久远的未来，村庄会发生变化但不会消失。村庄保存有完整的中国的文明基因，整个中国从某种程度上来讲，也是个农民中国，村庄研究为读懂中国打开了一扇门，也为读懂生存在村庄场域的乡村教师研究做好了铺陈。下文在研究设计中，还会着重对这种微观研究做出更多细致说明。

(三) 研究视角上，微观研究与整体历史相结合

费孝通认为，"作为一个研究人类的科学家却还有一道工序，就是要在一

---

① 黄宗智在分析中国社会、经济史的研究中认为，当下研究正处于一场规范认识的危机之中。所谓规范认识指的是那些为各种模式和理论，包括对立的模式和理论，所共同承认的，已成为不言自明的信念。这种规范信念对我们研究的影响远大于那些明确标榜的模式和理论。近数十年累积的实证研究动摇了这些信念，导致了当前的规范认识危机。这一危机的发生使大家感到现有理论体系的不足并非通过对立理论间的争论就能解决。大家有一种需要新的不同的东西的感觉，但尚未明确地说出需要什么样的东西。详见黄宗智《中国经济史中的悖论现象与当前的规范认识危机》《悖论社会与现代传统》等研究成果。
② 司洪昌. 嵌入村庄的学校——仁村教育的历史人类学探究 [D]. 上海：华东师范大学，2006.
③ 巴占龙. 人类学视野中的学校教育与地方知识——中国西北一个乡村社区的现代性百年历程 [D]. 北京：中央民族大学，2008.
④ 王莹莹. 我国农村教师生活史研究 (1949—2013)——基于稻村的个案分析 [D]. 长春：东北师范大学，2014.
⑤ 唐开福. 城镇化进程中农村教师精神生活的田野考察 [D]. 上海：华东师范大学，2014.

个个人的生活中去概括出一个任何人的生活都逃不出的总框架。通过这个总框架才可以看到每一个人的生活一举一动的'意义'。这才是人的科学应当探索的对象，也正是吸引马老师为此追求了一生的"伟大的科学"①。所以，村庄研究绝不是拘泥于村庄的研究，不是对村庄琐事的描写和刻画，而应该用整体史观去理解社区故事，将乡村故事放置在巨大的历史背景中，才能概括出费先生所说的"总框架"。

晚近研究中，对乡村教师的研究大多注重与时代转型、文化变迁、国家权力与社会等的结合，并将视野聚焦于村庄或学校中的教育及教师，这具有方法论上的重大意义，为本研究提供了基本的研究模式。

总之，前人的研究为本研究做好了铺垫，不论是在理论还是在研究方法与方向上，同时，也正是因为是新开辟的研究领地，给本研究也留下了很多拓展空间。具体说来有以下三点：

一是以社会人类学为研究视角，以村庄为研究场域，从国家、社会理论假设去研究乡村教师的文献并不多。在这一方面，本研究可能属于综合的创新。

二是对乡村教师个人生活史的研究尚浅，现有研究多纵向的历史梳理，少有横向的维度分析，而且从事实陈述中并没有概括出费孝通先生所说的总框架，如此则显得资料有余而分析不足，需加强在个人生活与宏观历史之间来回穿梭的分析，所谓"一花一世界，一叶一菩提"。

三是对乡村教师教学生活和社会身份有所探究，私人生活研究不足，人类学意义上的"通情"感不强，并且研究中虽有多样的教师故事，但仍像是裁剪过的干花，只能证明它有着想象的故事，不能反映每朵花深植其中的泥土。理论的套用不是真正的质的研究，生活史的研究更需要走进乡村教师内心，去捕捉一瞬而逝的心灵火花。

---

① 费孝通. 从马林诺斯基老师学习文化论的体会 [C] //周星，王铭铭. 社会文化人类学讲演集（上册）. 天津：天津人民出版社，1997：15.

ND# 第一章
研究设计

> 每个人的经历都是历史,每个人的苦难都有历史的力量,每个人的历史都弥足珍贵,每个人的历史都不应遗忘。[①]
>
> ——郭于华

第一节 概念界定:乡村教师是谁

一、乡村与农村

乡村与农村这两个概念经常被人混用,英语的"rural"一词,也有乡村的、农村的两个意思。虽然学界并没有对两个概念进行共识性的区别,但大体来讲,农村是更多从经济学、统计学意义上来讲的,而乡村也常用作"乡土",更具有典型的本土意义,但两者也具有天然的联系。

在2006年国家统计局发布的《关于统计上划分城乡的暂行规定》和《国家统计局统计上划分城乡工作管理办法》的通知[注释]中,城区包括:(一)街道办事处所辖的居民委员会地域;(二)城市公共设施、居住设施等连接到的其他居民委员会地域和村民委员会地域。镇区包括:(一)镇所辖的居民委员会地域;(二)镇的公共设施、居住设施等连接到的村民委员会地域;(三)常住人口在3000人以上独立的工矿区、开发区、科研单位、大专院校、农场、林场等特殊区域。农村(在文件中用的是"乡村"这一词)被认为是除城区和镇区之外的区域。此外,在《辞海》中,对农村、乡村、城市等概念也是从经济形式来划分的,农村或乡村是指"以农业经济为主的"人口聚居地区;城市或城镇是指"以非农业经济为主的"人口聚居地区。总

---

① 郭于华. 倾听无声者的声音[J]. 读书, 2008 (6):

之，从人口分布、人口数量、景观设施、经济形式、土地利用、隔离程度等经济学、统计学意义上去定义的话，乡镇这一行政区划会被划分为非"农村"。

从社会学、文化学意义上来讲，乡村不具有非常明确的、固定的地理学含义，但大体来讲，本书所言及的乡村，具有以下关键特征：

（1）姓氏聚集。秦晖经过历史探究后得出，虽然乡村聚落与姓氏的联系是近古始然，它不构成实质性功能的宗族得以形成的充分条件，但应该是必要条件。① 在乡村中，交往范围往往还都是以村庄为主要范围的，也难以脱离姓氏聚集带来的宗族纠葛。

（2）变化较慢。乡村之所以为乡村，很大程度是具有"植物性"灵魂，乡村变动缓慢当然是相对于城市来讲的，这里面既有着农业经济的自身原因，也有着保守、传统的风俗传统内里缘故。

（3）家庭中心。乡村社会结构松散，基本是以家庭为活动单位，个人与个人的交往也带有家庭色彩，并影响着家庭与家庭的关系，人情也是建立在家庭与家庭基础之上的。

总之，农村与乡村有共同的交集，本书所言及的乡村是文化学、社会学意义上的，是以乡镇为辐射中心的、村落为聚集场域的、乡情为心理归属的文化范畴，在地域外延上并不包括所有的地理学、统计学意义上的农村范围。

二、乡村教师与乡村士绅

乡村教师作为乡村里的知识群体中的一部分，许多人将其与传统乡村士绅的功能相比附，得出与其并不相称的角色定位。这种虚妄的比附从根本上来说，忽视了乡村教师与传统士绅的本质区别。只能说，某些个乡村教师具有士绅的精神遗风，但要求乡村教师具有所谓公共性职能，既没有社会机理的适切性，也没有文化传承的历史性。

传统乡村下，"国权不下县，县下惟宗族，宗族皆自治，自治靠伦理，伦理造乡绅"②。费孝通则用"双轨政治"来表达，一条是显性的自上而下的正

---

① 秦晖．传统十论［M］．北京：东方出版社，2014：40．
② 秦晖．传统中华帝国的乡村基层控制［M］//黄宗智．中国乡村研究：第1辑．北京：商务印书馆．2005：2．

式权力政治轨道,一条是隐形的自下而上的非正式权力政治轨道。扮演非正式权力的主体就是乡村士绅,乡绅虽然"没有影响决策的真正的政治权力,并且在任何时候都不可能和政治有直接的关系,但他们试图影响朝廷,并且免于政治压迫。统治者愈可怕,愈像老虎,绅士的保护外衣就愈有价值"①。士绅充当着国家与民众之间"中间人"和"缓冲器"的作用,诸如乡里表率、调解纠纷、督促赋税、摊派劳役、维持经济发展与稳定等都需要士绅阶层。再者,从来源与组成上来说,功名、官职、学品等都可以带来士绅地位,赵秀玲从士绅来源及其自身属性分成四类进行分析:一为离退休官僚,这类士绅大多年长、明智,有较高的威望且掌有一定的权力,上下关系通达;二为暂居乡里的官僚;三为担任乡里组织领袖者;四为定居乡里的自由绅士。②

当然,士绅已经成为历史,科举制的废除,让士绅失去了制度支撑,也让士绅对国家权力的本质认同和效忠依赖无所依附。民国以后,随着国家权力对基层社会的不断延伸,出现了所谓权力的内卷化现象,乡村精英从乡村迁往城市,保护型经纪人向赢利型经纪人转化,其文化的代表性与影响力也日趋衰微。

当下,乡村教师总体学历较低,与乡村社会联系较少,乡村教师只是国民教育体系中农村教育的施教者,其内涵与普通教师并无二致,但由于其工作在乡村,在当前乡村与城市二元结构以及建设新农村的社会转型下,乡村教师被"重新发现",并被赋予文化责任,力争成为现代公民并起着整合乡村文化的功能。在此,论者对上述功能赋予暂不做出评判,仅仅从外延上将乡村教师圈定为:在乡村学校(多为村小学或镇初中)工作、曾经工作过或已经离职退休的人,这一外延圈定将农村公办教师、曾做过民办教师的农村人、新时期在乡村教书并居住在村庄里的代课或有编制的大学毕业生等都包含在内。

---

① 费孝通. 中国绅士 [M]. 惠海鸣,译. 北京:中国社会科学出版社,2006:12.
② 赵秀玲. 中国乡里制度 [M]. 北京:社会科学文献出版社,2002:12.

第二节 理论工具：现代性下的国家、社会与知识群体

不论是自由主义、保守主义或是激进主义，国家与社会关系的政治理论都具有彼时彼地的历史与人文地理环境背景，也与本民族的文化传统息息相关，所以，并没有一剂可以解决我国当下所有问题的良方（如果有的话，那可能的动机就值得怀疑），没有任何固定的模式可以遵循，而是要通过对国家—社会关系的不同论述的观察，来为当下的实践提供智性支持，并为重新反思当下国家—社会—个人三者之间的合理关系和当下困境之原因以及未来可能的实践变革与实验做出前情铺陈。国家—社会理论是西方政治理论的核心，理论极其庞杂，大体来讲，有四种类型。

一、国家中心

代表人物有让·布丹（Jean Bodin）、托马斯·霍布斯（Thomas Hobbes）、尼可洛·马基雅维利（Niccolò Machiavelli）及乔治·威廉·弗里德里希·黑格尔（Georg Wilhelm Friedrich Hegel）等。布丹在《国家论》中阐述了国家主权的重要性，他认为一个国家必须具有至高无上的主权，主权是在一个国家内进行指挥的绝对的永久的权力，是国家的最明显的标志，没有主权，国家就不能成为国家。国家主权是至高无上、不受限制、不可分割、不可转让的，对于社会个体来说必须服从国家主权，即在国家的范围内，主权绝对支配自己的国家和国家的臣民，国家主权具有至上性，主权不受法律的约束，恰恰相反，它是法律的渊源。马基雅维利在《君主论》中认为国家利益是最核心的，君主如果为了国家的最高利益就可以使用任何手段，手段是用来为目的服务的，目的本身就说明了手段的正当性；霍布斯在《利维坦》中从人的自然状态入手，推导出以绝对主权论为核心的国家理论，他认为国家是由契约产生的，人们在相互订立契约时让渡了全部权利和权力，但在这一过程中主权者没有参加契约，不受契约约束，主权者的权利和权力又是绝对的、至高无上的、不受任何限制的。因此，作为一种抽象公权力的主权者就与国家权力合二为一了，国家相对于社会来说，具有绝对的优势，成为"巨兽""人造的人"（巨人），"有朽的上帝"或"巨型机器"。黑格尔在《法哲学原理》

中认为，国家不仅是一个政治范畴，还是一个具有真善美统一体的伦理范畴，是自由的根源，是公共利益的代表。国家拥有社会所不具有的东西即强权，社会中处处充满的冲突和斗争只有通过国家才能够得到解决，因此，国家不仅仅是个人自由的根源，而且个人也只有通过为国家服务，从自己与国家的统一之中才能实现自己的本质，根本不是那些原先毫无关系的人通过契约创造了社会，再通过契约创造了国家，恰恰相反，是民族、国家和社会创造了个人，由此，国家、社会、个人成为一个统一的整体，一种历史形成的总体。

二、社会中心

强调社会主要作用的主流思想家有约翰·洛克（John Locke）、托马斯·潘恩（Thomas Paine）、夏尔·阿列克西·德·托克维尔（Alexis-Charles-Henri Clérel de Tocqueville）等，他们对国家持相对消极的态度。洛克提出的社会契约论认为，人类由于自然的需要首先通过一种体现相互权利与义务关系的契约组成社会，然后通过一种契约建立了国家。正因为国家是人们为了满足自己的需要并且通过一种契约而创造出来的，所以它理应处于社会控制之下，为社会服务。如果国家违背了社会的利益，社会当然有权把它推倒，更换一个新的政府。潘恩虽然认为社会与国家是矛盾的独立统一体，但对待两者却态度不一，他褒扬社会而指责政府，提倡代议制民主共和，而强烈反对招致人类苦难的君主政体。他认为社会是和谐、幸福的，但随着人的道德缺陷的出现，政府的出现就不可避免，成为为了社会的公共利益而进行的权力委托机构，"社会在各种情况下都是受欢迎的，可是政府呢，即使在其最好的情况下，也不过是一件免不了的祸害，在其最坏的情况下，就成了不可容忍的祸害"[①]，政府就成为一种必要的邪恶。一个越多管理自己的事务而越少需要由政府来处理的社会，就是越完美的社会。社会与政治国家是一种此消彼长的关系，社会越是完善，对政府或国家的需求也就越小，国家的消极因素就会越来越少，最终人们所能够享受到的幸福也就会越来越多。托克维尔对社会制约国家权力的思想体现在《论美国的民主》一书中，他主张政治权力分配给多元的社会部门，使社会能够形成对权力的制约，托克维尔看到，新的时代是一个在社会身份上逐渐克服不平等，政治体制上愈加成熟，以致

---

① 潘恩. 潘恩选集［M］. 马清槐，译. 北京：商务印书馆，1981：141.

社会和政治逐渐分离的时代，因而"一个全新的社会，要有一门新的政治科学"，这正是在看到了建立在社会和民情基础上的民主制度，"在民主社会，享乐将不会过分，而福利将大为普及，国家将不会那么光辉和荣耀，而且可能不那么强大，但大多数公民将得到更大的幸福"①。

针对以上国家中心论和社会中心论的对立，有研究者认为是出于对社会从前工业化时期到工业化时期不同经济形态下的社会分层和社会结构的不同而产生的不同理论建构，及至发达国家的工业化和城市化进入后工业化时期，市场经济高度发展，社会分层和社会结构更加复杂，形成了多元化的国家与社会理论体系，② 但无论怎样，国家与社会关系的研究在20世纪90年代进入了"国家与社会互动"的新时期，相继提出了"国家在社会中""国家与社会共治""国家嵌入社会"等国家与社会的关系类型，其中，较为突出的是国家限度理论和公民社会理论，两者都是对国家中心论和社会中心论引致的政府失灵、市场失灵、社会失灵的反思与批判，是一种综合国家理论与社会理论的第三种理论。

三、国家限度理论

国家权力自主性、国家权威合法性和国家行动能力有效性是西方国家限度理论的基本框架。下文根据时和兴对国家限度理论的梳理做出概述。③

国家权力限度主要指对国家权力自主性的必要限制。国家权力自主性是指国家权力对于一般政治权力及其他社会权力的独立性。从国家与社会关系来看，如果国家权力机构不够完善，由官僚行政机构直接面对社会进行交易，那么，国家的自主性就只能通过国家对于社会的压制或强势集团对于弱势集团的压制得以实现，这种通过国家权力无限增长来获取国家自主性的方式，必然会给国家发展带来某种危机。国家权力有限自主机制首先表现为统一的国家权力内部机构的自主，行政权力的自主不仅受到自主的立法权力的监督和制约，而且受到司法独立原则的限制，需要达到国家权力机构的专业化以及在此基础上形成的相互制约关系；其次是宪政制度的完善，其核心特征就

---

① 托克维尔. 论美国的民主 [M]. 董果良，译. 北京：商务印书馆，1988：11.
② 王建生. 西方国家与社会关系理论流变 [J]. 河南大学学报（社会科学版），2010（6）.
③ 时和兴. 关系、限度、制度：政治发展过程中的国家与社会 [M]. 北京：北京大学出版社，1996.

是对国家权力的法律限制；最后是社会对国家制约作用的制度化，它以代议机构为交易场所，是一种制度化程序化的制约。

国家行动限度指对国家能力的必要限制。国家能力包括政治统治能力和政治管理能力，具体表现在从社会上获得财政资源和人力资源的社会动员能力、对社会结构的规约和资源分配的社会规范能力、对社会秩序的控制能力以及对环境挑战的容纳适应能力等。

国家权威是国家所具有的令人信服的力量。国家权威限度是指对国家权威的必要限制。国家权威限度取决于人民对国家权威认同的程度，从这个意义上讲，权威合法性就是社会对国家权威的限制。从长远来看，制度化的国家权威与人格化的国家权威相比具有更强的合法性，且更恒久。要建立现代国家合法性的运作机制首先要限制国家权威，确立与作为合法性基础的宪政制度相适应的法治主义，完善国家制度的程序和规则。其次，要通过有限国家行动保证其运作效率，避免因国家自身无限行动所激起的过高社会期望，避免因国家行动失效而带来的社会挫败进一步影响社会对于国家权威的信赖。最后还要选择灵活正确的权威解释方式。

四、公民社会理论

"civil society"在我国有三种不同的翻译，分别是公民社会、市民社会、民间社会。这三种翻译的不同也表达了对"civil society"研究的不同视角。市民社会强调作为"civil society"的经济属性，公民社会强调它的自治属性，而民间社会则是从国家与社会关系，尤其是作为一种对国家权威统治持续不断的抗争的力量层面做出的分析。所以在接下来的理论爬梳中，三者将不再做出严格意义上的区别。

市民社会这一概念历史悠久且内涵丰富，亚里士多德的《政治学》中，市民社会用来指城邦作为一种根据宪法建立起来的独立自足的社会团体的性质。① 启蒙之后，"civil society"的概念获得一个新的内涵，即用以反映与"自然状态"相对的社会状态。霍布斯就认为，人们为了结束彼此敌对的自然状态，通过相互之间订立契约而结成"市民社会"② 之后，随着国家向私人

---

① 亚里士多德. 政治学 [M]. 吴寿彭, 译. 北京：商务印书馆, 1981.
② 霍布斯. 利维坦 [M]. 黎思复, 黎廷弼, 译. 北京：商务印书馆, 1985：131-132.

领域的侵入，市民社会与国家就形成了对立的两极。

根据查尔斯·泰勒（Charles Taylor）的说法，市民社会理论有两种渊源：一是洛克的学说，该学说认为社会先于政府而存在；二是孟德斯鸠（Montesquieu）的思想，其假设了一个强大且不可或缺的、却受制于法律的君主制政治。① 邓正来在泰勒市民社会模式的基础上提出了市民社会与国家关系的两种构架：一是以洛克为代表的自由主义者的"社会先于或外于国家"的构架；二是黑格尔所倡导的"国家高于市民社会"的构架。他指出，中国市民社会与国家关系的建构绝非非洛即黑的选择，毋宁是二者间的平衡，亦即作者力主型构的市民社会与国家间良性的结构性互动关系。② 以上从国家与社会的二分法去理解公民社会，也逐渐演化到三分法，如俞可平认为，公民社会是国家或政府系统，以及市场或企业系统之外的所有民间组织或民间关系的总和，它是官方政治领域和市场经济领域之外的民间公共领域。③ 以三分法为基础的公民社会的定义逐渐为广大学者所接受，英国社会学家吉登斯（Giddens）的"第三条道路"理论也属于三分法的公民社会理论。该理论认为，倡导国家干预和福利制度的社会民主主义与推崇市场和个人本位的新自由主义，都过于狭隘和片面，难以为解决当代复杂的社会问题提供一个有效的答案，理想的思路是建立一种国家、市场与公民社会相结合的新型社会关系。近期研究中，原来在政治哲学层面从事规范研究的公民社会研究者开始转向从政治社会学的角度对作为一个社会实体的公民社会进行实证研究，第三部门研究者也开始关注非政府组织与国家和市场的关系问题，双方最终找到理论的契合点，④ 涵盖了从村民自治到非政府组织等内容的第三部门研究成为公民社会理论的重要组成部分，让公民社会理论在实践层面有了更多突破。

可以说，公民社会是杜尔克海姆意义上的建立在行政性的联系之外的"有机联系"的整体，是国家行政权力之外的具有自身联系的社会实体，它由宗教、经济、文化、知识以及其他公共领域中的社团或机构构成，有一套互

---

① 邓正来，杰弗里·亚历山大. 国家与市民社会———一种社会理论的研究路径 [M]. 增订版. 上海：上海人民出版社，2006.
② 邓正来，杰弗里·亚历山大. 国家与市民社会———一种社会理论的研究路径 [M]. 增订版. 上海：上海人民出版社，2006.
③ 俞可平. 公民社会：概念、分类与制度环境 [J]. 中国社会科学，2006（1）.
④ 何增科. 公民社会与第三部门（导论部分）[M]. 北京：社会科学文献出版社，2000：1-2.

为表里、广泛传播的基本价值与公民道德。就此来讲，研究者都同意以下基本观点：第一，个人主义。市民社会是为了保护和增进个人的权利和利益，公民社会的首要原则是维护和发展人权。第二，多元主义。市民社会尊重个人生活方式、社团组织、观点思想等的多样性，提倡宽容和妥协的社会文化。第三，公开性、开放性与参与性。公开性主要体现在政务活动的公开化上，开放性是从公共领域的参与性上来说的，公开性和开放性是公民平等、自由进行政治参与的前提。第四，法治。法治是指把国家的作用严格限制在宪法和法律规定的范围之内，从而划定国家行动的界限，以保证公民社会成为真正自主的领域。第五，自治性。公民社会最重要的特征就是它相对于国家的独立性和自主权。只有保持这种独立性和自主权，公民社会的上述结构特征和文化特性才能得以维持，因此，公民社会理论主张在社会领域实行广泛的自治，以最大限度避免多数统治可能对个体正当权利、个体私域造成的侵害。

第三节　研究假设：经济人与文化人

从某种程度来说，研究假设的重要作用在于其能为文章的分析提供论证的合理起点。本研究的研究对象是活生生的个人，要想理解乡村教师在历史洪流以及当下大时代中的行为选择、个人决定，必须思考一个问题：是什么让他做出这种选择，或者说，支撑他生活的信念是什么？在每一面鲜活的脸庞背后，一定有着不可言说的理由在支持他的行为，对这种理由的追问就成为本节的主题，并为分析论述乡村教师的生活故事铺垫一种基调。

一、经济人与文化人的假设

大致来讲，西方社会科学界对人做出选择原因的假设长期有经济人和文化人两大类型的论争。经济人假设一般认为滥觞于亚当·斯密（Adam Smith），在《国民财富的性质和原因的研究》中，他认为："我们每天所需的食物和饮料，不是出自屠户、酿酒家或烙面师的恩惠，而是出于他们自利的打算。我们不说唤起他们利他心的话，而说唤起他们利己心的话，我们不说自己有需要，而说对他们有利。"① 后经约翰·穆勒（John Mill）、帕累托（Pareto）等人的发展，经济人的假设日渐成熟。经济人假设认为人追求的唯一目标是利益最大化，人的决策都是理性的谋划，而不是经验的或随机的，人也就变成了理性的人、自私的人。

文化人假设在卡西尔（Cassirer）的名著《人论》中得到充分的表达，他认为，"我们应当把人定义为符号的动物来取代把人定义为理性的动物。只有这样，我们才能指明人的独特之处，也才能理解对人开放的新路——通向文化之路"②。并以人与文化的关系为基点，从语言、神话、宗教、艺术、科学、历史等方面证明了人是"文化的动物"，而非其他。文化人假设影响深远，韦伯的《新教伦理与资本主义精神》也相信，塑造"人类行为世界"的是某信念体系，而不是他们生存于其中的既定物质条件。

两种主要的人性假设，为理解人的行为选择提供了具有分析力的理论支持，但不可避免的是，任何一种单一的理论去理解复杂的人、人性、人生时，都往往显得单薄和苍白。文化人、经济人的假设将人抽象化，是基于知识论的论调，或者从外在文化规约，或者从内在的理性算计去假定人性，将完整的人支离破碎地去理解。赫舍尔说，"把人作为一个整体来看时，人的存在的处境就是事实和目标、气质和对意义的追求等相互交织在一起的综合体"③。他还认为，所有一切对人的误解（而不是无知）的根本原因在于，近代传统哲学是从知识出发来说明人，而不是从人出发来说明人。把人的本质看作是自然事物的一部分，那就会把人看作理智实体（笛卡尔）、制造工具（富兰克林）、生物本能（达尔文）、权力意志（尼采）或心理能量（弗洛伊德），只有从人出发才能明确说明人。

从人出发，就是从人的矛盾和困惑出发，就是从人生存的处境出发，对乡村教师而言，任何想对这一群体进行化约处理的人为建构都在一定程度上背离了历史事实，对人的假设，要回到人生活自身，回到人生存的现场，生存论以及存在主义的视角，可以给我们理解复杂的人，提供一个更加完整全面的分析基调。

---

① 亚当·斯密. 国民财富的性质和原因的研究（上卷）[M]. 郭大力，王亚南，译. 北京：商务印书馆，1972：14.
② 卡西尔. 人论 [M]. 甘阳，译. 上海：上海译文出版社，2003：42.
③ 赫舍尔. 人是谁 [M]. 隗仁莲，译. 贵阳：贵州人民出版社，1994：25.

二、生存论意义上的人

我想继续引用一段隗仁莲在赫舍尔《人是谁》的中文版序言中的话。隗仁莲总结赫舍尔对近代哲学的反思，写道，"现代人麻木不仁，对自己身临其境的苦楚凄凉、孤单无援、不由自主的状况，毫无知觉，因而忘记了自己，忘记了自己是谁。人类如临深渊，如履薄冰，却心安理得，自鸣得意。更悲惨的是，人们往往用一大堆抽象的概念和理论构织成美丽而动人的花环，掩饰自己的悲哀和不幸。其实，忘记了自己的处境，就是忘记了'人是谁'这个根本问题，就是忘记了哲学的源头，忘记了哲学本身"①。这段话无疑是悲观的，但正是看到了人须臾不离的生活，人的意义才显明起来，在此意义上去谈论人，才显得有朴实的质感和鲜活的力量。

生存论是对在场形而上学（柏拉图哲学）和主体形而上学（笛卡尔、康德）的反动，他们或是将人与其他存在者的差异磨平，或是虚设了与世界绝缘的人之主体性，将人的生存客化，将生存抽离于理智之外去观察与反思，缘木求鱼地看待人，定会将真理问题与生存问题割裂开来，将人的认识与人生存的境遇剥离出去。海德格尔（Heidegger）用"此在"这一核心词表达其对康德哲学对人的存在的遗忘，他说，"我们一向便是此在。此在这一存在者和一切存在者那样具有一种特殊的存在方式。我们在术语学上将此在的存在方式规定为生存（Existenz）……"对康德和经院派而言，生存是自然物的存在方式，对我们而言则相反，是此在的存在方式。"照此我们例如可以说，物体决不生存，而是现成存在。相反，此在，我们自身，决不现成存在，而是生存。"② 我们必须要从对"human being"的探究，转向对"human living"的理解。因为，用孤立的理性来思考人，就会忘记了人是生存在困难的处境与对超越自我的意义的追求之中的，忘记了人是情感性的、爱的未完成。

生存论意义上，人是处境下的人，多数情况下，人面对孤独、困苦，还有随时可能发生的厄运。人的决定和选择，往往不能理性分析或归因于某一种影响，选择往往是命运的裹挟，决定往往是不得不的行动，它隐藏在不可言说、无法表达的沉默中，而这就是生存。人在用整个生命体验，并根据体

---

① 赫舍尔. 人是谁 [M]. 隗仁莲，译. 贵阳：贵州人民出版社，1994：6.
② 海德格尔. 现象学之基本问题 [M]. 丁耘，译. 上海：上海译文出版社，2008：32-33.

验决定每一个人生岔路口究竟走向何方，他渴望每条路都通向超越性的意义，但往往并非如此。可以说，生存就是人被命运死死抓住、与命运抗争的过程，就是在抗争中对整个生活的"体验"。体验才是人投入世界的方式，它与生命的整体性有关，正是在不同生存境遇的体验中，人才会对社会、他人有了关系型的、瞬间性的觉察，并且是一种深层次的私人体察。

人在处境之中，也同时努力创造着生命的意义。无论对个体的生存或社会的存在，存在的意义都是必需的。个体需要"意义"来支持、充满它的生存过程；社会则需要"意义"来联结聚集它的社会成员。每一社会都有一个旨在对人追求意义做出解答的思想体系以及"取向和信仰的构架"（frames of orientation and devotion）。在现代性的背景下，重要的问题不是如何生活的技术性问题，而是如何生活得更有意义的终极性问题。① 做人不是从生命保存到温饱享乐再到意义实现的三段论，三者的顺序顶多是逻辑意义上的，而绝不是时间顺序意义上的，活着并不表示有口气在，没有饥饿寒冷之虞，"人"的活着须臾离不开对意义的追寻，它超越了纯粹的存在，它是对如何对待存在的求索，是对超越与"我"之上的意义的追寻，用蒂里希（Tillich）的话来说，是一种"终极关切"②。对赫舍尔来说，人的意义甚至内在于人的生命，他说："人的存在从来不是纯粹的存在；它总是牵扯到意义。意义的向度是做人所固有的……人甚至在尚未认识到意义之前就同意义有牵连。他可能创造意义，也可能破坏意义；但他不能脱离意义而存在。"③ 再贫穷的人，都有丰富的你所不知、不了解甚至不理解的内心，再卑微的人，只要他意识清醒，都会想有意义地活着，或许，对当下困苦生活的苦闷，就从反面证明了这个道理——人，是意义的存在，是精神性的存在，不论贫富、不论生活在城市还是乡村。人每一次选择都不是孤立的事件，而都指向生活的全部意义，指向一个超越于当下的"我"自身的另外一个"我"，行动所寻求的，"不是寻找存在的落脚点，而是存在的方向"④。

人还是爱的存在。舍勒（Scheler）坚持认为，人类在根本上不是一种理性动物，也不是进化的产物，也不是一种使用工具的动物，而是一种爱的存

---

① 高伟. 回归生存本体的教育［J］. 华东师范大学学报（教育科学版），2006（1）.
② 蒂里希. 蒂里希选集［M］. 上海：上海三联书店，1999：1140.
③ 赫舍尔. 人是谁［M］. 隗仁莲，译. 贵阳：贵州人民出版社，1994：51-52.
④ 赫舍尔. 人是谁［M］. 隗仁莲，译. 贵阳：贵州人民出版社，1994：53-54.

在，一种有爱的能力的存在，爱是人类第一位的、自发的、本质的行为，真正的人也应该是一种"爱"的存在，并且"在人是思之在者或意愿之在者之前，他就已是爱之在者"，"爱始终是激发认识和意愿的催醒女，是精神和理性之母"①。爱充盈着人的一生，人通过对国家的爱、对弱者的爱、对自然的爱、对性的爱、对神的爱而表达着人之本质，并解释其价值。正是在爱中并且通过爱，人才成为宇宙中独特的存在，所以舍勒认为人的心灵并非一团杂乱而盲目的情感，心灵有自主的法则，靠着这个法则心灵在其深处形成了一个"客观的事实区域"，这个区域是现存一切可能的事实区域中最客观和最基本的，即使扬弃了理智的人也存在于这个领域之中。② 人心理的发生动力和法则，并非知性，它根据爱的本性展开，爱就成了人存在的原动力。一个人的情感结构，就是这个人的性情或心灵秩序，就表明他具有什么样的认知概念，推而广之，一个时代、一个民族具有怎样的爱恨情感结构，就表明这个时代和民族的文化体系和价值标准是什么，就是这个民族或时代的精神气质。这为我们分析乡村教师的私人生活中的爱恨情仇，也提供了一个较为有效的分析工具，在后续的分析中我们还会回到这里。

第四节　研究方法：生活史与社会人类学的想象力

黄宗智认为中国社会的研究正处于一场规范认识的危机之中。所谓规范认识，即那些为大家所认同的、不言自明的理论或模式。实证研究对这些信念是一种冲击，让当下的规范认识陷入危机。③ 这一现象在对知识人的研究上体现得尤其明显，如导论所言，知识人的研究多从资料中生发出理论，又往往忽视知识群体的复杂性、多层次性，用一套理论去揭示整个群体的概貌，对理解这个群体的生活样态铺垫了良好的基础，但单一的故事往往容易成为唯一的故事，往往容易被用来剥夺和中伤，就像我们印象中的非洲的单一故事一样，非洲甚至成了一个国家，与法国、中国、美国等并论，不再包括尼

---

① 舍勒. 舍勒选集［M］. 上海：上海三联书店，1999：751.
② 舍勒. 舍勒选集［M］. 上海：上海三联书店，1999：758.
③ 详见黄宗智《中国经济史中的悖论现象与当前的规范认识危机》《悖论社会与现代传统》等研究成果。

日利亚、南非等，故事的叙述成了权力的游戏，多样性被抽象化，并在抽象化中逐渐忘却每个人的生动面孔，逐渐成了一个固定的词语。对乡村教师，我们必须重述其多样的故事，才可能让我们重新发现乡村教师。记住法国年鉴学派主要代表人物吕西安·费弗尔的话吧，他说，"我们永远别忘了，历史的主体和客体乃是人，乃是如此丰富多彩的人，他的复杂性，无法用一条简单的公式来表达"①。生活史和社会人类学的研究方法，本质上就是探究人和社会的复多繁杂。

一、生活史与教师研究

生活史学受人类学研究的影响，于 20 世纪 70 年代中期兴起于德国和意大利，它常被称为"微观史学"（micro-history），它通过各种各样的线索、痕迹，对历史上那些具体的、个别的人物或事件进行细致考察，进而发现"大题目"旁边往往被人忽略的东西，来获得通向关于过去的知识的门径。

20 世纪 80 年代初，英国的艾沃·古德森（Ivor Goodson）倡导运用生活史来研究教师生活，他认为，"生活史已经成为研究教师生活的常用方法。生活史主要通过访谈或对话构建生命，研究结果不是普适性的不变定理，而是特殊性的诠释知识。它帮助我们了解人们如何思考以及感知他们的经验、人们如何看待他们的世界、他们所说的和所能做的是什么、他人如何觉知自己与环境互动的历程"②。他还认为，"在生活史中我们可以获得了一种认识，通过它，能够去了解在生命历程中，个人是用一种什么样的方式妥协于他们职业的约束和条件的，又是如何与更广阔的社会结构相联系的"③。生活史研究就是要彰显隐匿在集体之中的鲜活的个体，毕竟，每个教师都在创造自己的历史，他们不应该是那一群人，而是那一个人。

美国史学家贝克说，"人人都是他自己的历史学家"。生活史研究从教师讲述的生活经历开始，进而联系其他人的回忆和叙说，并结合文献资料及其他历史史料，为透视分析被研究者生活情境提供有力的分析模式，这种分析更多是以"块茎状"来解释、探究问题，而非线性因果的关系论述。此外，

---

① 雅各布·坦纳. 历史人类学导论［M］. 白锡堃，译. 北京：北京大学出版社，2008：27.
② GOODSON I F. Studying teachers' lives［M］. London: Teachers College Press, 1992: 32.
③ 艾沃·古德森. 教师生活与工作的质性研究［M］. 蔡碧莲，葛丽莎，等译. 北京：教育科学出版社，2013：49.

生活史最大的长处在于它穿透了个人的主观真实性，因为我们潜在的自己就隐藏在自己不留意的生活经历中，或者不被刻意记录，或者被刻意回避。研究者就是要通过重新回到过去，在故事中挖掘不为己知的"他者"，重新塑造一个有血有肉的鲜活个体，并通过被研究者遇到的问题与困惑，在小历史的书写中感受人与社会的每一次细微的心跳。

故事是生活史研究中的核心要素。迈克亚当斯（McAdams）说，"如果你想认识我，你得先知道我的故事，因为我的故事会告诉你我是谁。而如果'我（I）'想认识我自己（myself），想要获知我生命的意义，那么我还是得先从我的故事着手"①。阿伦特（Arendt）也认为，人类的故事并不是歪曲现实生活的虚构，倒不如说，这些故事提供了永恒的意义，提供了一种生存可能性的意义。叙述较理论更有助于我们思考自己的经验。故事不仅帮助所有的人发现意义，还帮助我们一起在我们的复多样态中发现该意义。个体的故事使人类的意义成为可理解的。②

但故事必须与历史情境和社会结构分析联系起来，才能赋予故事具有穿透性的分析力，恰如古德森所言，"生活史工作关键在于将教师自身的生活故事置于一个比较宽广的情境中进行分析……生活故事是'我们讲述的关于我们生活的故事'；生活史则是一项协作性的工作，要评论相当广泛的资料，生活故事的讲述者和另一个人（或其他人们）通过访谈或者讨论以及审视文本及背景关系来合作发展广大叙事。生活史是置于历史情境中的生活故事"③。生活史的目的，"是要创造一个与个人生活故事不同的故事，在这个故事中，外在的权力及意义世界成为生活故事被镶嵌其中的情景"④。所以，将故事放置在历史情境中去考察，就会看到个人生活世界里的那些社会的、心理的、文化的、宗教的影响，可以看到个人生活史并不总是与宏达的社会史完全吻合的，每个人面对抉择时面临的情境，远远超过最全面的理论解释。

生活史研究并不排斥理论，恰恰相反，生活史是事实与理论相遇的场所。

---

① 张立新. 教师实践性知识形成机制研究 [D]. 上海：上海师范大学，2008：31.
② 帕特里夏·奥坦伯德·约翰逊. 阿伦特 [M]. 王永生，译. 北京：中华书局，2006：85，87.
③ GOODSON I F. Studying Teachers'Lives [M]. London: Routledge & New York, Teachers College Press, 1992: 6.
④ 艾沃·古德森. 教师生活与工作的质性研究 [M]. 蔡碧莲，葛丽莎，等译. 北京：教育科学出版社，2013：118.

"生活史研究的目的，就是重新评价和摆正行动世界的位置，并重新将行动世界与理论世界连接起来。"① 缺乏理论素养的生活史研究未免浅薄，但旨向为现有理论的证明或归纳新理论的生活史研究却未免让人怀疑其是否真正理解了生活史研究的真谛。生活史研究与理论如同吊诡的游戏，它们相互观看着对方，却从不走进彼此；它们须臾不离，却不能合二为一。生活史指向世界的复杂性、异构性，而理论却力图用最简单的规则概括和解释世界，如同周勇所言："日常生活的世界不是由帕森斯式的社会学概念构成，也不是由揭示人类学家的诗意想象构成，而是由普通的个人活动、言语、思想、情感构成，是一幅复杂交往的画卷，社会学家所要做的就是尽自己最大努力如实地描绘这幅画卷。"②

二、生活史写作的想象力：描述与倾听

传统实证研究立足于"注视"，是一种自上而下、自外而内的写作方法。与之相反，生活史的写作是一种倾听与描述，它不是对研究者的"学术殖民"，而是追求"共同存在"的现象学式描述与倾听，从这个意义上来讲，生活史的写作力图通过研究者与研究对象的交往、亲近、对话来真切地感受研究对象的本真存在，是一种合态度、方法与目的为一体的研究，很大程度上属于生活体验研究。③

生活体验写作的价值首先体现在它的对教师存在意义的揭示上。海德格尔说："语言、思维和存在是三位一体的。"现象学的写作让我们生活在海德格尔所说的存在的家，即语言之中，以便我们的日常生活的问题变成有差异的问题。对范梅南来说，写作就是思考，写作是自我生成的一种形式，写作就是去测量事物的深度，同样也意识到自我的深度。④ 伽达默尔（Gadamer）从文本解释学的角度对"提问"的说法，也暗含了这个含义。他说，"重构那

---

① 艾沃·古德森. 教师生活与工作的质性研究［M］. 蔡碧莲，葛丽莎，等译. 北京：教育科学出版社，2013：2.
② 周勇. 十字路口的社会学写作——译者前言［M］//诺曼·K. 邓金. 解释性交往行动主义：个人经历的叙事、倾听与理解. 周勇，译. 重庆：重庆大学出版社，2004.
③ 王凯，蒋福超. 描述与倾听：促进教师自主专业发展的生活体验写作［J］. 齐鲁师范学院学报，2015（4）.
④ 派纳，等. 理解课程——历史与当代课程话语研究导论（上）［M］. 张华，译. 北京：教育科学出版社，1999：459.

些把文本的意义理解为对其回答的问题其实变成了我们自己的提问,因为文本必须被理解为对某个真正提问的回答"①。自我的意义就是我们与世界的关系,意义不是我们赋予世界的,而是相互赋予的。从这一角度来讲,现象学的写作就是一种展现,一种逻各斯(以语言和智慧为形)通过现象(以生活世界的某个方面为载体)的展现,我们展现了现象,就找到了逻各斯,借用海德格尔的话来说,现象学写作就是"以其展现自身的方式来展现其意义"②。

其次,生活体验写作是合态度方法与目的于一体的研究,写作就是研究,写作就是成长。"现象学写作并不呈现给读者一种结论性的论证或确定性的观念,而是通过引导读者反思性地对待生活体验,保持我们对世界体验方式、对人类体验方式的有限性以及对体验解释的敏感性。"③ 可以看出,生活体验写作是对生活体验(即现象)的描述性研究,并试图通过挖掘生活体验的意义来丰富生活体验本身,因此它属于现象学范畴;它又所以被归入解释学是因为它是对生活体验的表述和对象化(文本)的解释性研究,并试图以此来决定蕴含于生活体验中的意义。生活体验写作既是目的也是方法的含义就在这里。

生活体验写作是诗化的描述。描述,就是尽量让写作显示为直觉的"看",用"象"思维,而不是"抽象"思维,尽量避免过度的概括和过度的归纳,因此,感性的、诗化的语言在写作中就显得必不可少。这种语言是隐喻性的,是对世界丰富性的聆听,也是一种对世界的解释,海德格尔说:"现象学描述的意义作为一种方法存在于解释之中……现象学……在这个词的原初意义上是解释学的,在这种情况下它指定了这种解释的范围。"④ 描述,就是用一种诗化的语言反映完整的世界,就是一种力量和道德。

好的生活体验写作还是倾听的。倾听首先意味着作者的开放性,作者向外在对象(包括访谈者和其他事物)敞开,作者是真实的,甚至是勇敢的,

---

① 伽达默尔.真理与方法[M].洪汉鼎,译.上海:上海译文出版社,2004:481.
② 海德格尔.存在与时间[M].洪汉鼎,译.北京:生活·读书·新知三联书店,2000:242.
③ 高伟.教育现象学:理解与反思[J].教育研究,2011(5).
④ 范梅南.生活体验研究——人文科学视野中的教育学[M].北京:教育科学出版社,2003:38-43,31.

勇敢地将自己的脆弱和内心打开,倾听自己的声音,如同对自己的生活史进行考古式的探究,将深藏于内心的东西挖掘出来,直面它,并反思它。倾听还意味着文本具有的邀请性。现象学的点头就是一种表示赞同的方式,一篇成功的现象学描述会让我们频频点头,因为我们发现那所描述的体验我们曾经拥有或者可能拥有过。换句话说,一个成功的现象学描述是对生活经验的收集和回忆——它为生活经验所佐证,反过来又佐证生活的体验。教师的生活体验写作并不能提供给教师解释或控制教育教学的有效理论,而是提供给教师可能的洞察力,以使其与世界的联系更加直接。

概而言之,米尔斯(C. W. Mills)曾提出"社会学的想象力"(The Sociological Imagination)这一有趣的词,即在具体情境中的个人烦恼和社会结构的公共议题之间建立联系、在微观的经验材料和宏观的社会历史之间进行穿梭的能力,并强调,个人日常生活世界中无法解决的烦恼是他们无法控制的社会结构变迁造成的。社会学的想象力需要故事的讲述者在现实与理论的相互映照下,在"通情"的倾听与描述中,同时还需保持一颗"清醒"的头脑,用丰富的故事去重构历史,时刻警惕审视每个既成的理论和前见,在个人、社会、国家的相互穿梭中,感受切实的真相与人的本真性存在。生活史的研究当然离不开诸如深度访谈、参与式观察、档案、文献资料等社会人类学的资料收集方法,以让这种想象力更切合历史,预见未来。

第五节 田野点选择:为什么是王庄

本节,论者将围绕田野点的选择、进入、持续过程展开说明,并简要说明田野点选择的局限性和后续研究打算。

一、为什么是王庄?

首先需要说明的是,王庄只是田野点的别称,以符合研究伦理规范。王庄当然也是一种隐喻,是国家权力的别样表达,王庄又是中国乡村最最普通的一个村庄名字,如同张庄、马庄、梁庄一样众多按照姓氏命名的村庄中的一个,因此,它在一定范围之内又具有较为广泛的同质性。如上文所述,质的研究不要求其可推广性和解释的广泛性,但论者相信,不只是名字,而且其村庄特点与村庄村民、村庄教师的生活样态上，一定有不少村庄与王庄相似，这也可算是另外一种隐喻。

其次，对选择王庄而非自己的家乡展开说明。日本人类学家末成道男也曾经说到"家乡人类学家"所具有的几点优势和劣势，他所归纳的三点优势是更了解和更易于接近被研究者，具有同一观点，具有共同的社会政治价值；三点劣势则是对无意识因素反应迟钝，受母文化的约束，难以保持中立。[1] 王庄对论者来说，从研究便利和与人的接触难易度上来说，没有末成道男所说的缺点，而且王庄与我的家乡同属于一个地区，文化相似，也共享着几乎一样的社会政治价值，恰恰却因为王庄所具有的新鲜感和陌生感，让论者能更好地激发想象力。至于末成道男所说的母文化约束与中立性问题，论者相信只要调研，就一定会存在以上的问题，只是需要论者时时刻刻予以警惕和反省。不论是"局内人"还是"局外人"，放下"前见"与固有的经验去理解是不可能的，任何的理解都是基于自我的，但重要的是保持敏感性，特别是对触发惊讶感的瞬间要时刻留意，拥有了这样的时刻，才意味着研究已经开始。

最后，有些田野点的选择还带有一种机缘巧合的因素影响。论者在联系挑选不同田野点时，偶识 M 镇一位热心校长，得知我做乡村教师研究时，非常强烈地向我推荐了王庄小学和王校长，我与王校长一见如故，王校长家所在的王庄自然成了非常好的田野点，王校长在本村一直任校长，对村里的人情世故、历史变迁了如指掌，并为我引荐村里的许多村民和教师，这让我节省了很多的调研时间，也为我顺利融入村庄打开了一扇窗户，所谓"守门人"的问题，在本次调研中并没有遇到很多麻烦。

二、如何进入王庄？

如上所述，从王校长作为引荐人，我自然进入了王庄，并通过介绍和随访，走进了更多人的生活。所有老师、开饭店的中年人、开小卖部的大姐、赋闲在家的退休工人、村委帮忙的农民、党员村干部、干建筑小工的大叔、做装修的小兄弟等，各色人生，都呈现在我的面前。一个鲜活的、散发着生命活力的世界向我敞开，安静的小村，却暗波涌动，每天都有故事上演，每

---

[1] 纳日碧力戈，等. 人类学理论的新格局 [M]. 北京：社会科学文献出版社，2001：179.

个故事不大，却组成了每个家庭、每个人的所有生活。当然，进入王庄，不是一次采风，更不是旅行，我主要将精力和话题聚焦于乡村教师、乡村的知识群体，并以此为中心，辐射周遭，并在周遭的反馈中进一步思考乡村教师与村庄、与国家的丝丝联系，争取敏锐地感受到这个村庄的磁场，以及教师是如何在这个村庄生活的。村小作为一个教育场域的聚焦，从地理位置上属于王庄，但在文化上属于国家，它同时还与几乎每个家庭发生联系，幸运的是，村小的进入也并不复杂，因为王校长的原因，我受到了热情的款待，并结识了众多友好朴实的老师。

三、调查进展与困境

整个田野点调查大致由三段主要的时间组成，除去平日邮件、电话联系，断断续续共持续了 6 个月左右。

第一阶段：村庄及教师基本情况研究，2015 年 9 月至 10 月，暑假后期及之后，2 个月驻村，熟悉村庄、老师、村民，并按照提纲进行访谈和观察记录，初步积累了大量关于村庄及教师群体的基本资料。

第二阶段：主题话题研究，2015 年寒假前，1 个月驻村，补充访谈提纲，无主题聊天与观察。主要围绕知识、道德章节的相关话题进行田野调查。寒假后，1 个月驻村，私人话题或生活访谈与观察，无主题聊天。

第三阶段：主题深入与细节探究，2016 年 8 月至 10 月，针对写作中出现的困惑与故事细节，再次进入村庄。主要探究村庄知识群体及村庄发展思考。

调查中，论者感到最大的挑战有两项：一是体现在研究目的与假设的表达与否上。对此，不同研究者也有不同说法，一说研究目的的告知是对被研究者的尊重，也可以引领被研究者的话题范围；一说对此的告知会局限研究范围，甚至会引发错误的结论，也容易引领被研究者说出违心的话，以符合研究目的，而尽快结束被研究者的任务。论者对此的处理是，说出大致的、模糊的目的和假设，如当被问及研究目的，对有文化的被研究者，论者多回复说，本研究就是看乡村教师、国家和村庄的互动关系；对文化水平较低的村民，论者多回复说，就是看看咱村的老师怎么过日子。这样虽不完善，但从一定程度上，既让被研究者对研究有所了解，又避免了过多的阐发而引起麻烦。

挑战二是体现在研究的通情性与客观性的协调上。我往往会被研究者的遭遇或故事而感动甚至落泪,这可以让我用主位的视角去思考生活史故事,但研究还不能过于因受情感因素的影响而变得不客观和失之偏颇,研究的热情从情感而生,而落到笔上的文字却不能因热情而激愤不平,论者往往会在情绪平复之后去描写和回忆,却失去了因热情而引发的写作热情和鲜活感。这确实难以协调,也请读者为接下来的文字中可能的感情饱满,不似严肃的学术论文而宽宥于我。谁说论文必须是一副板着脸的面孔呢?

第二章
王庄素描

　　村庄，在某种意义上，是一个民族的子宫，它的温暖，它的营养度，它的整体机能的健康，决定着一个孩子将来身体的健康度、情感的丰富度与智慧的高度。

——梁鸿

　　本章，论者将走进乡村教师生活的村庄——王庄，了解王庄的地理风貌、人文风情、经济营生以及教师群体概况。有研究者认为，"自然村落的生存方式、内部的制度与组织及其观念习俗，更多地受制于他们各自所处的自然生态环境，正是自然生态环境的稳定性制约并决定着村落内部生存方式的现实性"[1]。作为地理决定论，此论断当然失之偏颇，同样的，人也未必完全被文化所规定，但是，乡村教师就在这种时空和文化里生活，在一定程度上受制于这种背景而不能脱身，所以对王庄的了解愈是立体，对乡村教师生活的理解也愈是立体、丰富和具有通情感。

　　贺雪峰按照经济生活分化程度与社区记忆两个维度将中国村庄分为四类村庄[2]，分别是

表2.1　贺雪峰对中国村庄的分类

	经济社会分化程度低	经济社会分化程度高
强社区记忆	A	C
弱社区记忆	B	D

---

[1] 曹锦清，张乐天，陈中亚. 当代浙北乡村的社会文化变迁[M]. 上海：上海远东出版社，2001：1.

[2] 贺雪峰. 乡村治理的社会基础——转型期乡村社会性质的研究[M]. 北京：中国社会科学出版社，2003：124.

按照贺雪峰的分类，王庄属于贺所说的 C 类，山东村庄也多数属于此类。在市场大潮下，王庄经济社会分化程度较高，王庄曾有丰富的村庄故事，但年轻一代人对村庄的记忆逐渐趋于模糊。C 类型的村庄是离散程度较高的村庄，经济、社会、文化三重的拉扯，让村庄成为名义上的村庄，失去了聚合力。

第一节 地理人口

孟德斯鸠认为，世界各地的气候不同，因此造成了各民族性格和心态的不同，而人们的这些不同又造成了不同的政治法律制度。他说，"人们在寒冷气候下，便有较充沛的精力"，有较强的自信、较大的勇气，炎热的气候使人心神萎靡，"炎热国家的人民，就像老头子一样怯懦"[1]。此处无意为环境决定论做出分析和批评，但作为每个生活在具体空间里的人，地理人口等客观存在的因素，对生活其中的人当然影响颇深，这应该是不用证明的道理。本节将对王庄所在的地理区位、地理风貌、气候、院落、家族人口等做出介绍与分析。

一、地理概述

王庄所处的山东省 T 市 D 县总体地势北高南低、东高西低，山地、丘陵、平原各占三分之一。其中山区面积 498.72 平方千米，占总面积的 28.5%；丘陵面积 647.46 平方千米，占总面积 37%；平原面积 561.71 平方千米，占总面积的 32.1%，属温带半湿润气候。所在镇为 M 镇，管辖面积 113 平方千米，距 T 城城区 20 千米，京沪铁路、104 国道纵贯全镇。全镇现有人口 67276 人（第五次人口普查数据），辖 52 个自然村，王庄就是其中一个普通村庄。

王庄居于 M 镇西北部，距离镇政府驻地 7 千米左右，距离通往城市的国道 8 千米左右，距离城区 55 千米左右。村庄属于丘陵地貌，小村也依地形而建，北高南低，全村在 20 世纪 90 年代进行了重新规划，村庄民居较为规整，

---

[1] 孟德斯鸠. 论法的精神（上册）[M]. 张雁深, 译. 北京: 商务印书馆, 1963: 270-271.

特别是1990年以后新建的房子排列较为整齐。道路不似许多未经规划的村庄一样乱而狭窄，全村主干道为可容两辆车并行的水泥路，是2005年村村通工程的产物，两侧都有排水沟渠，其他道路多为土路，相对较窄，只可容纳一辆车通过，排水则多为自行设置，一般在前一住户的后面留一窄窄的水道，依着河道的则通往河道，依着沟渠的通往沟渠。

图 2.1　王庄卫星地图

王庄西面紧邻河道，上方为一个中型的水库，水库的修建就是为了解决以往频繁的自然灾害。据王庄人介绍，在修建水库之前，王庄夏天经常遭受洪灾，春秋经常遭受旱灾。

我们村水库那个地方啊，是从金牛山上流下来的水，对我们村庄来说，它的地势比较高。我们村的农田，都在我们庄的南面。那时候我爷爷写了个提案，建议修个拦河坝，把水挡一挡，让水上来，就可以引入到地里灌溉农田。结果这个提案交上去以后呢，相关人士来了一看，这

图 2.2　村庄街景，为图 2.1 圆圈处

个位置不但能修拦河坝，还能修个水库。（王德玉老师，20151126，王德玉家）①

水库的修建大大解决了村庄的灌溉问题，提高了粮食产量，水库的修建也让许多人从水里讨生活，田树勇两代人就是靠在水库养鱼而养家。王庄不似许多南方村庄一样经常受到频仍的自然灾害影响而人口流动频繁，几乎没有流民，这也让王庄社会较为稳定，也能较好地解决生活的温饱问题。

费孝通认为，"把村庄作为一个研究单位，这并不是说村庄就是一个自给自足的单位。在中国，地方群体之间的相互依存，是非常密切的，在经济生活中尤为如此。甚至可以说，在上半个世纪，中国人民已经进入了世界的共同体中。西方的货物和思想已经到达了非常边远的村庄"②。村庄与村庄之间的交往往往以集市为地理中心点而展开，"赶集"不只是农村人的经济行为，也是一种社交性的社会行为，中间当然也隐藏着政治因素。如果按照集市所

---

① 论文中的口述者用代号表示还是用化名表示，学界并无同一规定，论者认为用代号的形式比较适合于受访者非常多（比如100人以上）的情况，能比较简便地做出记录，但本文中深度访谈者不超15人，而且认为用化名更能让每一位受访者的口述跃然纸上，能更好地表达出安静的文字后面极具个性、丰富多样的生活史。标注的格式为：受访者，年月日，访谈地点或资料来源。
② 费孝通. 江村经济：中国农民生活 [M]. 北京：商务印书馆，2001：25.

在点为中心村来说的话，王庄不属于中心村，其北面的东牛北村每逢2、7（即农历每月初二、初七、十二、十七、二十二、二十七）为集市，王庄村民经常去集市购买物品。至于为什么不在王庄"立集"，据王庄村民说，一个原因是王庄没有太空旷的地方以供集市之用，更重要的原因是东牛北村的村支书与镇上"有牵连"，立集得到了"上头"的支持，因为集市的摊位费很大一部分都归村委支配，是一笔不少的收入。

王庄就是地图上的一个小小的点，甚至在比例尺改变的情况下连点都算不上，它隐藏在卫星地图的土黄色与绿色之间，村庄像洒落在地上的星星，所不同的是，所有的星星之间是有引力的，而一个村庄所能辐射的范围所及，应该是以集市为基本点的圆，所相同的是，它也是基本不动的，"生于斯死于斯，变动性不大"①，祖辈们临水而居，后辈们生于斯、长于斯，离开又归来，所浸染的，就是这黄土地、绿树林里散发出来的家乡味道。

二、院落类型

院落是农村人生活的物理空间，又在此基础上生成和维系着人生活的安全感、意义感。院落的完成，意味着家庭的成立和独立，也就获得了在村庄内独立参与生活的资格。院落还承载着个人价值的表达，"在乡村修建一座宽大的房舍会被视为显赫发达的标志"②，随着经济的不断富足，盖房就成了有钱之后唯一考虑的大事，所以，王庄的院落一直在变更之中，老院落或者被废弃，或者有老者作为"老年房"居住，中青年人都居住在20世纪80年代以来的第二代院落和2000年以来的第三代院落中。院落不一而足，三代院落形式共存于此，大体来讲，有以下几种形式。

第一代院落（老房子）多在村里的中部，在东西主路的北侧往里，第二代院落多在村庄西部、北部，第三代院落多在主路两侧，以及在从南进入村庄的东侧方向，交通较为方便。三代房子多以长方形分布，大小不一，一般长15米左右，宽10米左右，大门开的位置一般不会居中，以东南角居多，西南角被村里老人认为是不吉利的，西南属于鬼门，农村人出丧，孩子往往

---

① 费孝通. 乡土中国·生育制度 [M]. 北京：北京大学出版社，1998：9.
② 林耀华. 金翼：中国家族制度的社会学研究 [M]. 北京：生活·读书·新知三联书店，2007：26.

面向西南跪送亡灵，但一些挨着主路的新房子为了交通方便也从西南位置开放，在生活便利和所谓禁忌面前，越来越多的年轻人选择前者。从开向来看，一般不会朝北开，以南向居多，东向次之。从院落内部结构来看，第一代院落结构简单，堂屋（正房）为主，再盖一个厢房，有条件的南边盖个灶间，经济一般的就简单搭个灶棚。第二代院落进入大门之后一般有影壁墙，墙上请人工画上山水或者用瓷砖贴上福字，一般有堂屋、东西厢房两间，南屋为灶间或兼用来养殖家畜，其中堂屋前有廊柱支撑，延伸出两米左右的平顶，农村人称为"厦子"（音，shà zi），南屋往往不起房梁，平顶结构，农村人称为"平房"，主要是为晾晒粮食之用。第三代院落多为二层楼房结构，大门一定是又高又华丽，但多是平顶的，也是为晾晒粮食之用，楼房也多上下结构相同，楼上多孩子居住，楼下为父母居住，也有的因为孩子少，二楼很少使用，第三代院落一般没有厢房，厕所建在楼内，但一般在楼外还会建一个厕所，用于存放农具和储存农家肥。

图 2.3 已经废弃的第一代院落

三、家族情况

吉登斯指出，风险性是现代性的阴暗面，现代社会的一大特征就是"风

图 2.4　村庄的辅路与第二代院落

图 2.5　村庄的主路与第三代院落

险文化"的产生。所谓"风险文化"就是指人们对于未来面临的命运的无把握感。① 在现代社会中，人们为了应对来自四面八方的不确定性，便十分信任现代社会为他们提供的各种服务制度，包括保险、福利、医院、律师等。在过去的社会中，人们遇到问题时，可以寻求社区中的家族和邻居的帮助，而当现代性发展到一定程度时，人们大多就转向职业化的机构寻求支持。处在

---

① 安东尼·吉登斯. 现代性的后果 [M]. 田禾, 译. 南京：译林出版社, 2011: 6.

交叉口的王庄人安全感仍然大部分来自家族和邻居，由血缘和地缘构成的纵横网络，共同维护着王庄人的心灵秩序。

王庄有三大姓氏，王、田、刘，王姓人口最多，这也是王庄村庄名字的由来，其他小姓氏包括张、姜、于三个姓氏。下表是王庄各姓氏家族的人口及分布情况：

表2.2 王庄家族姓氏人数占比表

姓氏	王	田	刘	其他	总计
人口数	1060人	321人	180人	225人	1786人
占比	59.4%	17.9%	10.1%	12.6%	100%

从分布的情况来看，同姓氏之间聚居的情况有所变化，往往存在一个姓氏为主，其他姓氏杂居的情况，这主要是乡村改造及新建宅基地基本建在村庄周边的缘故，原来以血缘为关系安排的空间秩序被打破了，左右邻里的关系逐渐占据越来越重要的心理位置，血缘为纽带的空间联系的打破，也逐渐让农村进入现代式的交往方式。

农村的势力主要靠人口众多，兄弟们多，但随着本姓氏人口越来越多，由血缘而维系的人际关系日趋淡漠，一家人在小事上更多还是靠邻居帮凑，但是若碰上家族与家族之间的矛盾和利益冲突时，本姓氏人往往都不问道理，毫无原则地维护本姓氏的利益。

第二节 经济状况

现在的农民是詹姆斯（James）所描述的"双脚都站在市场经济中"的农业工人。[①] 在市场无孔不入的现代社会，王庄想逃离出来似乎是不可能的。本节介绍王庄村民的经济来源以及王庄与外部市场的关系，以充分证明以上詹姆斯所说的话对王庄而言的合理性和不恰适处。

---

① 詹姆斯·C. 斯科特. 农民的道义经济学：东南亚的反叛与生存 [M]. 2版. 程立显，刘建，译. 南京：译林出版社，2013：99.

一、经济来源

"人和地在乡土社会中有着感情的联系,一种桑梓情谊,落叶归根的有机循环中所培养出来的精神。"[①] 不论农民如何投身市场经济,对大多数王庄村民来说,土地仍然是割舍不下的活计,虽然土地也正经历着磨难。王庄土地总面积4981.95亩,其中基本农田保护面积3223.05亩。王庄人均耕地面积1.4亩,其中平原是1.2亩,丘陵是0.2亩。丘陵多集中在村庄的北部,平原集中在村庄的南部。平原上主要种小麦和玉米,一年两季。第一季种小麦,小麦里边穿种玉米。丘陵上现在种花生,以前种地瓜,但因村民嫌麻烦,很少有种地瓜,有的话也作为高回报的经济作物来经营。村民的主要经济收入当然不是来自种地,据村委班子成员王承利介绍,20—60岁的男性,有65%左右的人员有农业之外的第二职业,有个人创业的,有在企业做工的。村庄首富王勇和王守勤创办一所重工企业,占地76亩,厂房5800平方米,各种车床30余台,大型机器设备50多件,吸纳就业60余人,年生产总值过亿元,上缴利税500多万元。40岁以下的成年男性多数在企业就业做工,60岁以下40岁以上的男性大多数从事建筑、室内装饰、建筑安装、建材加工,这令该村享有"建筑之村"之称。这个年龄群体内,还有一部分人在村从事第三产业,开饭店2家,经营小百货8家,馒头作坊2家,面条加工1家,面粉加工2家,电焊加工、机器维修2家,理发店2家,农资超市3家,农业服务合作社3个(大型播耕种收机械12部),农忙服务队2个40余人,榨油厂1家,养殖场2处,粮食收购点1处。

王庄相对于其他周边村庄而言规模较大,人口较多,经济基础较好,农业之外的经济收入渠道较为广泛,这与村庄周边经济开发区的存在密不可分,也与村庄所在区域位置发达的交通便利十分有关。王庄已经被深深裹挟进市场经济大潮中,在商业的锤炼下,村民在获得较为富裕的生活的同时,也在逐渐向现代社会文明迈进。

二、村庄与土地经济

与经济营生热热闹闹相映照的就是村内越来越多的土地被种上杨树、景

[①] 费孝通. 乡土中国 生育制度 乡土重建[M]. 北京:商务印书馆,2012:401.

观树等，土地的侵蚀破坏，已经让土地失去了循环往复的能力，这一方面是对土地经济价值的否定（有老农说，辛苦一年，除去种子化肥，除去劳力，一年也就赚个干净粮食自己吃，还不如在城里打工一个月的收入），种树几乎不用管理，经济效益来的虽然慢但省力；另一方面，对土地的不珍视，也从思想上使对农村、土地的贬低成为潜台词。土地对年轻人已经不像对老一辈人那样具有天然的魔力，吸引着他们精耕细作、精心伺候，土地与人的感情撕裂了、破裂了，人心依着于浮动不稳定的商业，并随着价格的高高低低而起伏不平。

土地空置荒芜现象虽然有，但并不严重。在王庄人看来，土地虽不能产生较大的经济效益，但空置土地往往被看作是人不踏实的表现，用村里人的话来说，就是"耀烧"（烧包）。所以，除了少数村民选择种植树木之外，多数种地不便的人选择将土地转给自家兄弟姐妹，加之现在农业种植管理技术与收割机械化的普

图 2.6　村庄的麦地与灌溉系统

及，种地也并不如以前一样辛苦。对多数年轻一代王庄人看来，种地就成了一种存在感和归属感的依托，也造就了纠结难堪的心态，从城市里谋生，从土地里刨食，身在城市，心在农村。

从这个意义上来讲，王庄人目前双脚并没有完全站在市场经济，只是站在市场经济的非中心位置，两只眼盯着金色滚滚的钱潮，两只脚却被乡土的根拉住，不由自己。

第三节　历史文化

村庄历史不只是过往，还映照着现在，是村庄的信仰。一个村庄的历史

图 2.7 种上杨树的村庄土地

图 2.8 无人耕种的荒芜土地

感越强,其归属感越强,所谓共同体,不只是群体的集合,更是因着共有的记忆与传承,而产生一种安全与归属的需要。本节对村镇名人、村庄礼俗、村庄故事、村庄谚语的整理,皆出于对村庄文化的历史考察,同时也介绍了本论文研究对象——教师群体在村庄的历史与现在。一个乡村知识群体的历史,不正是村庄历史文化变迁的最佳映照吗?

一、村镇名人

说及名人，王庄人多不谈及当下的富商，尽管历史上王庄也出过许多商贾名流，富不过三代，许是这种原因出现的乡间说法。

名人在村庄更多是一种象征意义，光宗耀祖的标志就是能为乡里乡亲谋些益处，益处大的是大名人，流传数代，益处小些的，十里八乡几十年都为之赞颂。从政从医在乡村人看来就是利益大家的事情。故乡在王庄所在的镇M镇的萧大亨与扎根王庄、济世有方的王庄村医王续增即是如此。

萧大亨，字夏卿，号岳峰。母梦岳神入室而生，体貌奇伟。登嘉靖壬戌进士，初授榆次令，累迁户部郎中。驻陕西花马池，督饷监兵，以念母疏请终养，辞极剀切，上俞之，兼程而归，五百里外闻母讣，乃披跣不食，徒步日奔百余里，居忧，哀毁骨立。……所至调度井然，恩威并著……一切裁以法，中官敛衽不敢恣，道路肃然。①

萧大亨去世后，葬于王庄东北处的家乡萧家林。其墓位于泰山南麓金牛山之阳，龙山之阴，今墓地留有精雕细刻、工程浩大的石雕群。

王庄现在还流传着萧大亨为山东免除粮税的故事。据传，明朝万历年间，宰相张居正和兵刑两部尚书萧大亨陪同万历皇帝巡察山东，路经无梁殿（无梁殿是M镇临镇X镇的景点，整个大殿无一根横梁，仅八根柱子顶立）。皇帝看见这座建筑造型很别致，进殿来观看时自言自语说："这个大殿很奇怪，山西是重梁（无梁殿山墙西面的泰山行宫是重梁结构），怎么山东（指山墙东面）则是无梁了呢？"萧大亨灵机一动连忙跪倒谢主隆恩。皇帝诧异，萧大亨说："山西连年丰收，确实是应该纳重梁（粮），而我们山东连年遭灾，百姓确实是无梁（粮）啊。"张居正也随声附和说："君无戏言啊。"万历皇帝只得默认。

名医王续增的故事在王庄及周边乡村流传很广，事出巧合，退休教师王德亮在2016年1月恰好写就了一篇文章，题为《名医王续增小传》，现简要摘录

---

① 萧大亨[M]//马铭初选注. 泰山历代文史粹编. 济南：山东友谊书社，1989：430.

如下：

　　一代名医王续增先生于 1886 年春降生在王家庄村一个清贫的家庭里。……在他娶妻的翌年，妻子因坐月子得了产后风，这是多么可怕的病呀，经多方医治无效，难逃一劫，命丧黄泉。……他以常人难以忍受的悲痛化其为动力，引发了内心一丝渺茫的奢望——誓言当一名妙手回春的一代妇科名医来拯救千万个产后风患者的生命。……王先生从小机智聪明，勤劳好学，善于动脑，勤于动手，在劳作之余苦练珠算，后来堪称珠算一把手。曾在一次乡里举行的珠算大赛中荣获第一名。从此他卓越的珠算技能远扬乡里，备受众人青睐。这真是功夫不负有心人。说来也巧，此时就有一位龙山的姓高的商户（油房）慕名而来且重金聘请王先生去任管账先生。他喜出望外，认为这是天将降大任于他也，他欣然同意。翌日他就走马上任，揭开了新生活的门廊。……当时谈业务最多的便是江苏姓冯的客商。在长期的交往中冯姓客商与王先生情投意合，无话不谈，亲密无间，简直是刎颈之交。为表达二人对对方的真挚情谊，王先生把打珠算的绝招教给冯商，而冯商则无私地把家中世代传家宝《女科全集（卷一至卷十）》献给王先生。此时他由衷地敬仰和感激，心潮无比澎湃。他获书如宝，暗下决心，精读医书，习医成功。素日里除了做好账务外，还帮油房出谋献计，把高家油房打理得井井有条，腾出时间便如饥似渴地、废寝忘食地攻读医书。十年后王先生觉得已到了水到渠成的境界了，可以回家自立门户开诊行医了。他主意已定，第二天便告别了高家油房，回到故乡王家庄村。……回家后的翌日，王先生忙于筹划此开业之事，即日挂牌且公布王家庄村"万育堂"药铺开业。王先生便成为此药铺的坐诊先生了。他年方 37 岁。王先生行医宗旨是：救死扶伤，患者至上。开业后的数十天来看病的寥寥无几，很是萧条。突然有一天，一位姓田的中年人故意试探王先生的医道本事。他端着一碗巴豆汤对王先生说："你敢喝这碗汤吗？如果敢喝，我给你磕三个响头。"王先生斩钉截铁地说："敢。但我有一个条件。我不要磕头，只要你替我作广告宣传敢喝巴豆汤的事就行。"再二话没说端起碗一饮而尽。此时姓田的中年人极大惊讶，心想：你大祸临头了，这是要命的。可到了翌日，王先生竟安然无恙，以后喝巴豆汤不死人的事便诵为佳话且传遍四乡。为什么会安然无恙？是因为王先生把几粒牵牛种放入汤的缘故。自从佳话传出去以后，来药铺看病的人蜂拥而至，挨号排队人好不热闹……

王先生堪称一代名医的声望传遍三山五岳，传向五湖四海，随之看病的人络绎不绝，有步行来的，有坐独轮车来的，也有骑毛驴来的，还有乘火车来的。这些患者来自祖国的四面八方，东到徂徕山，西至肥城地，南到汶河两岸，北至黄河河畔。还有更远更远的……各路患者应有尽有，若患者无钱治病，王先生一律免费，也可提供免费食宿，王先生确实做到仁至义尽了……

一代名医王续增先生用他毕生的心血和精湛的医术向祖国人民，向党交出了一份离奇而又不可挑战的圆满答卷，并载着遗憾和自豪走完他曲折而不平凡的八十个春秋的医学征程就与世长辞了。一代名医王续增先生的一生是勤劳善良的一生，亦是奋力拼搏的一生，更是救死扶伤的一生。他的离去是千万个妇女的巨大损失，他的离去宛如一颗璀璨的明珠陨落在中华大地上，然而这泱泱中华大国却奇人辈出，后继有人，我们坚信定能实现全民族大健康的中国梦。

图 2.9 萧大亨墓遗址

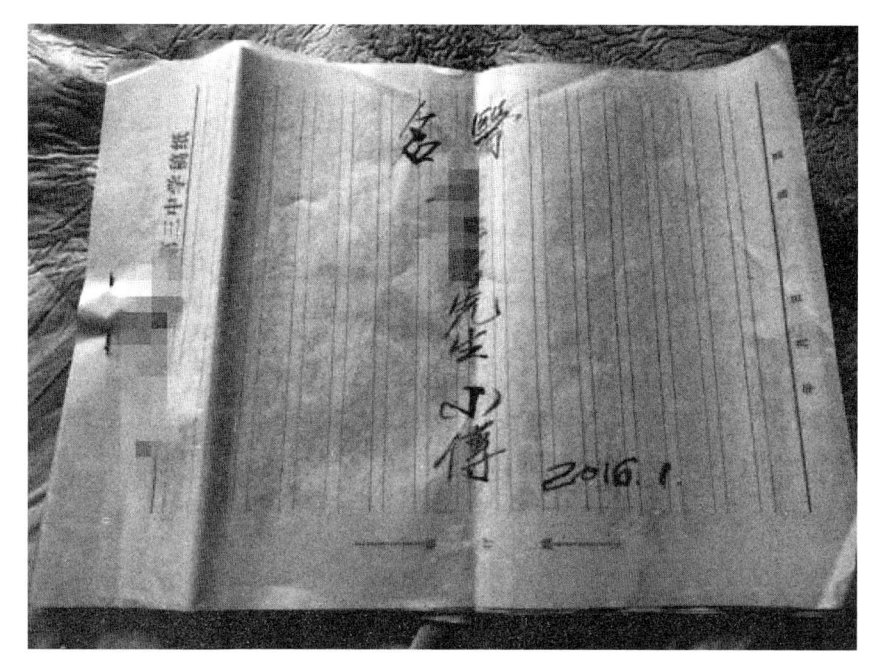

图 2.10 《名医王续增先生小传》封面

二、消失的艺人、匠人

王庄有着浓厚的文化传统，文艺及手工艺人都小有名气，也因为王庄半山岭半平原独特的居住环境，此地以"建筑之村"而闻名远近。但这些艺人、匠人随着社会的变迁，都逐渐消失，只存留在村里中老年人的童年记忆里。

最具有代表性的民间艺人，是村里一个叫张庆生的人，他的技艺就是吹糖人，就是把糖稀熬到一定的程度后缠到一个杏木棒上，然后用嘴对着这个糖稀就开始吹，一会儿工夫便能够吹出形态各异的人物，因为主要是卖给当时的小朋友，所以经常吹成《西游记》当中的几大人物，其中悟空和八戒最多。吹出来的糖人从人物造型到形态都活灵活现，小朋友在玩儿腻以后，就可以把它吃下去，深得小朋友喜爱。张姓手艺人虽然文化程度不高，但在当时文化传媒水平较低的年代给乡间的儿童带来最初的文化启蒙。

每到春节，村里自发组织的棒子剧戏班就开始演出。戏班以田焕磊与王德兴为首，两人在县城比较有名的戏班学戏、唱戏，后来回家务农，就组织本村有兴趣的村民成立戏班。

他们整理剧本、购置行头，其中给我印象最深的是农村陪送嫁妆使的那种方正的柜子，光唱戏的衣服就得装这么满满的两柜子，还买了一些铜锣、鼓之类的，民间有会拉胡弦的，那时候拉的胡弦不是二胡，就是两个板胡，再加上鼓、镲，还有鼓板之类的东西。（王德玉，20151128，王德玉家中）

一般来说，从进入农历的十一月开始，到腊月春节这两个月的时间，戏班子就在村大队部组织排练，大队部专门用石头垒出一个三米见方、一米五左右高的戏台，周围埋上四根木柱子，上边搭上横的木架，再搭上幕布，从春节正月初一晚上开始，一直演到正月十五，演出主题多为弘扬孝道之类，再者就是经历苦难，最后获得成功的戏剧，惩恶扬善是其中的"主旋律"。演出过程中，村民一家一户自发给戏班子凑水饺吃。戏班从20世纪30年代末40年代初一直延续到"文化大革命"，在"破四旧"中，所有唱戏的物件全部被毁掉了。戏班的演出给村庄带来娱乐，也在此活动中形成公共活动，促进公共交往，并进而凝聚了村庄人心，很大程度上塑造着村庄的道德秩序。

村庄的能工巧匠主要体现在瓦工方面，村民盖房子都是相互帮忙，在这个过程中也造就了一批有影响的匠人，其中比较典型的是王兴华、王继进、王代远。王兴华是做屋檐瓦楞，即在屋顶用砖和瓦造出形状，而王继进的拿手活是垒砌石料及抹墙皮，王代远的雕刻在周边村庄也是非常知名。

艺人、匠人的消失既是经济形态发展的结果，也与生活方式与社会结构的变迁密不可分。随着艺人、匠人的消失，村庄的公共文化消失殆尽，为村庄的整体裂变做了文化的注脚。

三、村庄故事传说

故事传说的价值，不单在于其对生活经历的记忆与想象，更是民间文化体验的一种方式，文化想象与创造的过程，就是一个村庄地方性知识的形成过程，集中表达了当地人对世界、对自身、对过去与未来的看法和解释。鬼神传说，最集中表现了人对以上的最大想象。

村庄故事一：吹箫人与鬼的故事

  王功才的菜园地，也有梨园，人家那时候是大地主，里头有揍活里（做工的），听说，不一定准，雇了个南乡里的（南方人），南乡里的这个，就是给她种菜的，据说，人家会吹箫。箫这个东西，在旧社会，他（它）好招惹这些神神鬼鬼，哎，就是说他经常吹，这个人在西山上就惹上鬼了。鬼，头顶多大，楞大里（挺大的）头顶，得空来听他吹箫，不吹还不行，不吹还叫他吹。这个人害怕咧，他装上枪，等着那个鬼，那个鬼又来啦。"不吹咧，想睡觉。""你再吹吹，再吹吹。"鬼就叫那个人再吹吹，他把枪筒子拿出来了，他一吹，那个枪蹿了火了，一蹿，打了一枪，然后那个东西一溜烟儿跑啦，跑了以后这个人就害怕啦，不敢待在家里了，跑到豆子地里。一刹（一下子）那个东西，那个鬼就回来啦，他揽着那些豆颗子，啪啪地踩啊，他又躲到苇儿地（芦苇地）里，那鬼就苇子地没过去。第二天以后吓里都了不敌啦（吓得不行），得病了，推着车子，王家就把他送老家去了，据说送老家去，不多时，他就死咧，吓死啦，哈哈。（田树勇，20151129，在王德玉家喝酒期间）

村庄故事二：鬼集

  还有那个鬼集的事儿怎着呢（怎么回事儿呢），咱说的那个龙门涧，有一个老头，赶东集去来，他闺女家是东牛街，中午在他闺女家吃了点饭，下午又喝了点酒，结果来的时候就不早了，黑天了，来到这个村北的小路上，这个芦苇比较多，他看到前面灯火辉煌里，看上去和集市一样，也有卖这里也有卖那里，也有吆喝卖豆浆的，走过去以后坐下就喝了，喝一碗，又一碗，结果一看，灯灭了，酒也醒了，一看，事不巧，不能再喝了，喝了一碗又一碗，鬼就是不停灌他，当时他放了一个屁，鬼就想是不是灌错了，就把他倒过来了，又揽着他那个屁股给他灌，这是一个神话传说啊！这么着他才免于一劫，要不然，就把他灌死啦。（王德玉，20151129，在王德玉家喝酒期间）

村庄故事三：咯咯唠

水库坝南边是个河沟，那里苇子（芦苇）啊、草啊，又长得比较茂盛，小时候跟爷爷去摸螃蟹，老是从远处听到"咯咯唠"。九点多，我不懂俺（我）爷爷说，咱不摸了，咱走，大人知道这些事儿啊，小孩儿无知啊！是吧，因为什么呢，不是有个谚语吗，远处的怕水，近处的怕鬼。

现在想象那时孩儿玩的一种游戏，也喊"咯咯唠、咯咯唠"。实际上那种鬼怪发出里那种声音，"咯咯唠、咯咯唠，你的朋友来找谁？"是小孩儿玩儿时唱的一首歌，这歌在这个季节，不可能是小孩儿唱出来的，所以就联想到这个鬼怪这方面去咧。（王德玉，20151129，在王德玉家喝酒期间）

一直流传、重复的传说，就成了王庄的"故事""集体记忆"。当然，中间也有被选择的过程，因为故事一旦开始流传，就失去了作者。也正是因为无作者的特点，王庄人在带着神秘色彩的关于鬼怪的故事传说的表达中，将凡俗庸常的村庄生活变得富有色彩与想象力。

四、村庄谚语俗语

谚语俗语带有浓烈的地方特色，多与农业种植、道德传承等息息相关，是经验的总结、流传的经典。俗语谚语背后就是村庄的人心秩序与喜怒哀乐的俗世生活。论者在村庄与农民和教师群体交流时，针对谚语与俗语简要总结并分类如下：

农谚：
庄稼活不用学，人家干么咱干么。
春争日，夏争时；牛马年，好种田。
秋季下下腰，冬季跑一遭。
吃饭穿衣量家当。
阴天下雨不知道，瓮里有粮没粮知道。
家有万贯，带毛的不算。
逍遥的买卖，谨慎的庄稼。

道德传承：

知书才达理，忠厚能传家。

生子养子贵在教子。

给孩子家产万贯，不如教孩子读书识字。

连个人的父母都没有，还能有谁？

只有狠心的儿女，没有狠心的爹娘。

人际关系：

人敬水也甜，你敬我一尺，我敬你一丈。

得罪十个好人好过，得罪一个孬种难过。

远亲不如近邻。

灰不如火热，酱不如盐咸。

一扎不如四指近。

人心隔肚皮。

第四节　教师群像

乡村教师在王庄是独特的存在，多数亦农亦教，脚上沾着王庄的黄泥，手上留着白色粉笔末。本节对教师队伍的历史变化与主要人物经历进行简要介绍，为接下来对群体及个人生活史的质性探究提供情节的支撑和村庄背景支持。

一、教师队伍的历史变化

从20世纪50年代到当下，王庄乡村教师历史跌宕起伏。仅以每个时期的数量变化为线索，论者调研了王庄村委及部分教师，得到的信息如下：

20世纪50年代，当时是有四五个教师，那时候有公办，记得是有一个从大白峪来的老师，他叫宋新民，除去他，还有这个本庄里的三个代课教师，那时候他们年龄都不算很大，反正大体上都是30来岁。那时候公办里只有一个老师，3个代课的。

20世纪60年代初到"文化大革命"，这时候人就多了，20世纪60年代我上小学那时候，在好几个地方上课，那时候公办教师也不多。那个时候一个地方容不下这么多学生啊，有的是在农户家里的房子里，一至六年级都有，六个班啊，20世纪60年代的时候我上的学，那时候是有两个公办，那时候就没有代课的咧。民办，田淑珍、王德云、田宪法、王玉栋、王纪福，其他我都说不上名字来咧。那时候就有七八名教师咧，两个公办，六个民办，也是年龄都不算很大，就是公办老师稍微大点，反正得30多点吧。这个民办咧，有几个没结婚的，有三四个刚结婚的。

"文化大革命"前期，这个时候老师就多了，多的原因是么呢？是农村小学能自己办这个初中班咧，办初中班这时候学生就达到二三百人咧。教师就相对来说比较多咧。这时候公办老师有彭世旭、贾兴昌、王德佑、王凤田四个，四个公办教师。本村里有两个，外村里有两个。民办教师这时候到了多少呢，王成旭、王成亮、王成福、王启超、张桂兰、王金贵、王纪周，这时候民办就十来个人咧。反正我说上名字的就七八个吧。这时候这个年龄结构呢，还是公办教师年龄比较大。因为公办教师年轻的都分不下来啊，年龄结构他们这四个人也得30多岁了吧，民办教师呢，这里边来说是有结婚的几个。那时候年龄结构没有很老的，也是30多岁吧。

"文化大革命"中期就是1966年到1970年这一块，是二十来名教师，公办教师这时候就稍微多点咧，因为"文化大革命"之后呢，咱山东不是有个王晓宇吗，王晓宇那时候是咱山东省革命委员会第一任主任，他那时候，其中有一个姓王和姓侯的老师发表在《大众日报》上的一篇文章，他们的意思是要求公办老师回自己的家，这样比较方便。王晓宇看到这个报道之后，就形成了文，这样就把公办教师都劝到各自村里去了。因为这个庄里的公办教师比较多，这时候村里就七名公办教师了。唉，多咧，原来他们这些都是在外村里，不是本村的。民办教师十一二个，这个规模就达到20来个人咧。

1970年到1985年这一块，这是人数最多的时候。这时候能达到二十四名教师。公办教师那时候就开始本公社内进行调动，这时候公办留下了王带玉、王凤田、张秀兰，落下三个咧，有的教师就调到中学里去咧。

民办教师多，民办教师这时候就十七八个人咧。这时候年龄上也不算很大，有一部分年轻的，年龄比较大的才40多点吧。

到了1985年之后呢，初中部啊，都撤离咧，这个镇上就统一办中学咧，这时候总体来说，班数少咧，学生少咧，这个老师人数也就少咧，那时候少也有十六七个。这时候公办还是没什么变化，还是四五个，还是民办教师扛大梁。年龄呢这时候开始相比来说偏高点咧，因为人员一直没变。

1985年到2010年，这块跨度时间长，教师相对来说就比较稳了。这时候的办学啊，人数就稍微少点咧。因为初中部削去咧。人数还是十三四个人，公办仍然还是不多，因为都没有转正，这个新毕业生还是不往下分，基本上这十三四个人当中，还是这个公办教师两三个，民办教师十一二个人。这时候呢，年龄基本上，民办教师变动不大，截止到1985年，从那往后呢，新人没上，新民办教师没上，因为截止到1986年，不招咧。1993年10月民办教师不都全转正了嘛，从1985年到1993年这一块公办教师还是两三个。多数还是民办教师，年龄结构呢，反正民办教师这个年龄结构，再到后来这个2000年到现在吧，人数就剩下了八九个人咧。（王德玉，20151009，岱溪书院茶室）

表2.4　王庄在职教师名单

序号	姓名	性别	年龄（截止到2016年）	毕业院校	最终学历	学科	职称
1	王德栋	男	55岁	泰安九中	大专	数学	小高
2	张宝合	男	58岁	泰安九中	大专	语文	小高
3	王守贤	男	44岁	泰安师范	大专	数学	中高
4	王朝阳	男	42岁	泰安师专	大学	物理	中一
5	于美雪	女	43岁	泰安师范	大专	英语	中一
6	王宁宁	女	34岁	泰山学院	大学	语文	小一
7	王美娟	女	31岁	聊城大学	大学	语文	小一
8	王玲	女	24岁	烟台大学	大学	语文	无

表 2.5　王庄离退休教师名单

序号	姓名	性别	年龄（截止到 2016 年）	毕业院校	最终学历	离退休	职称
1	王成炜	男	86 岁	泰安一中	中师	离休	不详
2	王成增	男	76 岁	莱阳师专	大专	退休	小高
3	王德炬	男	77 岁	泰安三中	大专	退休	中一
4	王德亮	男	75 岁	泰安二中	中师	退休	小一
5	王成良	男	73 岁	泰安三中	大专	退休	中一
6	王德玉	男	62 岁	泰安一中	大专	退休	小高
7	张桂兰	女	74 岁	齐河师范	中师	退休	小高
8	王岱珍	女	63 岁	满庄三中	中师	退休	小高
9	张秀兰	女	75 岁	泰安师范	中师	退休	小高
10	王德芝	女	56 岁	泰安九中	大专	返聘	小高

表 2.6　在外地工作的教师（不在本村居住）

序号	姓名	性别	年龄（截止到 2016 年）	毕业院校	最终学历	学科	职称
1	王德华	男	58 岁	泰安师范	大学	语文	中高
2	王翠兰	女	50 岁	泰安师范	大专	英语	中一
3	王成昭	女	70 岁	泰安二中	大专	数学	中一
4	田运海	男	55 岁	莱芜师范	大专	化学	中高
5	田波	男	53 岁	泰安师范	大专		教育局科员
6	王守强	男	50 岁	泰安师专	大学	化学	中一

表 2.7 王庄病故教师

序号	姓名	性别	学历
1	王岱悠	男	中师
2	王怀山	男	中师
3	王成震	男	中师
4	王成河	男	中师
5	王登瀛	男	中师
6	王成田	男	中师
7	王玉良	男	中师
8	田焕训	男	大专

二、主要人物人生经历梗概

为了增强个人生活史的形象性及说理性，此处将文中出现的主要人物及人生经历简述如下：

（1）王德玉：62岁，男，寸发，身材中等，健硕，精干。村小三十几年校长，后任镇成人学校党委书记，2年后退休。后文以王校长代指。

（2）田树勇：58岁，男，身材敦实，人憨厚，高中文化，任村小民办教师5年，后因工资待遇差难以养家而辞职承包水库，做渔业养殖至今。

（3）王德芝：村小语文返聘教师，56岁，女，略胖，性格爽朗、态度积极，因股骨头问题行走略有不便，村小教书三十几年，精彩的语文"课本剧"被全市教学推广。

（4）王德栋：55岁，男，身材矮小，王庄周边学校任教多年，2000年回本村任教，教学认真。

（5）王朝阳：42岁，男，身材魁梧，憨厚老实，极为认真的语文老师，镇一中教务主任，对象为同校教师于美雪。

（6）王守贤：44岁，男，儒雅端庄，喜好文艺（如书法、二胡等），数学专科毕业。

（7）张宝合：58，男，略显木讷，高中毕业后村小任教，后因教学能力较低，调入后勤部门工作。

（8）王玲：女，24岁，内向羞涩，家在邻村，全日制师范大学毕业，村代课教师，月工资1100元。第一次入编考试未通过，现边教书，边考编。

（9）王成炜：男，86岁，最早的村庄教师，也是20世纪60年代前唯一的公办老师。

（10）王宁宁：女，34岁，积极上进，全日制师专中文专业毕业，镇英语教学能手，对象为邻村初中同校同事。

（11）于美雪：女，43岁，专科中文系毕业，镇一中英语教师，短发，行事果断，为人直爽，对象为同校教师王朝阳。

三、必须做出的说明

笔者在研究过程中发现，王庄乡村教师从年龄上分为至少四代，从八十几岁的王老爷子，到60岁左右的王校长一班人，到40岁左右的田主任一班人，到刚入职的二十几岁的年轻教师，类型有退休的、在职的、中途放弃的、内退的、退休后返聘的等，户籍上有本村户籍的，也有户籍虽不在本村，但在本村教学的，有在村庄居住的，也有家在镇上甚至在市里的，等等，将王庄所有教师一一描述是不可能的，用一个或一类群体代替其他群体来说明，也是不正确的、不合乎研究规范的，因此，本研究只聚焦居住在王庄里的乡村教师，这也便于本书研究假设与研究问题的解决，即个人、村庄、国家三者之间的互动关系的分析。但即便如此，村庄内十几位教师，每个人有每个人的生活史样态，不能幻想在所有故事背后找到普遍性的"共识"，抽象出共同的概念，更不能企图通过他们去构建所谓宏大理论或概念体系。为此，本研究在研究对象的表述上，涉及了一明一暗两条线，明线是王校长，通过对众多教师中的一个典型人物进行详尽的剖析和描述，搭建起一个人物的全景式观察，不至于将研究对象做支离破碎的研究，暗线是村内的其他教师，他们有着与王校长类似的生活经历，也有着自己特有的对社会、国家的理解，如此明暗两条线在纵横两个方向上做出剖析，纵向是个人、社会与国家的关系，而横线是在知识、道德、精神世界维度上的分析，明暗纵横的分析，希望能实现人类学所要求的"从本地人的观点解释本地人"，因为人类学是需求意义的解释科学而非需求规律的实验科学。

第三章
知识关怀

> 一个人有什么样的知识或认识，就会有什么样的人生；一个时代有什么样的知识或认识，就会有什么样的社会。
>
> ——贾应生

自20世纪初，中国社会以实现中国从农业文明到工业文明的富强和从宗法血缘到自由民主的文明为最终鹄的，进行了持续不断的现代化努力。自由主义、保守主义、激进主义等思潮轮番上台，争执百年，最终以加强对社会全方位的渗透和改造的国家民族主义终了。更复杂的是，21世纪以来，当下中国在中西文明冲突日趋明显的背景下，社会与国家的张力也陡增起来。现代化转型离不开教育助力，乡村教师这一在热闹的历史舞台上基本静默的群体，却得到了学界更多的人文关怀和学术关注。教育现代性的生成必定与"乡村教师的终结"联系在一起，因为现代性本身就代表着一种文化的断裂：从自在的经验式文化模式过渡到自觉的理性文化模式，乡村教师知识关怀的困境问题也正是在这一时代境遇下日显紧迫。

知识的分类是一个不可能有标准答案的问题，甚至随着经验论、唯理论、实用主义及后现代知识观的变更与演变，变得越发模糊。比如：亚里士多德将人类的知识分为理论（theoria）知识、创制（poiesis）知识、实践（praxis）知识；孔德（Comte）的"宗教知识""形而上学知识""实证知识"的三分法；舍勒将知识划分为"拯救的知识""文化的知识"与"实践的知识"；罗素（Bretrand Russell）将知识划分为"事物的知识"与"人的知识"；迈克尔·波兰尼（Michael Polanyi）对"明确知识"（articulate knowledge）和默会知识（inarticulate knowledge）的讨论；等等。所以本节无力也无意对教师知识类型进行划分，只是从教师知识中的三个面向（即个人、社会、国家）去观察乡村教师知识的构成情况以及引发的相关知识价值问题。这三个面向的知识分别为个人角度的科学文化知识、社会角度的乡土知识、国家角度的政治知识。

由此，本章从以上三者在王庄乡村教师身上的表现谈起，从个人、社会、国家三者的互动视角来谈乡村教师知识关怀的现代性转换，并结合对王庄乡村教师知识构成、来源与价值的考察，以生存论为视角，观照乡村教师知识与身份认同以及乡村教师知识的精神气质与现代性问题。

第一节 知识构成

传统社会下，社区生活与国家体系有着社会距离，而这种社会之所以能够得以自身的再生产和延续，是因为社区中面对面的教育。面对面的文化教育为社会的文化延续提供了重要的手段。而到了现代民族—国家的时代，面对面教育再也不能维持社会的自我再生产，否则，全民性的文化就无法成立。所有的民族主义者都强调要建设一种超地方的国民公共教育，这是为了通过用普遍性知识的传授来取代社区文化的传授，从而建构一种国家型的社会再生产体系，代表普遍性知识的科学知识就粉墨登场了。

一、科学文化知识：边教边学呗

在代表理性的科学文化知识上，王庄多数中老年乡村教师高中毕业就从事教学工作，虽然后续通过进修等方式取得了专科甚至本科文凭，但整个群体文化知识水平相对较低。

> 1978年高中毕业后就直接到学校教书了，正好那年毕业后教办上招聘老师。我那时在兖州姥娘家，我家里给我去的信。我母亲在村里为人很好，所以老校长对她说"你教育的孩子绝对是好样的"，所以叫母亲通知我回来考试。先考试进入学校，当时是十几个人考试，进去了七八个。（王德芝，20150905，村小教导处）

由于县财政紧张，教师编制严重短缺，王庄在职教师中代课教师较多，而且往往一个教师带一门主科（语文或数学）和一门副科。在授课时，只能边学边教，知识的准确性和深度广度上肯定受很大影响。许多代课老师以教书为考教师编制的工具，一边熟悉讲台，一边积累讲课经验，以在教师编制考试和面试中增加胜算。

但是，逼仄的环境并没有让有想法的老师放弃对知识的渴求，对进步的渴望。一些老师在教学实践中，结合农村环境和自身条件，创造性地反省，增强了自身的教学知识与能力。论者在小学蹲点期间，王德芝老师摸索的"语文校园剧教学"给我留下深刻印象。王老师自身普通话并不标准甚至中间掺杂着许多方言，但学生个个语音语调很标准、声情并茂。

> 2009年的时候，现在教办管宣传的杨校长来听课的时候无意中发现我讲的课，让学生把不同的角色表演出来，就是校园剧。那时候还没有校园剧，我觉得这个转折就是从杨校长上我们这里来，开始发展校园剧。大家利用放学后的时间自己做道具，排演。觉得很简单，但做起来很有难度。排的《小英雄雨来》，我给加的词，从那开始，这个学校出名了。我的教学成绩也都在前头。课本剧演五年了。（王德芝，20150928，村小教导处）

王守贤老师的一篇教学随笔，更是让论者感受到，知识并非来自课本，农村是个大课本，教学生阅读这本教材，也可以学习丰厚的知识，教师也在这一过程中收获知识。以下是教学随笔的片段：

> 那是一个秋天，我带领同学们到学校观察，指导学生写作，此处，高低不平的地面上，乱石几堆，土面爬满了开满花的扁豆，一根电线杆上挂着许多丝瓜，巴掌大的地面上种着两行茄子，一行红辣椒，两行白菜才刚刚育活，北面几间废弃了的小屋，破烂不堪，西墙也有一个方便小厕所，发出阵阵臭味……这是我学校的一角。
>
> 我把学生带到这里，学生不以为然，我引导他们赞美我们的学校，学生抬头了，说写什么，还有比写这更差的地方吗？我又引导他们看到了什么，听到了什么，闻到了什么，想到了什么，学生沉思了，不得不按照老师的思绪去想了，不再作声了，从学生表情看阴转晴了。然后趁热打铁完成了习作。
>
> 习作让我大开眼界，他们写道：几堆乱石，风格有致，不是假山胜

似假山，绿的扁豆蔓从石中来，到石中去，开着粉红的小花，引来翩翩起舞的蝴蝶，小舟似的扁豆，煞是喜人。长短不齐的丝瓜，开着黄花，漫步在电线上。整齐平整的土地上茄子天真烂漫，紫色的小花缀满长长的茄子，透亮透亮的。红红的小辣椒让人心颤。几间苍老的老屋，历尽艰苦，从你宽敞的胸怀里走出了一批又一批学生，你是那样坦荡，那样无私，谁还会嫌弃你呢？这些优美的句子把我们的学校点缀得五彩缤纷。更可喜的是，学生李冬梅写道：蒲公英顶着一朵朵小黄花，像一个毛茸茸的小圆球；高芹写厕所臭味的句子：没有大粪，哪来五谷香。这些美句，至今让我难忘。

乡村教师的知识创造让基于本土的乡村教师专业发展成为可能，将乡村教师专业发展困境仅仅归结为知识水平低是有失公允的，相反，他们的一些做法恰恰应该得到认可和尊重，正如有的学者所说："乡村教师的才干、经验、历史……无论是他们的处世知识，还是他们的实践智慧，一直未能得到知识界的承认。他们似乎与世隔绝，其个体知识与经验无人知晓，其创造性改革的价值既没有得到乡土社会的承认，在教育现代化理论阵营中也没有一席之地，得不到应有的尊重。"①

二、乡土知识：我们的世界太小了

乡土知识不仅愈来愈贫乏，而且乡土知识的科学化也让乡土知识失去滋润人心的力量。

地方性知识是由人类学家吉尔兹（Clifford Geertz）提出的②，石中英将其定义为：由本土人民在自己长期的生活或发展过程中所自主生产、享用和传递的知识体系，与本土人民的生存和发展环境（既包括自然环境，也包括社会和人文环境）及其历史密不可分，是本土人民的共同精神财富。③ 乡土知识作为地方性知识的基础，构成了乡村教师最初的底色。

王庄中老年教师一般都是半公半农，对乡土有着非常充分的认识，对村

---

① 唐松林. 重新发现乡村教师 [M]. 长沙：中南大学出版社，2013：5.
② [美] 吉尔兹. 地方性知识，阐释人类学论文集 [M]. 王海龙，张家瑄，译. 北京：中央编译出版社，2000：222.
③ 石中英. 知识转型与教育改革 [M]. 北京：教育科学出版社，2001：327.

庄传说故事、人际关系、风俗礼节等都熟知熟悉，这更多是因为生于斯、长于斯、教于斯的关系。教师获知乡土知识的渠道很多是通过口口相传的民间故事，金牛山的传说就是典型一例。

> 这个金牛山捏，是一个南方人，上咱北方来，他看出金牛山里有个金牛这个宝贝。可是要把金牛从山里弄出来，还得需要一个西瓜，这个西瓜从结果到摘得整整满一百天才行，这样这个西瓜才能有力量，把金牛山敲开，宝贝才能从山里出来。结果，这个南方人就去了金牛山前边这个村里，就是肖家林，他看到一个种瓜哩，他就说："老大爷，你给我留下一颗瓜，这颗瓜呢，结果的时候你就数，到一百天的时候，你给我摘下来，你这个瓜我给你五十文钱。"这个种瓜的老农民心想：无缘无故哩，这个瓜你给我五十文钱，肯定得有个说法。结果种瓜老农，木到一百天，九十九天的时候就把这个瓜给他摘下来了，结果到了一百天的时候，这个南蛮子来取这个瓜，取了就到山里去，拿西瓜往山上砸过去，这个山动了动，摇晃了一下，金牛从山里冒了出来，刚一出来，这个山就斗住（合拢）了，金牛没有被那个南方人弄走。（张宝合，20150918，张宝合家）

文化人自有文化人对故事的理解，不似平常人只是为了好玩有趣。如对这一民间传说，王德玉还不忘总结出这个故事带给人的两条启示：

> 这个事儿得辩证地看：第一，说明人家南方人能啊，能看到有个金牛；第二，说明咱北方人呢，也不是那么好骗哩！（王德玉，20150918，张宝合家）

假如说老一辈乡村教师还与村庄保持着千丝万缕的关系的话，那么现在的乡村教师愈来愈"离农化"，乡村成了临时的栖居地，成了入城的跳板，心灵在城市，身却在农村，这种分裂带来心理焦灼，工作的价值成了单纯为己的事情，至于农村孩子、至于乡村关怀都越来越与己无关。乡土知识的边缘化有着现实原因，王美娟、王宁宁等年轻教师从初中就离开村庄到镇上求学，高中和大学一般都是在城市完成学业，再者，城市消费及娱乐文化对年轻人的吸引更让当下的乡村教师与乡土知识、与村民泥土愈加遥远，这种吸引不只体现在年轻人身上，一些中年教师也一方面对农村认同，另一方面渴望想象中的城市生活。

> 论者：你觉得你属于这个村子吗？
> 王美娟：我属于这里。
> 论者：你对这个村有什么留恋的地方和讨厌的地方？
> 王美娟：我本身就是从这里出生，没觉出什么讨厌的地方来，但我们的世界太小了，还是向往城市生活啊，这是很自然的。总觉得假如生活在城市里，在外边逛逛公园了，或者再做点什么事，都可以。在农村就不行了，家里琐事忒（太）多啊，和俺（跟我）这种情况似的，属于半路出家，那时候找个正式的工作也很难，俺（我）觉得这批人最苦了，俺（我）在学校里站着这一天，回家怎么着也得帮着家属做点事啊，掔等着（只是等着）叫人家伺候，咱也不得劲儿啊是吧，学校的事又不能耽误。（王美娟，20151011，村小教务处）

与其说是对城市的向往，不如说这其实是对当下苦闷生活的逃避。乡村教师乡土知识的疏离，不只是一种简单的认知上的缺失，而是一种与自然、环境、关系的分离，教师的职业与生活、乡村隔离开来，从而听不到内心的倾诉，从而在现代生活的招引下，带来生活世界的无意义感，逃离成了必然的选择。

王校长也曾对论者诉说退休之后的打算，将在城里距离自己的女儿不远的小区买一套房子，也曾去售楼处咨询近期的房价，只是过了一段时间，再去聊起城里买房的问题时，隐隐感觉到他对这个问题的回避。"房价太贵了，要六七十万呢。过两年再说吧，等外孙要上小学了，再去照顾照顾孩子。"

对王庄教师而言，乡土知识在逐渐疏离的同时，还存在着乡土知识被科学知识理解或意识形态化表达的问题。对乡土知识的理解，更多是从所谓科学角度去解读，如上述金牛山的传说，王校长从辩证的角度去分析问题就是鲜活的例子，此外，论者在问及村里的丧事禁止雇用吹鼓手、程序简单化等事宜时，许多老师也表示赞同村党委的决定，并表示这与当下提出的社会主义荣辱观、八项规定、反腐倡廉等中央精神相违背，这种回答合情合理，但乡土知识本身具有的生命意蕴被过滤，乡村教师的乡土知识与科学知识的交融更多是被科学知识再解读，甚至重新解读，质变量变、辩证统一、矛盾转化、革命进步等词成了表达乡土知识的话语系统，意识形态化、科学化的乡土知识已经失去了滋养生命的力量，变得单调、枯燥、平面化。

村庄礼俗是乡土知识的重要组成部分，在婚丧嫁娶、节日庆典等为代表的乡村礼仪知识的传承上，乡村教师等知识人群体责无旁贷，这些礼仪知识在新时代下的创新也往往由教师带来。王庄人家以往有白事的时候，都是通过发报丧帖的方式来通知亲戚，报丧帖一般按照亲戚所在的方位确定不同人去送，报丧人到达亲戚家后，亲戚往往需要留下报丧人吃饭，等所有报丧人回到家，主家往往会再请报丧人吃饭。王校长在这个礼仪上做出了创新。

> 当你婶子她爷（爸）死的时候，当时那个办事的也挺尊重我，他说："你看这个事怎么着？"我说："你们算算外柜上（记账的和谢客的）需要多少人，内柜上（领着去祭奠的）需要多少人；剩下的报丧帖，我拟个稿；我雇个的（出租车），本家找个人，一辆车下来这一圈就行了；我认识饭店的，算算连客人总共有多少人，我叫他们送过来。"他们说："行行，这样赶着怪好了，你这样一办了，俺（我）就没大事了。"我说："甭管有事木事，咱商量着来。"发丧报丧这个事，是咱想出来的这个法，从那以后这个庄里有了白事都用这个法了。第一给主家减少了麻烦，第二减少了经济负担。（王德玉，20160103，王德玉家）

三、政治知识：学校成了大杂烩了

民族—国家政权建立以来，国家成了隐藏在背后的支配力量。本书中的政治知识是对什么是国家、什么是爱国、国家与自身的相互关系等内涵的理解和运用。相对于乡土知识和科学知识而言，政治知识在乡村教师知识关怀中以更加内隐、潜在的方式存在着。国家情感、国家历史、国家权力等与个人息息相关的维度是下文分析的重点。

乡村里的国家概念往往来自记忆。王校长在回忆村庄里发生的大事时，对村庄里的一件盗窃案记忆犹新，严肃而又紧张地跟我叙说：

> 王：1964年，我们村生产队里发生盗窃，失窃了两麻包花生米。惊

动了泰安县公安局,去的警犬,我都十一岁了,我都记得了,牵去的警犬,把全村的人都集合在场园里,做演示,把鞋脱下来,是谁脚上的,让警犬再叼着给他送回去。结果那个小偷一看到这个,他就招认了,本村的社员。我印象深的并不是这个案子,是当时那个警犬的演示。

论者:当时那个盗窃案破了之后,村里怎么议论啊?

王:就说可别干这么啊,了不得啊,公安局和这警犬真厉害啊!哈哈哈,老百姓都这样说。那时候咱泰安县(今泰安市)警犬也不超过两只吧,很少。

(王德玉,20160103,王德玉家)

国家机器对乡民的震慑,让人感受到国家力量的强大。这一事件在王校长的头脑中之所以印象深刻,是一种触碰到权威力量的震颤感,每个观看者都将自己的情感投射到这场公共权力表演中,直到自己内心的力量不能承受这种压力时,盗贼自动承认,臣服于这种巨大的威权之下。从这个角度讲,国家机器的威权是为了维护正义,即公共财物不能被盗窃,否则会损害国家利益,激发的是个人的正义感和公正感,而当私人领域与公权力发生碰撞时,激发的可能就不是所谓的公正感、正义感了。

1972年,"文革"逐渐平息,关于恢复大学招生、从工农兵中推荐大学生的思路和文件也已经形成,招生实行群众推荐、领导审批、学校复审结合的办法,王校长谈起这段经历,非常懊恼。

论者:有没有什么最后悔的事?

王:最后悔,也是最伤心的事吧。那时候不是兴推荐吗?上大学的时候。按条件来说我是合格的,被推荐,当时掌权的人让他的亲戚去了,结果他的亲戚也没去成。我觉得这个事太不应该了,觉得很遗憾。也不能说后悔,因为不是咱做错了,应该咱得到的却没得到,觉得有点懊丧、伤心,就觉得这个事不平。

论者:甚至有点气愤?

王:对,老是从心理上觉得这个事太不公,太不平了。在我人生当中,我觉得这个事就好像是一个拐,也是一个转折点。我现在反思就觉得,我那时候要是被推荐了,上了大学,可能就是另一种情况了。

论者：就是另一个天地了，绝对不是一个天地。

王：我觉得他们就是埋没了我，葬送了我。但是现在我自己又和我自己比呢，反过来说，和我的同龄人比呢，还挺骄傲，我觉得只要是金子，永远是发光的。我虽然没有跨入大学的门，但是我走向了工作岗位，在工作上来说，我是有成就感的。（王德玉，20160103，王德玉家）

可见，王校长对国家的感情是复杂的，一方面承认并认可国家带来的安定与公共利益，另一方面对个人生活来讲，他不得不接受公权机关给自己带来的不公正和由此带来的命运的转折，为自己的发展寻求合理的自我安慰。个人在国家面前，是渺小的、柔弱无力的，它带给个人安定的生活的同时，也可能剥夺更多自由发展的可能之路，只能在这种张力中，寻求自己的栖身之地，谋求个人的生活。

在乡村教师的日常生活史中，国家历史和国家权力在政治知识中占据主要内容。总体而言，乡村教师对国家历史的认识，多数仅仅局限在教材中，一些年长教师也会结合自身的成长经历去理解国家历史，但也绝少有背离教材知识的独立评判和个人反思。

我觉着国家啊对于每一个人来说还是有感情的。为什么有感情呢，特别是我们这一代，因为小时候听前辈大人说新中国成立前如何如何，新中国成立后是怎么样的，再就是上学以后受老师教育的影响，总的来说就是对国家充满了一种情怀，充满了热爱。虽然在国家发展当中出现了这样或那样的事情，但是总的大前提是对国家充满了热爱，因为如果国家不存在的话，我们的命运不知道是什么样的。（王德玉，201501015，王庄吉祥酒店）

在国家权力方面，乡村教师与国家权力的关系在教育政策的执行上体现得淋漓尽致。一线乡村小学处于权力的末端，教育政策往往自上而下地贯彻执行，乡村教师处于无奈状态，也被迫在各种评价的裹挟下唯命是从，行政力量占据主导地位，甚至教育教学的自主性也往往被冲淡。20世纪90年代末王庄小学开展的主题为"识读写"的语文教学改革，是以新任区教育局局长为主导的教学改革。该改革认为语文教学以识字为主，不学汉语拼音，先认字，再扩大阅读量，不论理解不理解，都需要背诵定量的古诗，看定量的文章，抄写定量的经典文章和字句。提起当年，王朝阳老师也满腹牢骚。

> 他这个教育行政的命令的方式咧，你必须用这个模式，你不用这个模式不行，检查咧，考核咧，是吧，他都和这个来挂钩，检查就检查你这个，你不这样做你就达不到这个标准。实际上你看抄写吧，他抄写根本不理解，就是抄写的机器，不但取得不了效果反而把孩子葬坏（教错）咧，他为了完成任务有时啊一抄抄到九点多，十点多，他能给你认真么。（王朝阳，20160103，村小语文办公室）

此外，王庄小学经常接受各种频繁的检查，如省规范化达标、安全检查等，这也严重干扰了正常的教学秩序。

> 王校长：安全检查有时也很频繁，实际上你不注重安全也不行，但是呢我觉着是太频繁了，打扰了教学。实际上我算了算，我干校长的时候，我得拿出三分之二的时间来应付事务迎接检查，占用三分之一的时间老师都静不下心来。
> 论者：我在翻你日记的时候就发现一些细节——开会、开会、开会。
> 王校长：唉，有事就是开会，有事就是开会。一个星期有时三次，一次是少的，两次是很正常的。
> 论者：行政的命令太多，是吧。
> 王校长：哎对，我觉着教育啊现在不很安静咧。说句不好听的，学校的工作成了大杂烩咧，么都包罗进去咧，只要是牵扯到社会上的事儿，学校没有不介入的咧，就成了这种现象（现状）。和（跟）以前似的单纯地静下心来教学不太一样了。
> 论者：我觉着真是这种变化，最新的十年以来，特别是零几年的日记，确实太多了。特别是课程改革，各种各样的。
> 王校长：你说的是，这个标准化建设，你上学校检查干么呢，你就按标准，政府该投资的投资，该拨款的拨款，是吧，学校里一分钱也没有啊，你上学校里来奏么尼（干什么）。
> 论者：来了之后你得接待。

王校长：就和接天神一样，生怕出了差错。实际上现在教育这块啊，我觉着从教育局到乡镇教育机构到学校这一块来说啊，就是不静下心来研究教学了……这个教育上变味了！（王德玉，201501015，王庄吉祥酒店）

正如王铭铭所认为的，现代学校是国家政权渗透民间生活影响至深的象征力量，它的兴起会促使原来地方社区的文化传承转变"现代化"的、超地方的"国家事业"。① 王庄小学嵌在村庄里，表达着国家权力的强大，行政力量以席卷一切的方式将学生、家长、教师等裹挟其中，加入这场以教育为名的巨大游戏。而对什么是国家、什么是好的行政治理等政治知识方面的关怀，乡村教师更是思考甚少，国家，在教师心目中成了抽象的符号和图像，如天安门、国旗、奥运会，动员式的意识形态知识是乡村教师政治知识的主体，政治素养、公民意识等在一次一次接受上级领导检查和验收之下，根本少有踪迹可言。

第二节 知识价值

一、知识崇信与反智主义：识字的人活泛 vs 恁老师能干么

在20世纪八九十年代，王庄村里人红白事、过年写春联、修谱起名等，基本都有村里的文化人参与，当然也包括部分乡村教师操持。村里也存在着知识崇拜，小孩儿得了腮腺炎，就去找教书先生，用墨汁在患儿腮帮上写个"消"字，然后按照顺时针方向在字上涂满墨汁，等涂成一个鸡蛋大小的墨斑后，再在墨斑上写个"消"字，再逆时针涂，边涂边念叨一些安抚小孩儿的话。

小孩儿晚上哭泣不睡觉，家长也会虔诚地拿一张红纸，找到教书先生，在纸上用毛笔写上：

---

① 王铭铭. 教育空间的现代性与民间观念———闽台三村初等教育的历史轨迹 [J]. 社会学研究，1999（6）.

>　　天惶惶，地惶惶，
>　　我家有个夜哭郎，
>　　过路君子念三遍，
>　　一觉睡到大天亮！

墨汁治腮腺炎是可以用科学知识解释的，墨汁里的碳成分可以帮助消炎消肿，但用毛笔写歌谣，却完全体现了乡村人对知识的崇拜甚至迷信，相信文化人背后的神秘力量，可以帮助人祛病避灾。

以往村民对知识的推崇可能更多是由于能给自己及家庭带来更多的利益，如可以做官、赚大钱等，村民对知识价值的理解是功利的、短视的，而在乡村教师眼里，知识不仅可以带来非常具体的利益，还可以让一个人的格局变大，更好地提高生活的质量。

>　　上过学有知识的人他脑子活泛。（王德玉，20160114，王德玉家）

王德玉举了他自己切身的例子来说明，有文化知识更容易接受新鲜事物，从而给乡民做了一个良好的榜样，其他乡民纷纷模仿。

>　　你看我的一个例子吧。那是八几年的时候，李增海培育出来的那个叶丹四号玉米种子。那时候种子站上村里来进行宣传，说一定要种良种，良种一定高产，多数人都不认，真认的人是谁呢，就是有知识的我们这些老师，我就一下子全种上了，那时候刚实行分产到户，实行责任田呢，八五年或八六年这一块的，我就种了。种了后，一个棒子都这么粗，这么长，结果他们那些人都认了。他们原先都说么呢，咱自己的棒子拣着大的扒出来，那些大粒儿行。这是一个例子。再一个例子，那时候农技站上推广美国生产的磷酸二铵这种化肥，其中我的一块地是在小徐庄跟前的一块地，种麦子的时候，买了两袋子磷酸二铵，那时候才三十块钱一袋，我的印象就很深，那块地是三分半大，相当于一点五亩或一点六亩呗，使上了一袋子，到了收割麦子的时候，他们说，哎哟，自古以来也没见过这么强的麦子。

那一年，打的那个粮食，还没盖新屋呢，我还在那个老家，还在村里面呢，那个粮食怎么放呢，大瓮装不下，就现买了三四百个砖，垒起来个池子，把这个玉米粒都倒进去了。从我记事，一共也没打过这么多粮食。就是这么简单的例子，你说要是用老传统的方式，俺（我）自己的棒子，连三分之一也打不了。（王德玉，20160114，王德玉家）

王校长对知识非常崇信，认为谁家有识字的人，谁家就能出人才或者能过上富裕日子，而一些靠关系、机会一夜暴富的人，往往不珍惜金钱，容易沾染上一些坏习气，个人素质较低，往往过得并不长久，就衰败下来。

这种成气候的人呢，还是有知识的人。（王德玉，20160114，王德玉家）

教师对知识的钟爱既出于自身的感受，也有对自身职业自证合法性的味道，但乡村教师在专业化的现代背景下，教师专业性危机带来的对知识的矛盾心理越来越明显。

对联现在都有卖的，贴上就完，你再看结婚这事儿，有司仪，原先不行，原先还得找人弄这些事儿。（乡民田磊，201501015，王庄吉祥酒店）

教师失去了其文化的魅力，被村民边缘化了。对村民来讲，对知识的看法也非常矛盾。一方面，当下农村的"反智主义"[①] 兴起，让乡民对知识的效用失去信心。

俺（我）们村出过很多大官和大教授，有当副省长的，有当首都师范大学教授的，那时候考上大学可真能鲤鱼跳龙门啊，可现在的老师，你说说，有哪个能让咱娃娃学好啊。别的不说，我上初三时换了数学

[①] 反智主义在中国近代乡村有着极好的土壤，知识仿佛就是罪恶。近代反智倾向表现在梁启超《新民说》"读书人实一种寄生虫，在民为蠹，在国为蟊"。

（老师），本来就差，谁知道更差了，全班及格的木有几个。你说咱就是木有多少本事，要是有的话，谁还让咱孩子在这个夸儿里上啊，哎，哪能考上好学啊，也就是盼着能认个字，算个数，以后跟着人干活就行咧。
（乡民王亮，20150817，王亮家中）

因此，知识的价值在于它是帮助跻身上层社会、获得荣华富贵、光宗耀祖的工具，而当下这一工具逐渐变得失去效用、变得钝化，乡民并不是对知识的否定和漠视，他们还尊重知识，只是因为不能带来现实的眼前利益而生发的怨气罢了，"知识无用"其实更多的是一种对无力改变自己困苦生活的苦闷发泄。于农村孩子而言，除了求学这条路，似乎没有其他方法能过上与父母不同的生活，以另一种体面的方式赚钱，于是许多有钱的乡民选择在城市买房子，让孩子在更好的环境接受教育。对待知识的这种既"爱"又"恨"的表达，让乡村教师夹在中间，坚守着知识人的清冷，也忍受着村内对乡村教师的冷嘲热讽。

人家常说，馁（你们）老师，馁老师能干么？混（挣）的又不多。我是正式考上的，1984年考上的，1987年毕业，和社会上接触得少点是不错，总感觉不如人家混得好呢！不能说人家看不起吧，但那种语气那种态度，总感觉不舒服。也是，咱现在的工资虽然是提高了，但也才相当于人家干壮工的呢，他们一天也二三百块，但咱相对来说是轻快点。
（于美雪，20160202，于美雪家）

二、知识的经济区隔：仨钱儿的不和俩钱儿的玩儿

生活在乡村的中老年教师对乡村有强烈的认同感，在论者访谈的数位中老年老师中，谈到对村里的感情，他们都表示非常浓厚。出生于斯，工作于斯，与这里的人打交道，许多老师的配偶也在村里务农，他们离不开村子，村子就是他们生活的全部场域。

但这个场域下的人却貌合心不合，甚至暗流涌动，这不能不说是知识带来了区隔。教师对一般乡民的总体印象是接受新鲜事物比较慢，也比较难，因为知识决定了他们的视野。

我觉得他们考虑的一些事儿，挺那个什么，咱不能说是贬毁他吧，不很开化的样。比如，死脑筋，老是凭个人的经验去做事，不开阔。老是跟在人家后面学事儿，就是那句，"庄稼活儿不用学，人家干么咱干么"，这不是老百姓的老俗语啊。哎，都跟在人家屁股后面，都看人家怎么治（怎么办）。（王德玉，20160115，王德玉家）

对于乡民，乡村教师认为他们交流的圈子太小，容易知足，随遇而安，这也导致了与他们交流时的不顺畅，缺乏共同语言，与乡民的交往也比较少。

这些没有文化的人，我不大接触，他们也觉得说，就和我拿人（就是比较傲气、不好相处的意思）似的，人家觉得，你看他，识文写字的，干些么，他们还看着我好像是不好相处似的。我也不愿意和这些没文化没知识的人接触。你说和他拉么呢，你真正和他们拉种地，他们又拉不上么来，你说拉国家大事，他们对国家大事也一无所知，你再拉过日子这个事，他们过日子的品位就不太行了，我觉得是。（王德玉，20160115，王德玉家）

王校长还举了个更加具体的与乡民交往的例子：

有天夜里，出去凉快，跟几个兄弟爷们拉呱儿（闲谈），说起教育孩子咧，我就说，孩子是夸奖出来的，你不能吵（批判）他，你得慢慢来，不能按原来的法儿治。是吧，咱拉的是实在理，结果你说他们说么，"嗨，孩子识俩字就算了，长长个，能成器就供供他，不成器就算"。一句话就把你噎回来，你说怎么接着拉啊。我坐了霎（一会儿）就走了。（王德玉，20160115，王德玉家）

在现实教学中，处理家校关系时，教师普遍反映难以与现在的农村家长进行沟通。

现阶段农村老师对学生管理上来说，不敢管，不知你注意到了吗，媒体上报道的也挺多，但凡（只要是）老师有点不合适的行为啊，家长就揪住不放了，就开始小题大做，我觉得这不是好事。据我所知在城市那些学校里，学生犯了错误，别说熊学生了，叫你家长去……这就是城乡差别。为什么咱乡村老师受这个气呢？这个环境不行，农村这些人水平没在这里，总觉得孩子好像受多大委屈似的，有时候咱为了他好的事，他也不理解。（王宁宁，20160202，王宁宁家）

乡村教师与乡民的区隔不只表现在精神层面上无法交流。在经济层面上，根据王校长介绍及村民访谈，随着近几年乡村教师工资的大幅提升，乡村教师在村里的经济地位不断提高，王庄村民以农业为唯一生活来源的非常少，多数会经营小商业或在外打工，但多数月均收入在3000元左右，而王庄乡村教师多为中老年教师，职称级别较高，教龄较长，许多教师工资在6000元甚至7000元以上，乡村教师总体的经济水平能占到王庄前四分之一的位置，除去经商富户外，在经济上能在村里立足的，就是乡村教师，这也让乡民和乡村教师之间的距离更大了。

  王校长：我们现在，那一天在酒席桌上就是，多多少少的呢，还遭到他们的嫉妒。他们认为，你看看坐这里，喝着水，拉着呱，一天二百元，这都是张口说到脸上的，说到咱跟前的事儿。咱也不和他们反驳，也就是当个壮工，你看一个壮工一天还一百多块钱，我说俺（我）也就是一个壮工的钱，你要是和人家经商，和人家做买卖的比，人家一霎（一会儿）就混（挣）好几千，有的人家上万地挣，这两个钱还算钱吗，咱就很委婉地说，咱也不和人家犟这些事，也别和他解释过多，咱说这个钱，又不是你给的，是共产党给的，他们不信那个的，有的人，现在老师调整工资的时候，他们就说，哎呀，现在工资就够高的了，还再给他们工资呢，好像是这个钱是从他们布袋里掏出来搋咱布袋里似的。
  论者：为什么他们有这个想法呢？
  王校长：以前不是集资吗，以前给教育集资，好像就他们交的是吧，现在可不是这样了吧，他们不理解，他们心理上不平衡，好像是认为咱拿的钱，就好像不应该似的。

这种隔膜不只产生在乡村教师和一般村民之间，在乡村教师与其他文化人、村庄能人之间也因知识不同而带来的价值观念、行为方式的不同而产生矛盾,归根到底,知识与文化背后的经济利益纠纷常常成为最本质的矛盾根源。

文化人之间的交往是比较微妙的,他们因为都是乡村的文化精英,基于相互关照(如教育部门和卫生部门之间),群体之间交往较多,但在村庄这个场域中,又彼此相互竞争,以赢得村庄内更高的威望、地位和好名声,但这种竞争往往不会以明显、激烈的方式进行,而可能在背地里进行。

> 他表面上可能不和你争,但是他背地里拣你不太好的方面说一些不太有利的话,有时候就相互贬低"他有什么本事啊"。(王德玉,20160123,电话聊天)

教师作为知识群体中的一个团体,在知识人群体中相对儒雅与内敛,当与人发生矛盾时,一般以隐忍的态度对待。乡村教师文化与其他文化人的文化是不同的,教师接触的对象多数为学生或其他教师,在乡村教师的影响或说教下,其配偶为本村乡民的,也往往通情达理,村里人叫"明事理儿",而其他文化人的层次则不一而论,许多人带有明显的"痞"气、"俗"气,这也与他们的生存环境相关,他们往往不知道退让,而且以自己的利益为中心,相对无太多文化的乡民而言,他们又能用掌握的知识来为自己辩护,所以当发生矛盾时,吃亏的往往是乡村教师,下面村里人皆知的人命纠纷,就说明了这一点。

在王庄红白理事会2009年成立之前,村里的白事(丧事)一般是由本村比较有文化、有权威、有能力、懂礼俗的人操持,村里人称其为"大知"。一般情况下,王家人的白事的"大知"由村里的小学教导处主任王怀山来担任,他性格耿直,为人和善,能较好地帮"主家"(就是出殡的人家)省钱省力,得到王家人比较好的评价。与此同时,个人有个人的喜好,有些村里人喜欢找另一个比较有能力的"大知"王前宽来帮忙,部分是因为个人关系亲疏(虽然都是一个姓氏,但村里人都以五服为一个范围来划分亲疏关系),部分是因为此人做事雷厉风行,喜欢给主家摆排场,也迎合了部分人的心理。王前宽高中毕业,在本村和附近村带起了一批建筑工人,懂建筑,会"大工"(一般盖房中的纯体力活,如和泥、上料等都属于小工,其他技术活属于大工），也是这个建筑队的头领，经常在本村和附近几个村子从事盖房修屋等工作，赢得了一批人的拥戴。

2008年春天，王怀山为了给自己的几个孙子准备盖房子的宅基地，利用他与村里几位村干部关系较好的便利，将王前宽已经到期的承包地划为自己家的宅基地，并支付了费用，王怀山的做法其实是合法的，虽然应该跟王前宽家提前打声招呼，但据王怀山的孩子说，要是提前打声招呼，估计他们家肯定不愿意。所以为了避免麻烦，在手续办完之后，他们很快就在地上打好了房子的地基。但麻烦并没有避免，王前宽以没有给自己打招呼、没有自己兄弟的情分为理由，加之平日的积怨（王怀山有次在公共场合说王前宽是"泥巴糊子"，王前宽后来听说后非常气愤，并放下狠话"泥巴糊子死不净，当老师的得病就死"），便唆使自己的对象和儿媳妇（农村妇女，无文化）围着王怀山的家谩骂，王怀山一家只能隐忍，王怀山的孩子后来跟论者说："他们能骂出来的话，我们根本骂不出来"，"骂的话不见天啊（指老天爷都不能容忍）"。指桑骂槐的骂街让54岁的王怀山旧病复发，引发心脏病而早亡。

这虽然是一件村里极端事件，两人的矛盾也并不能完全反映乡村教师与其他知识群体的关系，但可以看出的是，乡村教师在村庄"俗"文化盛行的环境中，一方面坚守知识分子的底线，另一方面却在这种坚守中失却了许多尊严。

这件事全村皆知。王庄一位耿直有仗义心、积极参与村庄公共事务的乡村教师消失之后，乡村教师明显失去了村庄的文化中心地位。但在此之后，王庄并不是形成了一个以其他文化人为核心的村庄文化网络，而是形成了较为分散的小圈子。这点在下章中另行论述。

三、知识的政治区隔：识字的人难缠啊

在王庄村庄历史上，乡村教师与基层权力从正面冲突到沉默不语有着深刻的体制原因。乡村教师在人事关系上从隶属于村委到隶属于教育局，从本质上的农民到形式上的非农人口，是这种转变的根本原因。

20世纪80年代，村支书王岱星与当时的民办教师王成田的矛盾成为一段沉痛的历史记忆，谈起这段故事，王校长非常感慨：村支书的一句话，改变了一个人的命运。

第三章 知识关怀

家庭联产承包责任制实施后的很长一段时间，王庄在管理上还是保留了生产大队—生产小队的组织架构。一个生产大队（相当于现在的村委）下分几个生产小队（相当于现在的片组），生产小队设有队长、会计、保管三职，一人一职不能兼任。其中有一个生产小队，需建小队领导班子，生产队长和保管员人选确定好了，群众对人选支持拥护，但在会计人选上，分歧比较大。会计一职是肥差，时任书记王岱星想把本家不远的一个侄子安排当会计，而该生产队的群众却支持本队的另一人当会计，村干部推荐的群众不拥护，群众支持的大队不批准，就这样僵持着。最后，决定召开一次群众大会确定会计人选。

> 我记得那是晚上开的会，每家派一名代表参加，由王岱星主持，把他那本家人大力赞扬一番，之后念着那个人的名字，大声说："不同意的请举手！"大家伙还没有反应过来，大家你看我、我看你，随即王岱星就说："通过，散会！"谁知，话未落地，有一人不慌不忙地从人群中站起来说："这样的选举明显地带有欺骗性，不尊重民主，应实行无记名投票，少数服从多数。"经这么一说，大家纷纷赞同这一提法，当场就否定了书记的提议，当时就把岱星同志气疯了。他正眼一看提议的是谁，原来是本村学校的一名民办教师王成田。忽然来了精神，显示出十足的领导派头训斥起来："作为一名教师应维护支持生产大队的工作，你非但不支持，竟然唱反调。为什么会计人选不好定，定不来，原来你在背后捣的鬼，使的坏，别人治不了，治你还是治得了的！"最后当着群众的面宣布："停职写检查！"检查没有少写，写了也不过关，最后硬是不让那位同志继续工作了，那位同志一看他想借故辞退自己，便离开家人，独自闯东北了，在东北待了三年多，身上落下很多病，在东北待不下去就回到了老家。（王德玉，20151010，王德玉家）

在当时，民办教师工作的去留、人事关系，都是由村里决定，这一境况一直持续到1985年年底王庄乡村教师拿到《民办教师任教证》，乡村教师的人事关系从此归属于县教育局。此后，乡村教师与乡村政治逐渐疏远，两者的关系变得微妙起来，特别表现在当下农村选举的问题上。

乡村教师因为户口不在村里，村里的选举并不能直接参与，但对村委选举一般都看得很明白，私底下也有自己的看法。

> 论者：现在上来的都是什么类型的啊，是富翁啊还是什么其他的？
> 王校长：一些很强势的人，哎。
> 论者：就看谁能制住了？
> 王校长：对，我不管你用什么法，你给我制住，稳定住就行。

王校长深居乡村，对乡村政治权力运行了解非常透彻，乡民也是抱着随大流和惹不起咱躲得起的心态让村庄权力运作成了孤岛上的游戏。

乡村教师是个观望者，更是同情者，他们往往对中央上层的干部比较崇敬，对基础选举、对老百姓的耍弄虽然有意见，但只能恨其不争。乡村教师与村庄权力团体如同两个游离的世界，各自能看清对方，却各自守着自己的生存规则，互不侵犯并相互警惕。

> 作为咱老师，有知识的人，越叫你知道得少了越好。要不他们说，识字儿的这些人难缠啊，这就是他们的口头禅啊。这是咱拉的很贴心的这些呱。（王德玉，20151010，王德玉家）

防老师的心态不是防止老师破坏乡村基础权力结构，教师基本上也没有这个能力去动摇或改变基础的权力架构。论者认为，这是一种权力合法性的不自信，面对乡民，他们的合法性是可以为村民修路、办事，甚至为亲近的人获取个人利益，而面对乡村教师这一异质体，合法性的问题就显得比较尴尬，乡村教师知道干部提拔的标准，知道合规的村庄选举是怎样的。

> 现在是，谁有本事管住了就行，甭管谁啊，他现在符合提拔干部的标准吗，哪几条政治合格啊，水平上哪几条能真正带领群众致富的啊？他不是那样。（王守贤，20151011，王守贤家）

乡村教师维护自身权利的意识整体上相对于村民来讲要强烈得多，也往往能够付诸实践。1999 年乡村教师集体罢课的事儿让村民及村委印象深刻。

1999年1月至5月，连续5个月镇财政不能给乡村教师发工资，教师之间流传着这样的事实：镇政府大院里的工作人员工资都发了，这笔给老师的工资钱被挪用到建镇工业园了。这种不公让全镇的老师包括王庄的老师极为愤怒，相约在6月的第一周罢课，并到镇政府大院前静坐。这一消息被每个学校的领导得知后汇报镇教委，镇教委威胁凡是参加示威的老师一概年度考核不合格，并从上层领导到中层领导，每人负责承包几个老师的思想政治动员工作，最终这一行动以罢课但未示威终结，教师的工资也在6月发放。

> 我们就是让镇里的人知道，老师不是这么好欺负的。（王朝阳，20160809，王朝阳家）

乡村教师的维权意识让村委和乡村教师的关系变得更加微妙。乡村教师对基层政府人员虽然不至于瞧不起他们，但对他们的权力合法性也未置可否，而作为权力部门，在权力实践过程中，又往往离不开乡村教师的支持。论者在一次偶然的机会，碰到村委里的办事员来找王校长填安全检查相关的表格，村委人员确实不知如何填写，来请教王校长。他们走后，王校长得意地说：

> 你看看，你看看，整天念叨说当老师干么，当老师干么，他们这些人连个破表都不会填呢。（王德玉，20151010，王德玉家）

这显示了乡村教师对基层组织施政能力的不满，乡村教师也利用自己的知识与能力，获得了基层权力机关的不自主的或不得不的尊重，也将自己隔离在这充满争斗的权力场之外。

第三节 知识：身份认同、精神气质与现代性

一、知识与身份认同

对传统乡土社会的理解，到底是和谐自治的乡绅管理（费孝通），还是儒表法里的大共同体本位的"伪个人主义"（秦晖），其实都不能对阐释当下乡

村教师的生活世界有较大的帮助。乡村教师没有传统士绅阶层的权势与光环，也不是如同袋子里的马铃薯一般的农民，知识给了乡村教师一份读书人的情怀，却不能从窘迫的现实挣脱出来，于是相对于没有太多知识文化的人来说，乡村教师更多了一份苦闷和艰辛，这尤其表现在身份认同的危机上。

我是谁？我属于哪里？我为什么而存在？

在乡村共同体社会瓦解的现实境遇下，寻找这些问题的答案显得尤其艰难。如前一节所揭示的那样，知识让乡村教师与乡村社会、乡村政治区隔开来，乡村教师作为体制内的人，与国家的关系是矛盾的，是亲密的爱人又是陌生的远方亲戚；与社会的关系也是紧张的，是自家人又是异乡人。于乡村教师而言，乡村社会既不是弱肉强食的丛林世界，也不是温情脉脉的家族小共同体，而是建立在良知底线上的趋利避害以及感性基调上的理性算计。知识是营生的手段，却在营生中成了自己生活的目的。更糟糕的是，知识成了自我反动的手段，也成就了疏离自己生活的目的。

传统社会的知识体系是完全人生化的精神道德知识，这种知识的一个重要特征是知识内容是完全为人本身服务的，而对于知识的实践和运用则是传统知识的内涵之一。现代知识是"去道德化的"，教师不再是传统意义上的"士"，变成了"知识贩子"，以非道德化的知识为装备，以知识的经济利益作为与社会的纽带，对社会作用的方式也主要是如何引导人们获取经济利益。

教师从农民的"自己人"转变为来自陌生世界的专家系统的成员，教师在农村社会中的权威和信任受其影响而出现危机；农村教师对学生的培养目标在一定程度上也发生了转型：从原来年长一代对年轻一代的文化熏陶和传承转变为来自陌生世界的知识占有者对无知者的知识传授；农村教师的教育效果也发生了相对于传统的转变：从培养农村文化的持有者转变为培养厌烦、逃离农村文化的人。[1]

再者，乡村教师边缘化于乡村社会还有更复杂的原因。乡村教师的知识不足以成为一个严格萨义德意义上的知识分子[2]，只能成为"读书人"或

---

[1] 魏峰. 从熟人到陌生人：农村小学教师的角色转变［J］. 南京师大学报（社会科学版），2010（5）.

[2] 萨义德认为，"知识分子是具有能力'向'公众以及'为'公众来代表、具现、表明资讯、观点、态度、哲学或意见的个人"。见爱德华·W. 萨义德. 知识分子论［M］. 单德兴，译. 北京：生活·读书·新知三联书店，2002：17.

"文化人",这种称呼也是乡间对乡村教师刻板印象的反映,乡民从近代对读书人的"尊而不亲"到现代的"不尊不亲",知识是他们深受束缚的渊薮,知识让他们被边缘化于乡村社会之外,甚至,由于乡村教师与国家权力相较于乡民来讲更接近(国家将"国家干部"的身份放置在乡村教师的档案上,教师也常常以自己是国家工作人员而荣耀,论者父亲在恢复公职后常常翻出自己的调令来,指着"国家干部"四个字给我看),他们往往成为底层社会反抗权力、表达对社会不满的替罪羊,他们不属于乡里,他们是乡村的"他者"。概言之,乡村教师在乡村权力网中处于很尴尬的位置,既没有因知识而获得地位,也没有因能代表国家发声而被有所敬重。

乡村教师作为在昏暗农村点燃文明之光的人,却不仅游离了社会,而且与国家大共同体的关系是尴尬的,成为无可依凭的流浪者。贾应生说,知识人"传统的建立在道义基础之上地对政府的臣服和知识人格的独立转变为利益基础之上地对官商的顺从和知识人格的依附"[①]。这对乡村教师来说却并不恰当。乡村教师对国家的依附既是一种基于利益的生活所迫,更多是由知识带来的自我理性认知。相较于纯粹的农民而言,乡村教师在教学工作中更易接触到国家或者"富强"或者"各种主义"的表达,这增加了乡村教师对国家的理性认识,却又因为其生存于国家体制中,或者不得不,或者心甘情愿地比乡民更能认同国家利益和国家目标。

乡村教师一方面是现代性国家权力扩张的最基层的实施者,他们与现代性民族—国家知识接触频繁,表现在知识上,是一种"发展""进步"叙事,有着强烈的"社会达尔文主义",认为乡村一定会放弃"传统"走向"现代",走向现代文明,而同时存在的事实却是,乡村教师作为一个"社员"(村民),又不得不生活在国家权力(以乡村基层组织为象征)的余威之下,切身感受到基层权力部门的前现代特质,这种知识观的矛盾与冲突、理想与现实的拉扯,更让乡村教师与国家大共同体亲近而又陌生。

综上,这种与乡土、国家关系的尴尬、矛盾、冲突、疏离、身份认同的浮躁,究其根本原因,还需要归结到乡村教师知识的构成与知识观上。如前两节所揭示的那样,乡村教师的异化并匮乏的本土知识、动员式的政治知识、

---

① 贾应生.序二[M]//李庆真.变迁中的乡村知识群体与乡村社会.北京:光明日报出版社,2010:3-8.

半吊子西方科学文化知识，以及相互掣肘的知识关联，让乡村教师的专业发展陷入悖论式的误区。

乡村教师的专业化过程被引入一场几乎没有终点的追赶城市教师的文化苦旅。他们被迫听从于那些远离农村、根本不了解农村仅以知识权威自居的专家，不得不忍受专家对自己的教育行为进行诊断、把脉。乡村教师就像一个于荒野中失去母亲的孩子，跑得越远，掉队也越远。在现代化过程中，他们就一直没有达到或者说几乎不可能达到与时俱进的现代教师"素质标准"。专业上的卑微感与边缘化不仅使他们成为专业化的失败者，也使他们在乡土知识与民族文化传承和创造中销声匿迹，甚至自暴自弃，旁落于乡村公共舞台。[1]

我们追求乡村教师的现代性发展，却如陷入泥沼的人，越努力，越下沉。乡村教师知识的现代性问题，简单地按照如唐松林所攻讦的城市化趋向去解决，是错误的，这既没有理清乡村教师的知识现状，也没有认清现代性所要求的乡村教师与社区的脱离，从面对面的共同体抽离出来，到民族—国家共同的融合，虽然可能是历史的必然，但不从乡村教师居身其间的乡村里生长，就让乡村教师的专业发展成了无根的发展。

让我们还是重新回到泥土，回到每个乡村教师的生活经验，从生存论角度探究乡村教师的精神气质问题，这或许能找到现代性成长的源头所在。

二、知识的精神气质与现代性问题

知识为人生提供一套理想准则，为人与自然、他人、社会提供解释规范，但是只有知识的融通能带来生命的意义。当乡村教师的知识系统不能理解或者解释这个世界，用舍勒的话就是"内驱力"不能得到平衡，人存在的安稳感就会降低，人就会变得焦躁、不安，生命的意义得不到表达。我们需要从精神气质的内里找到乡村教师知识现代性转型的温差与温度。

生活在大众与精英之间的乡村教师，既有大众的平庸与世俗，又有精英的部分焦虑——思想与知识的焦虑。乡村教师是雅文化与俗文化的聚焦点，雅文化代表精英文化，在极权社会里具有唯一正确性；俗文化是群众文化，是或被利用或被压制的文化。精英文化从来不乐于与群众为伍，哪怕是从群

---

[1] 唐松林. 理想的寂灭与复燃：重新发现乡村教师[J]. 中国教育学刊，2012（7）.

众中来，群众是需要提防和压制的，需要愚化和驯化。乡村教师的知识沾染着精英文化，却脚踏着泥土，是雅俗之间的灰色地带，他们生活在乡下，却有着比乡民更迫切的对城市的憧憬、向往，泥土的沉闷也让知识人显得有些无奈，离不开，却想离开。端起课本，乡村教师用不标准的普通话和书本知识为孩子们也为自己塑造了暂时的理想天堂；放下锄头，他们仍然惯用现有的知识框架去理解世界、为人处世，而这个庸常的乡村，却还以他们沉默甚至嘲讽。

知识如精致的插花，放在学校的围墙内是和谐、搭调的，而在乡土的柴火堆前就是违和的。乡村教师知识的精神气质与乡土就是这般，"文化的精致性与教育的功利性奇妙地结合在一起，这远离乡土生活的'无用之用'与爬在泥土里生计的农民相距甚远"[1]。

除却上述"温差"，乡村教师的知识还欠缺"温度"。传统的知识概念出自柏拉图（Plato）的对话集《美诺篇》，其中，苏格拉底（Socrates）就认为，正确的意见需要运用理性来捆绑，或者换言之，正确的意见应该得到理性的说明或解释。从而不难得出，知识是信念、是真的信念，是经过证实的信念。这当然是从知识的社会性维度来说的。而个人知识从一定程度上是一个相对于社会知识、科学知识等的相对性的概念，罗素就是从这个意义上阐发个人知识的。他认为，"科学知识的目的在于去掉一切个人因素，说出人类集体智慧的发现"，"但是关于构成个人生活的特殊色调和纹理的那些温暖而亲切的事物却一无所知"[2]。波兰尼（Polanyi）更是提出了"默会知识"（tacit knowledge）的概念，打破了传统知识观的主客二分的划分方式，认为任何知识都是主客观的统一体。他认为，个人性、默会性与寄托是认识论的三大支柱，知识的个人性与默会性在寄托的框架内被统一起来，寄托就是当事人信念的表达，如人们说话时隐含的情态、核实科学"证据"时的判断等。[3] 因此，知识是一个整合体，是经验、体验和信念的整合。王庄教师如我们身边的人一样，经历着生活的喜怒哀乐、酸甜苦辣咸，只不过身处农村，增添了

---

[1] 刘云杉. 从启蒙者到专业人：中国现代化历程中的教师角色演变 [M]. 北京：北京师范大学出版社，2006：84.

[2] 罗素. 人类的知识 [M]. 张金言，译. 北京：商务印书馆，2003：9.

[3] 迈克尔·波兰尼. 个人知识——迈向后批判哲学 [M]. 许泽民，译. 贵阳：贵州人民出版社，2000：8-9.

更多的无奈，有着更多的基于生存的奋力挣扎。这些人生经历不能说是传统意义上的知识，但从个人知识的角度来说，正是个人生活的经历、经验构成了一个人的底色，也是一个人理解世界的思维方式的基础。

知识是对事物的一种反映，这种反映来源于生命的冲动与欲望的力量，建立在生命体对其生存状况的感知之上，依赖生命意识的冥想与反思。知识不是抽象的具体表现，也不是客观世界在大脑中直接的"镜式"产物，而是在主体冲动与世界融合互动基础上产生的主观性意义，它应该是有生命意蕴的。知识在本质上是一种个体的历史。个体经验在历史变迁中要么被不断丰富、壮大，要么被推翻、矫正，从而具有了自我的内在属性与本然的生命活力。知识的本真意义就在于在人生历程中追寻、发现与创造的同时体验生命的意义。①

真正决定一个人存在的东西，并不存在于人之外的客体，而是发生在他/她与周边世界的关系中，更确切地说，是存在于他与世界种种存在之事物发生关系的方式上。当这些关系被抽离、被扭曲甚至被阻隔时，一个人生存的精神意义就会被褫夺。我为什么会存在、该怎样度过这一生等宗教意义上的追问在单薄的、单调的、单向度的知识关怀面前无法被回应。乡村教师活在乡村，就失去了活着的色彩和之为人的意义感。知识只有温暖人心，才能温暖周边的世界。温暖人心的知识一定是切己的，而非与己无关的，一定是人文的，而非功利的，一定是具有生命灵性和生活意蕴的，而非无关日子、只是囿于官方话语体系、浮夸虚妄、辞藻华丽的。

生命是需要整体滋养的，现代性并不意味着截断我们与乡土社会的根本性联系。乡土社会不仅仅是作为现代社会的基础，同样是作为个体精神滋养的根基。② 生存论意义上，人是处境下的人，多数情况下，人面对孤独、困苦，还有随时可能发生的厄运，体验着生存的个体事件，努力创造着独特的生命意义。可以说，生存就是人被命运死死抓住、与命运抗争的过程，就是在抗争中对整个生活的"体验"。体验才是人投入世界的方式，它与生命的整体性有关，正是在不同生存境遇的体验中，人才会对社会、他人有了关系型

---

① 唐松林，刘丹丹. 知识的生命意蕴——兼论乡村教师的知识困境［J］. 教育发展研究，2014（8）.
② 刘铁芳. 乡土的逃离与回归——乡村教育的人文重建［M］. 福建：福建教育出版社，2008：5.

的、瞬间性的觉察，并且是一种深层次的私人体察。

  由是，基于生存论意义上的乡村教师专业发展是扎根泥土的，是富有生命力的。在知识的形成上，现代性知识不等于专业化、分工化，它追求客观、实证和价值中立，但也应该有丰厚的个人知识做底色，才能理解、阐释这个世界的意义。乡村教师相较于城市教师来说，更容易接近自然、田野、大地、绿树和湛蓝的天空，更容易"结识"朴素的乡音、拙而不俗的乡土词汇、美而不媚的乡间故事与传说，身边事皆是课程，身边人皆是师者，身边的大自然更是一本巨大的教材，展开在乡村孩子与乡村教师面前。乡村教师的知识差异化，恰恰是对现代性知识一统天下的反动，异质化的知识是乡土文明的自觉，更是对官方话语体系的有益补充——我们属于一个大共同体，也属于一个村落里的小共同体。

第四章
道德秩序

> 普遍的道德理论给人们一种虚假的安全感,而人类的状况并不是这样的。
>
> ——查尔斯·泰勒,《多重现代性的观念与意义》

> 热情依附是他盲目献身与笃信的根本,被他视为一切德行与力量的源泉。虽然他这种一心一意的奉献其实是为了给自己的生命寻找支撑,但他往往会把自己视为他所依附的神圣伟业的捍卫者。他也准备好随时牺牲生命,以向自己和别人显示,他扮演的真的是捍卫者的角色。
>
> ——埃里克·霍弗,《狂热分子:群众运动圣经》

理解当下的道德冲突和困境,就能理解这个时代。简单来讲,道德是一个人与自己、与他人相处时的原则信条与实际作为,道德想象是一个人理想的道德模型,它以话语的方式反映群体期许的道德水准与道德坐标,而道德体验就是对当下道德现实的反应,它是一种在现实境遇下的选择。本章立足王庄乡村教师的道德想象和道德实践体验,从理想追求与现实应对两个方面,去阐释乡村教师自我解释的焦虑,最终从共同体解体的角度,揭示乡村教师在村庄道德秩序日益庸俗化的现实中,陷入反现代性的泥沼。

第一节 道德想象

一、圈子与面子:要钱有钱,要势有势

如中国多数传统乡村一样,人和人之间的关系是基于人伦的,费孝通用"差序格局"这一精妙的词来表达。

一个差序格局的社会,是由无数私人关系搭成的网络。这网络的每一个

结都附着一种道德要素，因之，传统的道德里不另找出一个笼统性的道德观念来，所有的价值标准也不能超脱于差序的人伦而存在了。①

当下，在王庄村民的行动单位里，虽然仍然不乏宗族伦理关系，特别是往往以"小亲族"（没有出五服）为家族关系认同，但这种关系却居于了表面。

在当代生活中，同祖同宗的观念只有在对村民们追求经济或政治活动中的个体利益有实际功用时才被唤起；这里面没有一点宗教因素，村民们是在利用而不是献身于祖先或宗族群体。当他们的个人身份和利益与亲属群体或祖先的身份和利益发生冲突时，更多的个体会选择重新界定与各种亲戚之间的社会距离，与不同的合作者建立新的亲属联盟，或者公开挑战通行的亲属规则。②

大家在公共场合都会维护这种长幼有序、和和睦睦的道德秩序，内里却是以单个的家庭甚至经济利益去衡量、考虑问题，在遇到一些需要共同处理的问题时，这两种矛盾往往会发生冲突。

张宝合老师是张家"西院"（西院指"宝"字辈共同的曾祖父，当初分家分在西院，后人就用西院表述共同的家族代称）"宝"字辈（张家按照"天""凤""华""宝""勤"等安排辈分）年龄最大的长者，儿子张勤亮结婚时，张宝合就与本族经常操持喜事的张宝庭（张宝合与张宝庭属于"五服"关系，同属于第四服）发生了矛盾。张宝庭是张宝合的本族弟弟，经常操持张姓红白喜事。婚礼当天，张宝庭却托词有事而去了另外一家同一天办喜事的田姓家，延误了很久才到张勤亮的婚礼上来，造成了婚礼的诸多不畅。后来张宝合老师得知，张宝庭迟迟不来的原因竟然是张宝合没有拿东西提前到他家里"坐一坐"，张宝合老师非常生气，觉得他们是本家人，帮忙是应该的事情，而且自己是家族同辈人中的大哥，张宝庭用对待"外人"的方法对待"自己家里人"，"实在有失体统"。

这就是一种前现代道德秩序与"现代"道德秩序的冲突。张宝合老师没有意识到，乡土社会权威的塑造中，伦理道德力量已经不再占据重要的分量。特别是在新一代村民的交往中，信任和互利越来越占据更为重要的分量。乡

---

① 费孝通. 乡土中国·生育制度 [M]. 北京：北京大学出版社，1998：38.
② 阎云翔. 中国社会的个体化 [M]. 上海：上海译文出版社，2016：12.

村教师等知识群体自古就有"泽民"情结,希望行教化于乡土,乡民对知识群体的尊敬更多来自德行(前述王续增的故事就是这样的例子),信任在前现代社会更易为知识群体所据有,但在近代以来,一些走南闯北、有成绩(主要是经济富足)的归乡人,在乡民看来更具有说服力。人们甚至会因为利益得失的多少,而决定与人的亲疏关系,随时压缩或扩大改变自己的亲戚圈儿。在王庄大面积新建宅基地之前,左右邻里是以血缘为关系安排的,规划之后的王庄,从空间上打破了这种联系,对旧有的以血缘为纽带的空间联系的打破,也逐渐让农村进入现代式的交往方式,但旧有的方位优劣感(风水)在农村仍然存在,家族的主要位置仍然与本家族的地位和名望相配,好位置被有势力的王家、田家家族占据。

表面上,宗族的长老仍被敬在上位,而内心里,谁也不敬重,包括腰缠万贯的富户及多年的老校长、老教师,人们的小共同体更多元起来,较大的宗族共同体解体,因地缘或学缘(如同班同学)而带来的人情温暖和意气相投,成了人获得集体温暖和归属感的场域,而场域中较为有钱或较为有势的人往往会成为各个圈子里的象征体。

图 4.1 为王庄村民的大体圈子布局图及圈子核心人物,为分析便利做了简化,实际上人和人之间的关系圈并不如此严格。

2000 年以来,王庄实行分片管理,村庄的权威也如同被分片一样,产生了碎片化的现象,各小圈子互不牵扯,甚至相互对立。从上图可以看出,大体来讲,田家的权威人物是田兰芳及田小东,田兰芳曾经担任过村书记,现在虽然下台,但仍然有一定的权威,田小东为现任村支书,与田兰芳为叔侄关系,虽在村里个人名声并不太好,但农村人都不会撕破脸皮,都"买他个面子"。刘家、王家两大家族则很难找到像田兰芳一样的人物,特别是王家,人口较多,相对来讲人才也多,相互之间不服气,你在这个方面有优势,他在那个方面有长处,相互不能制约,彼此在自己的圈子里都能自足。有时臣服于某个圈子,并不是真心佩服某个核心人物,而是因为利益关系或者为了避免这个人物给自己造成麻烦而依附于这个圈子。

>>> 第四章　道德秩序

图 4.1　王庄村民大体圈子布局图及圈子核心人物

A. 王氏片区 1，王金海，王伟　　B. 王氏片区 2，王德环，王登军
C. 田氏片区 1，田兰芳　　　　　D. 黄氏片区 3，王德华
E. 黄氏片区 4，王德吉，王德祥　F. 田氏片区 2，田小东，田树旺
G. 刘氏片区，刘光明，刘学武　　H. 王氏片区 5，王勇

图 4.2 从空间角度画出了本书主要访谈对象教师的家庭地理大致分布。

从图上看出，王庄乡村教师居住地分布较散，加之并不都是在村中心小学教书，难以形成较有效的群体间联系。乡村教师在村民圈子场域中生活，有的被完全抛弃在圈子之外，有的游离于几个圈子之间，有的基于兴趣组成自己的圈子，有的基于同事、亲属、地缘关系等组成自己的圈子。

这种圈子里的文化，与费孝通所形容的时势权力相类似①。从基于人伦的圈子到基于经济、权势、实利性、实用性的圈子的变化，乡村教师在乡民中的道德期许降低了，乡村教师成了"有文化的农民"，与其他人一起从道德的

---

① 费孝通将乡土社会的权力分为横暴权力、同意权力、长老权力以及时势权力。其中时势权力指社会结构发生剧烈变迁下，能找到"新方法"、有能力组织新的试验，获得别人的信任而支配其他人的权力。见费孝通. 乡土中国 生育制度 乡土重建 [M]. 北京：商务出版社，2012：80.

101

图 4.2　王庄教师家庭地理分布

A. 王德栋　王德芝　张宝合　B. 王德亮　王守贤　张桂兰　于美雪　C. 王成炜　D. 王德玉　王岱珍　E. 王成增　张秀兰　王成良　王朝阳　F. 王德钜

宗族约束中脱离出来，关于善的问题局限在了自己的私人世界和私人圈子。

由此，在王庄乡村教师看来，面子的评价标准也从做人的标准变为有钱有势有德才有面子。"给个面子"以往都是基于一个人平日积累的好人缘或者具有较高的道德威望，而现在面子却离不开金钱的底气，用乡民经常挂在嘴边的话来说就是——"有钱才是硬道理"。

王庄村民之间的矛盾多发生在地基、行走的出路、下雨天的排水等事情上，当发生矛盾时，多找家族比较有权威的人出面协调。关于这个人的标准，王校长做出了如下经验总结：

　　论者：这个人一般是年龄比较大的，还是比较有见识的？解决矛盾的这人，类型是什么样的呢？

　　王校长：类型是么呢？也有德也有威的。你光有威，但是没有一定的素质，这个言谈举止，说话说不到点上去，光威也白搭；你光有德，光讲的是这个道理，但是没有一定的威力，也是镇不住他。

　　论者：这个"威"是气势上，见识上，还是性格上？

王校长：这个"威"是三方面，第一个是对个人来说，必须是气势上得能行；第二方面是有一定的财力；再一个，也有一定的势力。

论者：就是人口多？

王校长：欸，对。不然的话，他说话起不到一定的作用。咱比方说，两家的纠纷以排水沟形式，后边的水冲我的屋根了，我的屋根你的水给我泡起来了，"好的，不要紧，你修你那屋根不是需要两袋子水泥吗？你有钱吗？没钱，我拿出来，修修。"不就完事了吗？是吧。你如果没财力，这个呱他不敢说啊！为什么找这有德也有威的人呢？德，他敢说话，威，他也能说话。经济实力他能行，这个事他能处理掉。

（王德玉，20160801，王德玉家）

乡村教师对面子问题尤其重视，甚至对面子的珍视超过了经济的考量。

面子甚至绑架了乡村教师，当遭遇一些不情愿的事时，甚至让他"磨不开面子"，觉得都是一个村里的人，"抬头不见低头见"，往往会委曲求全。五年前，村支书田小东刚上台时，就去王校长家里借钱，说是加盟某白酒品牌之用，言之凿凿，最终王校长借给了他4万元，却至今未还，后来听说该支书还向村里其他经济条件较好的人借了钱，也都未归还。

该支书后来再次来到王校长家，这次是请求为其贷款担保（担保人需要有公职），贷款要经营超市，在王婶的阻拦下，这次王校长没有贸然答应，以孩子不同意为搪塞拒绝了。可见，面子在当下乡村已经部分失去了约束力，而乡村教师仍然信奉并坚守着这份传统，"半熟人社会"或"无主体熟人社会"下的乡村，一个人可以逃离这种道德的谴责，选择在陌生人的城市生活，这对乡村教师的精神冲击不可谓不大。

总之，圈子与面子构成了乡村教师生存的地理空间和精神空间，这空间变得日趋支离、多元、杂糅。游走其间，乡村教师普遍具有的德性优势并不占更多优势，不免会引发一种道德上的纠结或漠然，但也正是因为乡村教师身上所具有的德性修养，乡村教师才能找到一种区别性的身份认同感。

二、耕与读：忠厚传家远，耕读继世长

传统意义上，耕读的道德修辞抚慰着乡村教师的心灵，耕在乡土，读在乡校，一种文人的精神气质及道德境界被放大，成了无数乡村知识人的精神

家园。在春节，王庄乡村教师家庭往往喜欢贴"忠厚传家远，耕读继世长"的春联，但当下，耕与读之间已经失却了内在的联系，两者之间产生了现代意义上的紧张感。

耕，是一种身份归属感的表达，表达出居于乡村、劳于乡村，与乡村休戚相关的命运臣服，更是一种德性的表达，如勤奋、节俭、内敛。耕种并不能带来多少经济收益，他们更喜欢耕种带来的欢愉和收获感。

>俺（我）这个年纪，干点活也算是活动活动，要不还真没劲儿，再说了，现在农活不像以前一样累人了，都机械化了，种上以后打上灭草剂，就光等着收。现在玉米是越来越便宜，搭上劳力，算算就是赔了，可咱还能吃点自己的粮食，放心啊。（王德栋，20151010，王德玉家）

王老师的这番话，并没有完全道出乡村教师从事农业劳动的内在心理。据王老师讲，老师这个群体随着工资待遇的提升，引来村里越来越多人的羡慕甚至嫉妒，虽然种地并不能带来经济效益，但如果哪家的地荒种了，就会引来村民的议论。农村人对土地有天生的亲近感，对不耕种的人的看法多数是否定的，觉得一个不耕种的人，即便他经济上再富有，也背离了农民的本色，往往被冠上"耀烧"（烧包）、"充能""浮漂"等贬义的道德词语。乡村教师自不敢触碰这条红线。

读，是文化人的精神追求。读，虽然已经失去了古典意义上"君子志于道"求官为仕的道统追求，但不失为知识人最好的自我身份证明，所以，对"知识""读书"的无上褒扬与认可，其实是为自己的文化人身份做出实证——知识是有用的，知识让我居于乡村，它让我超越乡村里的很多人。

>在同样的环境下，在同样的条件下，上学的人的生活，比不上学的，或者知识少的人，生活质量要高一些，要好一点，脑子活泛些。
>成气候的这种人呢，还是有知识的人。
>干任何事儿，离开文化知识就不行。
>（王德玉，20151010，王德玉家）

除对"读"的经济效用自我认可外，"耕读"中的"读"还可以让读书

>>> 第四章 道德秩序

人保有自己的小情小调（看书、拉二胡、书法、写作等），涵养自己的精神世界。王守贤平日喜欢读书看报，并且喜欢书法，常将自己的所思所感，作诗并书写，甚至装裱挂到墙上，每每完成一件作品，他都感到非常满足。这种精神的愉悦，来自读书人对传统文化的崇敬，特别是对儒家文化的认同和修身养德的自我追求。在王校长厚厚的工作日记中，也不难发现一种读书人对"读"的钟爱。日记中，王校长经常抄写一些《大学》《中庸》《论语》等儒家典籍中的名言名句，字迹规规矩矩，表达着一种文化人的情怀。如图4.3。

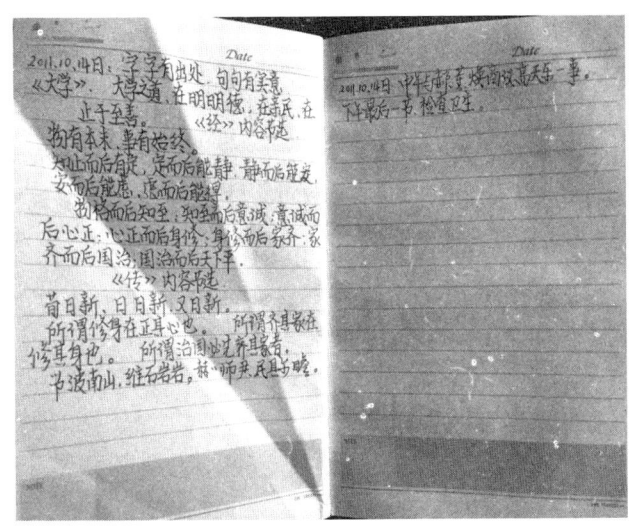

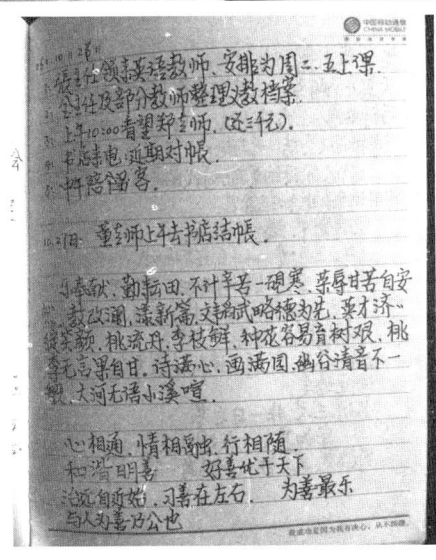

图 4.3　王校长日记摘录

耕与读共同构成了乡村教师的两面，这两面从和谐无二到相互的冲突与紧张是逐渐形成的，有一定的历史和政策原因。

1983年王庄实行家庭联产承包责任制之前，乡村教师农作与教书之间的矛盾并不多，因为从身份上来看，乡村教师只是社员中的一员，只是分工不同而已，身份上仍然属于农民。1983年之后，乡村教师既要忙于教书，又要操持劳作，两者之间产生了矛盾，加之1994年之前，王庄乡村教师的工资待遇普遍较低，耕与读之间往往难以协调。

> 这时候土地承包都分到户了，地不能不种，工作不能不干，或者说不能不干好，但是在耕作的关键期还是得挤出时间来帮助家里，我觉得这个事很合情合理，那时候周六都不放假，周日有时还经常开个会啊什么的。虽说一个月三十多块钱，（但）还是解决不了家庭的经济拮据，遇到大事，盖房子什么的，太难了……（王德玉，20160227，王德玉家）

1994年，全县的在职民办教师全部转为公办教师（这与当时的区委书记的决策相关，全国并非都是如此），这对村民办教师来说是质的飞跃，作为教师来讲，享受到公办待遇之后，除了工资大幅提高之外，也解决了教师的身份问题，不再为可能随时失去工作而担忧，有了心理的稳定感，此时的教师绝大多数积极投身教育，以教育为主，家里的事情往往能拖则拖，双休日的增加加上机械化的劳作改良也让乡村教师离"读"越来越近，离"耕"越来越远。

> 这时候老师就靠自觉了，已经享受到公办老师的待遇了，工资已经高了，你再这样，从良心上，从对孩子上，有点过不去了。咱得将心比心。和民办比，给你这么多钱，你再这样挂念着家里，是吧，这个就说不过去了。（王德玉，20160227，王德玉家）

第二节 道德实践

一、公与私：有时觉得对不住这些村里孩儿

接下来，笔者将通过与多位乡村老师的访谈，梳理出王庄乡村教师从1949年至今的职业心路历程，分析乡村教师从忘我无私的热情工作到商业大潮下"无公德的个体主义"的显现的历史过程，尤其通过分析当下乡村教师的职业道德，揭示公与私之间的矛盾由来及其背后复杂的道德体验。

热情高涨，忘我工作

1949年至1956年间，经历了抗战、国内解放战争的新中国百废待兴，包括教师在内的各行业热情高涨，忘我工作。

> 那个时候的老师吧，根本不知道累得慌，那时提倡公办老师住校，哪怕是离家二里地，他也不回家，真是忘我啊！（张秀兰，20160820，张秀兰家）

据王校长反映，那时的教育还是比较扎实的，这与当时中国教育的整体水平相对较低是相关的。

随波逐流，碌碌无为

"文化大革命"期间，王庄乡村教师在历史的洪流中随波逐流，不能自己左右，而且荒废了教育教学活动。

> 因为你不随也不行啊，根本不把心思放在教学上了。
> （王德玉，20160821，王德玉家）

焕发活力，正本清源

1978年十一届三中全会召开至1983年邓小平"三个面向"的提出期间，经过动荡的乡村教师，又重新焕发出青春活力，乡村教育也回归正轨。

> 对老师来讲，就是终于回归到教育上去了，可以有所作为了，像我们这一代被耽搁的人，非常渴望自己的学生能成才。(王德玉，20160821，王德玉家)

教育纷呈，各显其能

1984年至1993年期间，全国教育改革纷呈，王庄小学开始深挖教学，推行目标教学改革，乡村教师投身教育变革，极大推动了教学质量的提升。

> 我们那时候是真干啊，晚上刻蜡纸（一种手动印刷的方式），白天备课上课，你追我赶，都想办法提高学生成绩，生怕别人超过自己。我们学校在目标教学的理论基础上，提出了"主体课堂"的教学模式，得到了镇教委的推广。(王德玉，20160821，王德玉家)

压力倍增，心理失衡

1994年1月1日起施行的《中华人民共和国教师法》，从法律层面为乡村教师的工资待遇提供了保障，但现实实践中却迟迟得不到落实。乡村教师待遇有所提高，但与其他行业相比相对较低，面对逐渐富裕起来的周边人，乡村教师感到一种心理的不平衡。

> 我那时候吧，一个月300来块钱，真是不太够花的，那时候物价也慢慢起来了，一斤猪肉两三块了。人家村里人都说，你们老师一个月工资老是买不到100斤猪肉啊。我觉得教育这个行业吧，太辛苦了，既劳人，又劳心，上班前提前备课，下班后也得记挂着学生学习怎么样，和别的行业比，觉得心理不平衡。(王德玉，20160821，王德玉家)

改革茫然，无心教学

2000年以来，基础教育课程改革实施，王庄乡村教师对教育改革的总体看法是效果甚微，教师的心态也很茫然，不知何去何从。近几年乡村教师工资待遇的提高，增强了乡村教师的自信心，教师成了令人羡慕的职业，同时，也带来了更多的职业道德问题。

  咱究竟是哪个路子好呢？究竟采用什么样的教学方式呢？没有一个方向，所谓改革，我觉得就是冠冕堂皇，是搞科研的人把他们的思维，强加于基层的教学，弄得人心很浮躁。老师工资提高了，可村里人对老师意见挺大的。上次有几个孩子作业一点没写，寻思把家长叫来了解了解情况，有个男家长就说了，我布置的作业不好，不让孩子做我布置的作业，他自己买了书自己做自己的，还说，恁老师光知道赚钱了。有时真想逃跑啊，或者真想不用这么用心教了，但有时觉得对不住这些村里孩儿。（于美雪，20160911，于美雪家）

  乡村老师与乡民之间相互埋怨，都是基于道德的指责，乡村教师指责乡民自私自利，素质低下，乡民对乡村教师不能提高自己孩子的成绩而一心想赚钱心生抱怨（尽管这不是事实，或者这并不是一个普遍现象。绝大多数乡村教师是安分守己、敬业认真的，但个别老师的不端行为放大了这种印象）。其实，从根本上来说，乡村教师一直在公与私之间游荡——或者是一种在国家思想动员下，放弃自我的宗教式献身，或者是一种麦克弗森所说的"占有性的个人主义"——在一个占有性的市场社会里，个人的本质被理解为他就是他自己的所有者，既不是一个道德主体，也不是某个社群的组成部分，他就是他自己，他通过对自己以及自己所拥有的财产的占有来证明自己。

  献身、无私奉献的崇高感是前现代式的道德体验，教师对农村的坚持、对学生的热爱、对国家的忠诚成了乡村教师之所以成为乡村教师的身份认同密码。不断地道德净化加上不停的自我净化，不会激发乡村教师留在乡村的道德情感，相反，当个人的人生目标被集体目标代替时，当道德与权利不分时[1]，现代性的自我概念也会发育不完善，变成上文所说的无公德的个人[2]。

---

[1] 道德和权利始终是两条杠，这两条杠必须分离，只有分离，后者才能给前者提供底线的保障，而前者才能正常发展。道德与权利混为一谈，结果只能是既无权利，也无道德。参见秦晖. 共同的底线 [M]. 南京：江苏文艺出版社，2013：43.

[2] 这一概念在论者碰到的一类事情上体现得非常明显。当下，教师编制成了香饽饽，但相对难考，有的考生为了给将来的招考面试积累教学经验，往往选择某个不知名的乡村学校代课，尽管工资一般只有1000元左右，但可以边教书边考编。且不说以考编为目的的教学质量问题，单是考上之后给学生及学校带来的麻烦就有许多。许多人为了拿到理想的教师编制，往往在考上不理想的乡村教师后选择继续考编，造成的恶劣影响会更大。

为公与为私还体现在乡村教师与公共事务的疏离上,因为从身份上来看,乡村教师已经不属于村里人,所以在村庄事务上,虽然多有微词,但往往不予表达。如果发表言论过多,则会引起乡村教师群体的非议。

> 王成亮就是这种碎嘴子的人。咱村里搞公益事业的时候,他不看它的正面性,光抓住它的负面;村里搞公共设施,修水渠的时候,就说:"哎呀,还弄这个哩,以前没弄这个也没冲了屋,也没不走路了。"还有就是村里脏乱差的治理,雇上人,按人头拿钱,一个人一个月拿两块钱,他觉得拿这两块钱亏,所以就对村里治理脏乱差说些风凉呱,说:"雇上人也光扫个脸面啊,那角落里也没扫得多干净了啊!该是为了打扫卫生吗?也就赚大家伙这两个钱呗!"(王德玉,20160920,王德玉家)

王德玉老师的偏激当然不值得肯定,但村里的老师对村庄的事务几乎采取漠不关心的态度,比较吊诡的是,如果说乡村教师不关心"公事",也是失之偏颇的,乡村教师对身边的"公事"三缄其口,却往往对距离自己最远的国家大事、国家关系事宜勇于表达自己的观点。公与私的矛盾在这里得到恰当的化解,教师通过国家新闻了解关切知识分子命运的信息,也表达了对国家公共事务的关注。公与私的结合点是利益,而不是权利与义务的相互表达。这与传统社会中的公与私的关系有些不同:

我们传统观念认为,可以着手的,具体的只有"己",克"己"就成了社会生活中最重要的德性,他们不会去克群,使群不致侵略个人的权利。在这种差序格局中,不发生这问题的。①

知识群体与"公"的关系是变化着的。从先秦时期的精英阶层到西汉时期的"以吏为师"的为道的存在,再到清末"废科举、兴学校"时期的士大夫精神的没落,及至新中国成立初期的"公家人"身份。1994年4月1日《中华人民共和国教师法》实施前,农村教师的政治身份和待遇等同于国家干部,接受国家计划指令的统一分配、任命和管理,之后,将教师由国家干部转变为专业技术人员,原先的内部行政关系变为聘任制基础上的劳务合同关系,教师变成了一群具有雇用关系的专业人。

---

① 费孝通. 乡土中国 生育制度 乡土重建[M]. 北京:商务出版社,2012:32.

二、礼与孝：非得出个爪

斯科特（Scott）通过对东南亚农民道义经济的研究发现，互惠是农民生产与生活的准则，也是农民对行为是否公正与合乎道德的判断标准。互惠准则不仅适用于村庄地位相同的主体之间，也适用于地位不同的主体之间。村庄内精英阶层的道德地位取决于其行为是否符合对其自身的道德期待。[1] 在日常生活中，乡民之间的互惠表现在家中有事需要帮手（尤其是红白事或家中变故）时，大家都会凑头帮忙，否则当自己有事时就会遭到责难。礼物，作为互惠性的日常表达，是维系人和人关系的中介，它包含了极为丰富的道德与情感因素，礼物的往来表达着人情，而懂人情，在乡村是最重要的为人行事的本领，是判断一个人为人处世是否得当的重要标志，个人的自我认同在相当大的程度上也是在互欠人情的社会关系网络中形成和构建的。关于此，闫云翔有比较精到的论述：

> 人情既指感情，在实践中又有多重含义。在个人层面上，人情涵盖了人际交往中道德行为的基本原则。人情还普遍被用来指对他人的情感理解。所以，一个人如果不能做到礼尚往来，或者不能将心比心，就要被人看作不道德，违反了人情。村民们也根据人情来对某人做人是否得体而做出基本判断。换句话说，人情赋予每日间的人际交往以意义。没有人情，生活就不成其为生活。[2]

所以，人情关乎道德。王庄乡村教师与乡民的互动也在礼物中表达，表达与这个群体的稳定的关系和依赖。这种类型的礼物一般分为公开的礼物和私下的礼物。私下的礼物一般发生在邻里或要好的朋友之间，所送的东西一般比较随意，家中日用的东西居多；公开的礼物包括红白事、孩子满月酒、给孩子挂锁子（一种许愿的方式）、请神婆神汉给家中病人治病等，一个家族的人会商议一下，共同定出一定数额的钱财或物品，这种礼日渐用现金来表

---

[1] 詹姆斯·C. 斯科特. 农民的道义经济学：东南亚的反叛与生存 [M]. 程立显，刘建，译. 南京：译林出版社，2013.
[2] 闫云翔. 私人生活的变革：一个中国村庄里的爱情、家庭与亲密关系 1949—1999 [M]. 上海：上海书店出版社，2006：46.

达，可以用"随份子"这一词来表达。

> 我有事的时候你在礼单上上上（上账）二百，你有事的时候我也是二百，现在多数人来往就坚持这个事，就是看账还礼。花钱这个事儿都是互相买脸互相增光的事，你要是万一不花，就遭人非议了，就说你这个人有点过河拆桥了，他原来花那个钱就有点亏。你要一点人情也没有，老百姓就说了："你看，一点人情也没有，关起门子朝天过啊！"这就是嘲笑那些不来往的人。（王德玉，20160920，王德玉家）

随礼的风气在村里也遭遇困境，人情往来逐渐失去了维系稳定关系、实现自我身份认同的功用，特别是随着当下"人情价"的价码越来越高，人情成了许多人生活的包袱，让人不堪重负。

> 比如，你姐姐是2004年结的婚，那时候你婶子她这些姐妹才四百块钱，那时候四百块钱也不少了。到了现在，她娘家那些，至少是一千块钱，作为男孩儿来说，除去礼金一千块钱之外，还得支磕头钱。还觉得老是面子上过不去，前几年咱有事人家花了一百，现在再还人家一百就不行，那时候的钱和现在的钱价值不一样，你就得涨了，就得以后多花两个。有时我一个月人情得花到两千多块钱。（王德玉，20160920，王德玉家）

集体化的终结、国家从私人生活中的撤出，让乡村既失去了集体主义道德观，也失去了传统，加之时下消费时代的到来，人的情分也可以用金钱来衡量的时候，礼物就失去关系、契约、信任的原本含义而变味了，人情变得淡薄。

> 大家都忙着赚钱，各忙各的，哪有空往来啊，再说很多年轻人都在外边，家里的事就这些老人在操持着，真有大事，比如，死人了什么的，大家才凑凑场。（农民田磊，20160921，王庄小卖部）

"无往不成礼。"礼物的人情债变成生活的负载，乡村教师是王庄最早感受到这种现象的,也是最早进行人情债变革的。以姑娘出嫁为例,在 2000 年左右,原先庄里庄乡都会花钱表示祝贺,前后邻居等乡亲一般需要花 50 元钱,主家需要请他们吃酒席以还礼。王校长家姑娘出嫁时,王校长坚持只收亲戚家的,其他人只收 5—10 元,仅表示祝贺即可,主家也不再请客吃饭,这样既给主家省去了麻烦,乡亲也表达了自己的心意,双方都减少了人情债的负担。从此以后,王庄的喜事多数都是这样操办。对这种人情变革,村里人对乡村教师评价不一:

> 论者:刚开始变的时候,这些人理解吗?他们怎么评价?
> 王校长:他们觉得"哎,这样做还倒行",表示支持的能达到 60% 以上;个别的人以为咱充能,说"人家以前都是这样做的,他非得出个爪(zhāo)(不同)"。(王德玉,20160920,王德玉家)

从本质上来说,乡村教师以及乡民之间的礼物流动是"互惠性"的,而非"相互性"的,互惠性的礼物流动是基于自身利益考量的,送出礼物是为了收回礼物,礼物可能是以自愿的形式出现,但事实上是义务性的,它们可以产生情感的债务,它将所有有关系的人绑定在了责任和可依赖的稳定的社会关系之上,本质上还是前现代的相对于集体的个人不自由,而且它只是限于特定社会关系之内的互动,仅在这个范围内是有效的,因此它是基于村庄范围的"公德",而非现代公民道德意义上的公德。现代公民意义上的礼物是一种互联,它意味着一种链接,即走出自己的生活,与更广的人群、更大的世界产生联系,走进别人的生活,也让别人走进自己的生活,从而产生一种莫斯(Mauss)所说的"混融"状态:

> 归根结底便是混融。人们将灵魂融于事物,亦将事物融于灵魂。人们的生活彼此相融,在此期间本来已经被混同的人和物又走出各自的圈子再相互混融。①

---

① 莫斯·马塞尔. 礼物:古式社会中交换的形式与理由 [M]. 汲喆,译. 上海:上海世纪出版集团,2005:41.

除了对互惠性礼物的遵从与变革,多数乡村教师还非常重视礼节。从小的方面来说,人不再重视交往中的礼节,从村庄的范围来讲,一些公共仪式也日益简化、敷衍。比如,往年春节从大年初一开始,全村人开始挨家挨户拜年,需要先给供桌上的祖先磕三个头,然后给这个家里的长辈每人磕一个头。而这几年,人们拜年的范围越来越小,不再面向全村拜年,摆供桌的家庭逐渐减少,拜年的形式也不单单是磕头这一单一的形式,更多年轻人喜欢聚到一起打牌、玩耍,传统的春节礼节变得模糊起来。相较于乡民,乡村教师对礼节等传统的礼仪是重视的。再比如,初二下午是全村人送祖宗的日子,据村里老人讲,以前非常热闹,也非常隆重,族中每家每户都拿着鞭炮、祖宗牌位、火纸聚集到村东头的空场处,在家族老人的主持下,烧完火纸后全体老少爷们要齐刷刷地跪下磕头,然后开始齐放鞭炮,而现在据村里人反映,这种场面冷清了很多,许多人自己在家里操作,即便是集合去一起送的,也很少磕头了,一般是村里年龄比较大的磕头,年轻人都站在旁边观看。这不能不说是一种村庄仪式感的没落。"礼失求诸野"的时代变成了"礼失求诸知识分子",乡村礼节仪式的传承与乡村教师不能不说是关切很大的。

> 有的说这个教师家庭礼数太多啊,家里来个人(客人)迎啊送啊,这不是最基本的理念吗?一般家庭是你来就来、走就走,不迎人家也不送人家,实际上是对人家不尊重。你像咱中国来说,弄来弄去还不都是咱孔老夫子的功劳啊?这些礼教都是从他那规定了以后,人们不断地延续下来的。(王德栋,20160921,王德玉家)

但对这种礼节的重视,让许多乡民不理解。

> 老师也忒迂了吧。什么年代了都,我就看不惯那些迎来送往的礼节,虚头巴脑的,干么呢。(田焕玲,20160925,村卫生室)

教师与村民之间、年轻教师与年长教师之间道德伦理的冲撞表现了中国乡村社会道德秩序的爆裂式转型,人们急不可耐地冲破集体主义以及年长者文化的牢笼,每个人都急慌慌地宣誓自己的自由存在,却无视了别人的自由与权利,形成了中国式的"新个体主义"。儒家文化在乡村教师那里成为一种理想人格的表现，在乡村泥土文化中，显得多少有些格格不入，这种格格不入既让文化人在乡村觉得游离在外，他们又通过这种不同建立了教师的身份认同。特别是在国家力量缺少对传统文化的整合时，这种坚守成了一种刘大鹏晚年时期被别人认为的迂腐，痛苦而不安。

在孝道方面，儒家孝道文化在乡村的日趋没落毋庸太多论述说明，此处不是去论述如何及因何造成了儒家文化的没落，而是去观察在这种世风日下的乡村，乡村教师经受了怎样的道德体验。

王庄是一个有着浓厚文化底蕴的村庄，这通过第二章的描述可以说明。但儒学对社会人心的规约日渐衰微，"近现代之交的中国，便出现了上至知识分子、官绅人士，下至平民百姓的群体性的文化失范现象，用严复的话来说，那就是'旧者已亡，新者未立，怅然无归'的社会心态"①。王庄亦然，王庄乡村教师亦然。

王校长是儒家文化的信奉者，大娘（伯母）后继无人，自从伯父逝世，她不能自理之后，就一直与王校长一家人同住，王校长及夫人负责她的吃喝拉撒。尽管王校长夫人与伯母小有嫌隙，但王校长依然把她当作自己的母亲一般孝敬伺候。②

> 你走到哪里去，没有说他不孝顺老里（父母），说他孬的。（农民王成里，20160922，村庄南头）

这种对孝道的坚守不论是出于内心还是出于面子、道义，都表达着乡村教师内心对儒家传统道德伦理的认同。谈及儒家道德，王校长有自己的理解：

> 王校长：它（儒家伦理纲常）套用在谁的身上都合适。不同的群体，甭管你干么的，它套用在你的身上，都是有一定道理的。孔老夫子这些，用到官方上也通，用到商人上也通，用到老百姓身上也通。
> 论者：都是些日常的东西，不是说很高深的东西。
> 王校长：对，但是这里边还包含了很深奥的道理。你说它过时，它

---

① 萧功秦. 序言 [M] // 许纪霖. 智者的尊严. 北京：学林出版社，1991：2.
② 实际上在早年间，王校长就过继给了大伯家。后续第五章私人生活部分会有补充说明。

不过时，你说它没用，实际上它还有用，顶用的。

（王德玉，20160806，王德玉家）

这种对儒家道德伦理的庸俗化理解，是王校长解释自身孝道的理论框架，同上，对传统孝道的坚守还表达了一种对当下村庄孝道沦丧的否定。2016年8月，王校长伯母去世，王校长及家族中人为伯母举办了像模像样的葬礼，众人捧场，用农村人的话来说，"办得挺场面"。

俺这个家族比较大，都不孬，都来了，那天客来得也比较多，几乎快到学校了，整个南北路都披麻戴孝的。从老太太这个事上，他们都说，"你看看人家，真是不孬"。（王德玉，20160806，王德玉家）

这是村里人对王校长多年来对伯母所行孝道的正面评价，在世道沦丧的时代里，传统知识人仍在努力维持着这个村庄的道德秩序，但这种挽回是无力的，乡村共同体的破碎让乡村教师的道德体验陷入孤独与矛盾的境地。

第三节　安于何处：共同体的迷失与乡村道德秩序

道德框架是一个人理解自己以及周遭的重要方式，相较于知识来讲，它更多是一种精神性的存在，而乡村教师的道德框架建立在矛盾、混乱、嘈杂的理想与现实的缝隙里，这与乡村社会共同体的解体密不可分。

一、国家主导的共同体脱嵌与共同体的破碎

现代民族—国家的兴起，是以国家政权对乡村发起的一场宏大的社会改造为起点的，从土改到集体化运动，都将单个的村民与国家直接连接起来，个人从家庭、家族、地域等共同体之中解放出来，委身国家这一更大的共同体，个人成了现代的国民。20世纪90年代以来开始的"后全能主义"政治转型中[1]，国家尝试以专业化的方式建立国家与民间的联系，如王庄和其他乡

---

[1] 萧功秦. 与政治浪漫主义告别[M]. 武汉：湖北人民出版社，2001：207.

村正在经历的国家粮食直补、农村合作医疗改革、法律宣传与法治意识普及、户籍改革等,在连接过程中却发现并不能如其所愿。以农村合作医疗改革为例子,村民普遍反映看病不方便,不该开的药乱开,不该打的针乱打,医疗水平不高延误病情等。国家试图建立的组织性公共生活的方式与目标并没有实现,农村基层政府将村庄的变革重点放在了文化与社会生活改善方面,如增加路灯、改建公园、改善农村卫生条件。王庄2007年开始改造村庄道路、安装路灯,并在村庄东头整修了一片公共活动平地,安装健身器材等。

但就如同当初从传统家庭、家族中脱嵌一样,这种"现代性"的发展是国家主导的被意识形态感召的无主体式的"伪现代性"或"半吊子现代性"。当下乡村基层政治共同体的重建也是无主体的,农民对政治已经失去了兴趣,村落共同体失去了村庄的社会基础,建立在理性契约基础上的现代社会信任网络无从建立。乡村正在从费孝通的熟人社会到贺雪峰的半熟人社会到吴重庆的无主体熟人社会,村庄迅速丧失了自我行为规范、守望相助、维护村庄荣誉等社会道德功能,村庄变成了虚化的实体,正是在这个意义上,才有了村庄共同体的破碎和离心化。村落终结了。

在王庄,集体化时期的旧有称呼现在仍在使用,比如,"大队""集体""小队"等,乡民对集体的记忆让乡民对村委还存有最后的信赖感和权威感。比如,乡民比较信赖村委大院的"种子站"(种子站也是集体化时期的产物,是国有农资机构)出售的种子,但事实情况是,村里说的"种子站"其实就是一家私营的种子公司,村委从销售额中提成盈利。村委利用其公信力成了一个经纪人组织,在村庄的主要工作不再是带领村民致富,而是把集体用地承包出去,或者联合一些部门搞经济创收。2013年,村委联合某村富进行了自来水进户的工程,每户收取水表费及开口费200余元,自来水用了不到一年,却因为水源常常断水,最终废弃了。村庄在取消农业税之前,共同体因为有着经济的约束而形式上得到维持,但在共同体之内,维系个人与共同体关系的是一种被动索取的单向经济关系,在取消农业税之后,加之上述村委的经纪人取向,让村庄连形式上的共同体都变得不复存在,村庄彻底破碎了。

随着社会发展,老百姓不再依赖干部来获得资源和生活机会,外部市场带来的机遇让乡民生活的世界扩大了,对基层权力的依附变为对自己权利的维护,一旦村干部干涉他们的生活,他们就不像以前那样隐忍,会采取网络告发或在村庄之内散布个人私德问题等方式来维护自身利益,但乡民一般不会通过向上级请愿或抗议的方式,将村庄基层干部赶下台,一则怕得罪人受到打击报复,二则普遍觉得换另一个人上台,情势也可能更遭。这种情势被许纪霖表达得鞭辟入里。

> 原子化的个人无法在民主和法治的基础上重新整合,只能依靠威权主义的强势政府维持社会的基本秩序。只要政府的统治稍稍弱化,就会蜕变为一个弱肉强食、异常残酷的丛林世界。在制度性秩序缺失的背后,是公共文化和核心价值的匮乏,社会对善恶是非这些基本问题普遍持有实用主义和相对主义的暧昧态度,乃至于价值上的虚无主义。法律形同虚设,并不被人们信仰,社会秩序只是靠着趋利避害的理性算计得以维持。①

总之,乡村共同体的解体,是一个现代性事件,它将人从集体意识中唤醒,是人对自我的表达,对自我实现的诉求,但在追求自由的同时,由于没有公共道德的约束,又缺乏公共生活的交往,形不成现代意义上的公民社群组织,相反却又回到前现代的因血缘、学缘、地缘等构成的小圈子中去,产生了反现代性的"现代性"伦理道德现象。

二、孤独与矛盾:乡村教师的道德现代性

道德是一个人日常生活与交往的信仰,而在破碎的乡村共同体下,乡村教师面临着道德的孤独感和内心道德体验的紧张感和矛盾感。求一心安,是中国传统知识分子的一生鹄的,内与外的矛盾就以内方外圆的方式表达出来,面对这种孤独与矛盾,乡村教师或自我安慰,或移情别处,或幻想自足,都让不安的心在温情中暂时安顿下来。

如王校长一般的乡村教师,居于乡村,在乡土过活不可能不与乡民打交道,面对修养相对较低的乡民,往往会发出"不可理喻"的感叹。

---

① 许纪霖. 政治自由主义,还是整全性自由主义?——关于当代中国知识和文化领导权的思考[J]. 思想, 2007 (7).

> 我不愿意和这些没文化、没修养的人接触。你说和他拉么呢,你真正和他们拉种地,他们又拉不上么来,你说拉国家大事,他们对国家大事也一无所知,你再拉过日子这个事,他们过日子的品位就不太行了。(王德玉,20160115,王德玉家)

乡村教师自视为有文化、有修养的人,对自己及家人的要求也比较高,和善、低调、温良恭俭让往往是乡村教师与人交往的原则,"不失了读书人的样子"往往是他们的自我行为准则,乡村教师的这些优良品德,给乡村竖起了一面道德的大旗。

> 社会上有些人就把教师当个榜样,说"你看看人家家庭,为什么这么好,人家老师有文化、有修养,哪像咱大老粗一个,你如果好好上学,考上个大学,将来当个老师,你也能和人家这样似的"。(王宁宁,20160115,王宁宁家)

但正如俗语所言"人善被人欺,马善被人骑",在面对某些乡民的恶俗德行时,乡村教师往往会吃亏。上章所论及的王怀山与泥瓦匠妻子的矛盾,就是很好的例子。所以,乡村教师的朋友圈往往局限于本行业或者有些见识与文化的乡民。在前两节所论述的乡村教师的道德力量的流变以及在礼俗冲突中的矛盾,都共同表达了一种道德意义上的孤独感。

乡村教师的道德困境还体现在矛盾性上,可以说,乡村教师在一种相互冲突的价值和信仰体系中生活。公与私、耕与读、传统礼俗的坚守与不合等,共同造成乡村教师心理的焦躁不安,也造成了乡民对乡村教师道德评价的两面性。但不论是好还是不满,都是基于物质的,羡慕老师的生活是基于物质,对教师职业道德的不满也是由于教师对物质的追求。乡村教师在村庄舆论、文化资本、面子机制上逐渐衰落,这些道德困境带来心理的焦躁不安。

乡村教师道德的矛盾性除了体现在个人与乡村关系外,还体现在个人与国家层面。国家对乡村教师道德生活的干预,是一种威权式国家的行为模式,某些国家道德教育活动的象征性意义大于实质性作用,但乡村教师的道德美化并不能消解个人对私人目标追求的渴求，对建立公共生活的渴望①，当个人的命运与集体的命运捆绑在一起，德性就被披上了一层灰蒙蒙的防护罩，从内挡住了奔放的自我，从外挡住了与周边人互动成长的可能。②

其实，这种孤独与矛盾恰恰反映了前现代道德观与现代道德观的冲突。前现代社会，伦理道德的开展并不是一个公开且充分利用理性的过程，它借着风俗习惯、传说禁忌，甚至民间巫术而实现其自身（在第二章所写的王庄传说带来的村庄道德约束，就是一个很好的例子），它是非反思性的，其存在的基本方式是信念的、直观的和情感的。当社会进入现代社会，特别是王庄在20世纪90年代以来，资本的力量几乎将全部人吸附进来，进入其独有的运行逻辑，人们之间以血缘、地缘等因素而交往的方式让位于理性算计的利益联结，一个充分利用理性且不断追问规则之合理性的领域形成了，这也是现代道德发展的领域所在。

这种孤独与矛盾让乡村教师的道德体验变得虚无，更在自我解释上变得模糊不清。自我解释是为自己的行为恰当性寻求相一致的价值适当的问题，道德知识、道德情感、道德行为的一致可以让一个人在道德上寻求到一致性的和谐、愉悦。乡村教师自视为读书人，却不能秉持读书人的道德情怀，身处乡间又游离乡间，加之道德水平的差距，乡村教师不得不委曲求全，甚至必须忍气吞声，才不会惹上更多麻烦（乡村教师的体制身份也让其怯于与一些道德水平较低的乡民互撕，一方面有失体统，一方面可能会给自己的工作带来麻烦，王怀山的隐忍即是出于此）。甚至，有时候知情意行之间是矛盾的。面对这种矛盾，有人选择改变自己的行为，也有一些人会变得与乡民无异，更多人用忙碌的工作消解、忘记这种矛盾和不安。此心安处是故乡，没有了心安的家称不上是家，没有了心安的故乡称不上是故乡，乡村教师生活

---

① 不可忽视的现实是，包括乡村教师在内的每一个乡民正在从原有的社会联系中脱嵌，不断扩大自己的私人空间和私人自由的同时，人们的公共意识也在增强，公共性需求正在凝聚，新的乡村社会关联正在形成，出现了向现代社区不断演进的趋势。

② 这种互动成长不是再次回到自己的私人小圈子，而是基于公共议题而产生的共同体，进而与民族—国家共同体的融合。乡村教师与社区的脱离，应该是历史的必然，那种希望乡村教师重回乡村，扮演公共知识分子身份的做法，论者并不赞同。见李长吉. 农村教师：改造乡村生活的灵魂——兼论农村教师的知识分子身份［J］. 教师教育研究，2011（1）；唐松林，丁璐. 论乡村教师作为乡村知识分子身份的式微［J］. 湖南师范大学教育科学学报，2013（01）.

于乡村，却如同外出务工的农民一般，成了失去故乡的人。什么时候道德从一种约束性的力量转变为建设性的力量的时候，乡村教师道德现代性的意蕴才开始萌发，乡村教师才能重归"故乡"。

第五章
私人生活

很难说本章要分析的乡村教师的私人生活中的家庭（包括婚姻、家庭伦理、家庭空间等）、信仰、意义是纯粹私人性的，因为私人生活断不可以与公共周遭相脱离。但为了分析方便，只能贸然将这一部分单独成章，以更好地反映乡村教师的日常生活。

私人生活是乡村教师最本真的样态，却常常居于我们的教育研究之外，这既有琐碎庸常的私人生活难以把握、难以分析的客观原因，也有我们教育研究者居高临下的学者傲娇的主观因素：我们往往不愿或不敢放下身份，回归到一个朴素的人，走进每位教师讲台之下、学校之外的私人世界，甚至感受每位教师的私人情感、私人信仰。而这些完全私人的有些隐秘的东西，却通常是我们每一个人最柔软的地方，这个最柔软的地方，支撑起了每个人外在的言行举止、为人处世等最坚硬的属"我"的外壳。

本章中，笔者通过与王庄几位乡村教师的密切交往，而获得了进入个人私人世界的可能。研究中，笔者通过笔谈、面谈、行为观察、作品分析，甚至直观感受的手段，从个体信仰、个体之间的交往、家庭之内亲情等三个并不能涵盖所有私人生活的方面展开论述，仍然以乡村教师与乡土社会、与国家的关系为思考主线，以乡村教师现代性问题（并非现代性转型）为理论思考点，去看乡村教师如何在家长里短中构建自己的日常生活意义。

第一节 家庭

一、感情：跟着咱也不容易

家，是私人生活的空间场域和情感归属地，家的功能在乡土中国却扮演着"事业社群"功能性的作用，费孝通曾描述道：

在我们的乡土社会中，家的性质在这方面有着显著的差别。我们的家即是个绵续性的事业社群，它的主轴是在父子之间，在婆媳之间，是纵的，不是横的。夫妇成了配轴。配轴虽则和主轴一样并不是临时性的，但是这两轴却都被事业的需要而排斥了普通的感情。我所谓普通的感情是和纪律相对照的。一切事业都不能脱离效率的考虑。求效率就得讲纪律，纪律排斥私情的宽容。在中国的家庭里有家法，在夫妇间得相敬，女子有着三从四德的标准，亲子间讲究负责和服从。这些都是事业社群里的特色。①

这个论断用于描述传统的农业社会应该是有些说服力的，在讲求人心秩序的传统社会，家庭也成了维系统治的组织层次，但这一论断也忽视了人情感的复杂性，乡土社会下的人的情感需求并不比城市人更匮乏，单单从文字（如相敬如宾等）上去想象家人之间的交往，看不到即便是村夫村妇之间也有着对爱情、对温暖、对亲密的美好期待，将家的秩序归结为纵向的效率为先的事业组织，显然只是观察家的一条维度而已，甚至这一维度在资源缺乏的农业社会也并不具有普遍的代表意义。

爱，私人情感，永远是家的内涵，也是维系家庭秩序的根本所在，只是表达的方式不同罢了。阎云翔也同样看到：家庭生活中，情感的重要性日益增加，家庭正在从一种上下有序的社会组织向个人情感生活的私人领地过渡，家庭的维系更依赖于成员之间的情感联系。②

爱，也是王庄乡村教师家庭的秩序所在。特别是对王庄的这些中老年乡村教师而言，当时乡村教师的社会地位和经济收入并不高，一般都是通过介绍人认识，两者只要觉得差不多能相配，基本都能介绍成功。村里人相中的往往是乡村教师有文化、思想开化、善良勤奋；而对乡村教师而言，能够在结婚的年龄遇到合适的伴侣，当然也是非常幸运的事情。居住在王庄村里的乡村教师共有15位，通过与教师以及附近乡民的访谈，笔者绘制出了王庄乡村教师婚姻大致情况的表格。王庄乡村教师基本都能在24—28岁之间结婚，

---

① 费孝通. 乡土中国 生育制度 乡土重建 [M]. 北京：商务印书馆，2011：44.
② 阎云翔. 私人生活的变革：一个中国村庄里的爱情、家庭与亲密关系 1949—1999 [M]. 上海：上海书店出版社，2006：99-124.

多数为经人介绍，中老年教师的配偶绝大多数为本村或邻村人，而且男教师的配偶多数为小学文化水平，相对本村农民而言子女工作情况较好。

表 5.1　王庄乡村教师婚姻大致情况

序号	姓名	性别	年龄	学校	配偶情况	如何认识	子女情况
1	王成炜	男	86	退休	杨桂珍（务农，文盲）	介绍	三子三女。三子均不幸，长子2014年腿骨长瘤被截肢；二子先天性心脏病，一生未婚，2010年英年早逝，年仅32岁；三子1984年接班做老师，2001年不惑之年患中风，不能上班
2	王德钜	男	77	退休	李光芹（务农，文盲）	介绍	三子
3	王德亮	男	75	退休	赵桂莲，初小	介绍	一子二女，重视子女教育。二女成为公职人员，其子参军复员后，安排至镇食品站工作
4	王成良	男	73	退休	姚秀兰，初小	介绍	一子三女，都农转非，个个工作有着落
5	王成增	男	76	退休	张秀兰，高中	介绍	二子二女。教子有方，两个大学生，两个中专。三人在事业单位上班，一人在国企上班，一家六人，三人为教师
6	张桂兰	女	74	退休	刘贵明，初小	介绍	一子一女
7	王德玉	男	62	退休	田秀荣，初小	介绍	一子一女，儿子在13岁因病夭折
8	王德芝	女	56	退休	王德民，高中	介绍	一子

续表

序号	姓名	性别	年龄	学校	配偶情况	如何认识	子女情况
9	王岱珍	女	63	退休	王玉国，高中	介绍	一子
10	王德栋	男	55	东牛小学	杨爱美，初中	介绍	一子一女
11	张宝合	男	58	东牛小学	王翠凤，初中	介绍	一子一女
12	王守贤	男	44	满庄一中	王丽华，中专	介绍	一女
13	王朝阳	男	42	满庄一中	于美雪，中专	恋爱	一子

婚姻，对大多数乡村教师而言，如同一项必须完成的任务，而且是比较迫切的任务，因为一个人的适婚年龄是有限的。教师的身份并没有带给他们特别的优越条件，但教师职业带给人文雅、忠厚的印象。教师的工资虽然不高，但相对比较稳定，符合村里人对生活的向往，村里的教师并不难找对象（除非家境非常差）。但由于身处农村，接触的人无非在十里八乡的范围之内，配偶选择的范围也就局限在这个熟人能达及的范围之内。乡村，为乡村教师的一生画了一个圈，不能跳出这个圈，可能不是因为能力，而是因为地缘。这其中不乏对婚姻对象并不满意的人，村里的教师王守贤用现代的词来说的话，是比较文艺范儿，他瘦瘦弱弱，说话的尾音与村里的人有着明显的不同，有些江浙味的柔软，但他并没有长期旅居外地，一种想改变自己的愿望都划归到舌头上，表达着对美好生活的向往。他父亲早逝，经人介绍，与邻村的王丽华结为夫妻，王守贤刚结婚时，对对象不冷不热，用他自己的话来说，就是"觉得结婚没意思，就是完成了一个都需要完成的工作"，但一次意外后（在农村收割麦子后，要用打麦机将麦穗粉碎，需要人工将麦捆推到打麦机里，机器转动而带来的吸力往往会将人的手卷入，这也是王守贤左手一根手指被卷入的原因），略显残疾的身躯，反而让他更能接受自己的农村媳妇，也可能是手术过程中妻子的照顾，两个人的感情在这场灾难中变得浓厚起来。但他说话的尾音还是没有变，论者在面对他时，虽然瘦弱但英朗的身躯表明

125

他已经完完全全是个农村人,他头上略有白发,对自己媳妇表达着满意——

> 虽然孩儿她娘没多少文化,可是给我添了个女儿,我就是一个普普通通的老师,也没有什么权势地位,说实在里,咱还奢望么啊,一辈子平平安安呗。

王丽华生子前怀孕并不顺利,经常小产,在终于生育女儿之后,王守贤发现她精神偶尔会不太正常,自言自语,夜里会跑出去。好在经过治疗,现在病情基本稳定,王守贤安安静静地守着这个家,他将所有生活的希望都寄予女儿,希望女儿能够有出息,走出农村。家对王守贤来说,就是有妻子有孩子,平安、平凡,有所遗憾也有所期待。维系这个家的,依然是一条爱的红线。

虽然经介绍而实现的婚姻很难用"爱情"来描述,但与一般乡民相比,乡村教师的婚姻关系更融洽,少有动手或谩骂的情况出现。乡村教师相对来讲,情感更加细腻,对生活品质的追求也较高,夫妻之间是相互影响的,乡村教师的这种知识人的气质,在潜移默化中慢慢变成了夫妻间共同的生活样态,特别是随着年龄的增长,教师与伴侣之间的关系更加亲密。王校长代表着乡村教师的宽厚和通情理,也正是这种品质,让乡村教师在日益被边缘化的村庄里得到一种心理的温柔安抚。乡村教师家庭给了乡村教师朴实的爱,它有别于一般的农村家庭,显得厚实而久远。每次出门,王校长的夫人田秀荣都不会忘记嘱咐他,路上注意安全,饭桌上少喝酒。家庭矛盾往往并不来自两个人之间的关系,而是来自外部的亲族关系处理上,多由金钱和面子引起。

> 我们两个人的直接矛盾不大多,主要就是对她的兄弟姐妹和我的兄弟姐妹的关系上,如走亲戚拿的东西多少或者上人情随的多少,这里边往往就发生矛盾。因为我们这边条件呢,相对来说比她那边条件好,往往我有事的时候,我这边这些姐妹,像我弟弟,拿出来的钱就比她那边多点。咱不说是人情债、人情债嘛,咱也得看着人家这个的。她那些姐妹是干么呢,她那边有事的时候呢,咱是按公事来办,咱要是有事的时候呢,他们一般花得就比较少,我肯定对这个事也得说道说道啊,所以

这时候她就有点不太高兴。但是反过来说，她这些姐妹都是本村的，比较熟了，我这些姐妹呢，都是外村的，来了之后都比较敬意似的，她就说了，"俺这些姐妹来了以后你怎么拿着俺这些姐妹不如你那些姐妹重要呢？"（王德玉，20160928，王德玉家）

面对矛盾，两人并不会说粗话甚至动手，而是坐下来慢慢谈。

她有时候声音大了，我也不和她声音大，咱考虑人家跟着咱也是很不容易啊！她就是稍微认识几个字，看问题上看得比较近点，咱呢，有些事上就看得比较远点，有些事呢我是能过去就过去，她呢就是一是一、二是二，人家怎么着咱得怎么着，有点板上钉钉那个样子。（王德玉，20160928，王德玉家）

这种文化的差异，被日益增长的情感包容，随着经济水平的提高，教师的日子也相对容易，因金钱引发的矛盾也逐渐减少，家庭的幸福感更强烈，这可能被怀疑为一种经济决定论，但在笔者的直观感受中，正是经济水平的提高，才给每个乡村教师的家庭带来了更多的幸福感，乡村教师经济水平的提高也让乡村教师更加自信，更加豁达、包容。这在王校长那里也有实实在在的感受。

现在条件好了，在兄弟姐妹当中、亲戚当中，多花个百儿八十的，不在乎了。咱出去办事去，人家对咱没有这个害怕的感觉，这个害怕就是咱当时有个急需的事，和人家拿个一两千块钱，人家不会说："他什么时候还咱这个钱啊？他有没有还这个钱的能力啊？"人家没这个感觉。（王德玉，20160929，王德玉家）

但并不是所有的乡村教师都这般融洽恩爱，王庄乡村教师群体中的女教师王德芝的家庭就是不幸的。王德芝与丈夫是同村，又是同学，丈夫王德民是接班的钢铁厂工人，两人长期分居，加之王德芝个性要强，心胸又并不豁达，邻里和家庭关系都不和睦，婚姻名存实亡。王德芝几乎将全部的精力投入工作中，获得了事业上的成功，却并不被同事和邻里看好。她甚至因为专心工作延误了腿病的治疗，不幸留下瘸腿的终身遗憾，但乡里人并不同情她，表示这个人太势利、太要强，才落到今天这个地步。对此，"要我早就离婚了，这日子过得什么意思"，一位年轻老师评价道。

但离婚在中老年乡村教师的眼里是难以接受的，现代社会的个性自由也深刻改变了村庄的道德风尚，王庄乡风较好，但随着经济发展，夫妻离婚现象增多，多为一方出轨导致。王庄曾出现男方外出打工，女方出轨男方侄子辈的情况，并转移家产，最终离婚后与侄子辈小伙子结婚的乡村新闻。中老年人一般持否定甚至气愤的态度，而年轻人则表示可以理解。年轻人追求自身自由、爱情，与上一辈的道德观差异较大，道德的虚无主义盛行。这对乡村教师来讲，无疑是一种价值观念的极大冲击。

> 我不理解也不否定现在小年轻的做法，但是咱作为老师，得像个老师样，人家村里人不都说嘛，"你还是个老师来？"不过现在年轻老师可不这么想了，"老师也是人啊，老师怎么了？"（王朝阳，20160928，王朝阳家）

二、伦理：绝枝不绝长

王校长与大娘的孝道、王校长女儿的孝道故事可以作为一个长长的注脚，来阐释孝道从传统到现代的转型，以及相应带来的人的家庭生活的变化。

> 我大伯成了家以后一直没生孩子，那时候农村的传统是绝枝不绝长。你虽然不是家里的长子，（但）你自己生了孩子得给这个长子去养。我觉得咱中国受这种传统观念的影响是很浓很强的。正是由于受这种思想的影响，当时我们是个很大的家族，我爷爷他们兄弟四个，我爷爷是老二，他们爷爷辈的就商议，我父亲以后还能生，就把我送给大伯吧。我是家里的老大，又加上我母亲那时候生活困难，她长期有胃病，说疼（就）疼得了不得，也不能好好照顾我。鉴于这两方面，一个是传统观念的影响，这是决定性的因素，这在家族当中实际上就是强行干预，当爸当妈的是真不愿意，但迫于家族强悍的势力，没办法。这是六二年的春天，我奶奶去世了，把我奶奶丧事办完了之后，就借着这个事，家族各个分支的人物聚到一起，把这事就定了。从那以后，我九岁了，才跟的大伯

和大妈。

这样咱跟了人家,以后吃喝拉撒他们就照顾起来了,长了以后,一个是受家庭的传统教育,又加上咱也学文化、有知识,咱懂得感恩啊!他们虽然不如亲生父母,但他们对咱也有一定的付出,所以咱对他们就和自己的亲生父母没什么两样。并且因为这个事,我和你婶子结了婚以后,在八三年的时候还被评为五好家庭呢,你婶子结了婚跟着我,也是委曲求全地没有办法,为了维护这个家庭,总的来说这个关系还算是行,没有闹到和别的家庭似的不可开交的地步。能尽到什么心就尽到什么心,能尽什么样的孝道就尽什么样的孝道。

这边两位老人都是我打发他们入土为安的。大妈是前段时间送走的,临走前脸色都好好的,她是小脑萎缩,就是说是老死的,所以人家说:你看人家王德玉对她(伯母)好不好啊,狗吃麸子带面哩(含义:你说狗吃的是麸子,可事实吃的是面,你看,面都在嘴上呢。此俗语一是表达此人对人实际上很好,二也是一种暗示,表达有"面"子,做事挺出彩),都是八十多快九十的人,你看那个脸上。(王德玉,20160925,岱溪书院茶室)

王校长的家族对"不孝有三,无后为大"的孝道理解,让王校长自小与亲生父母分离,去孝敬家族中的大伯大娘,王校长及妻子一生恪守孝道,尽到做子女的责任,并赢得了乡里社会的认可和称赞。可见,传统的父爱母爱是基于礼制伦常的,"哀哀父母,生我劬劳""慈母手中线,游子身上衣"的古典咏叹,是一种恩典式的父爱、母爱,按照费孝通的观点,这也是一种事业型的家庭关系的表现。前现代的孝,是维持社会稳定、维护公序良俗的根本之一,两代人的关系是基于身份的义务与服从,"孝顺"这一词也表达了同样的意思。

当下,孝道的含义已经发生了变化,孝不再是一种基于责任的行为,而是成为一个充满温暖和人性的个人精神归宿,甚至成为一种本体意义上的精神体会:个人感受到在世的孤独,父母(特别是母亲)是个人与世界的一种连接。王庄乡民孝道确有沦落的现象,但对乡村教师家庭而言,一般并不存在,这应该是因为教师自身经济条件较好,有固定收入,在经济上不会拖累子女,甚至会给子女提供经济援助,毕竟多数家庭矛盾都是因财而生。但教师家庭，也同样存在个人自由不断增加，却不履行子女责任的现象，许多教师不再从责任上去苛责子女，相反更多是一种谅解和同情。

> 有时候你婶子会埋怨俺闺女，说这么长时间不给她打电话，我就安慰她说：你看看，人家也是不大不小四口人呢，咱得体谅体谅她，有时忙，有时不忙了，可能空闲时间也不大，还想自己一个人安静安静呢。咱闺女又不是不孝顺，在咱面前还不是一口一个爹、一口一个娘的吗？（王德玉，20160829，王德玉家）

孝道的现代转型不得不说是与经济的发展相关，但国家的现代意识宣传也发挥了重大作用。人人平等、追求个性自由的现代思想，被教科书和现代传媒扩大，变成每个人向往的精神乐土，但往往个性有余而责任不足，走向了反现代的现代性孝道理解。

三、空间布局：谁当家也不容易啊

家庭空间是一个人内心精神世界的反映。庭院室内的安排布局、装饰摆设等共同表征着一个家庭的整体氛围与气质。笔者在王庄走访调查过程中，发现了教师的家庭空间与大部分乡民家庭的庭院有以下不同。

一是门前及庭院多种植花卉。王校长家门口种植了两大朵鸡冠花，问其原因，说：一是红色显得喜庆；二是有句话说，"宁为鸡头，不为凤尾"，养此花，也有激励和安慰自己的意思。

二是厨房多单独设置，假如条件不太具备，也宁愿将厨房放在廊道，而不放在客厅。一般旧式家庭厨房不单独设置，造成油烟污染，王校长说，有时油烟味会熏到衣服上，"整天跟学生打交道，咱总不能让学生整天闻这个味吧"。

三是书房的设置。书房不一定是一个单独的房间，但一般都会安排一张书桌、一盏台灯。这一方面是工作需要，下班后可能会批改作业、试卷，书桌当然是必需的；另一方面也是一种身份的象征，"做老师的，家里没几本书，人家不笑话吗？"还有的教师养成记日记的习惯，每天将自己的所做所想记录下来，甚至还包括每天的花销、收入等经济来往、人情联络等，王校长从工作至今积累的日记达几十本之多，退休后继续保持着记日记的习惯，这也当然需要一张书桌。

四是厕所比较干净、讲究。现代民居有单独的厕所，但20世纪八九十年代的民居厕所往往与猪圈、羊圈等放置在一起，乡村教师的厕所一般都相对干净，在王校长家的厕所里，笔者看到用水泥砌成的蹲位，蹲位上面盖着一个自制的带把手的木板，甚至旁边还有一个废弃不用的浴缸。

五是农具、家具、闲杂物品摆放较为整齐。农村家里的镰头、锄头、铁锹等小件物品往往会乱放置，而王校长家里有一间特别设置的农具和粮食储藏室，室内较整齐地摆放这些农具与晾晒干净的粮食。

乡村教师与一般乡民在家庭空间布置上最为明显的一点不同，表现在堂屋（客厅）的布置上。王校长家的堂屋（客厅）居中的是一幅参加区教委中层干部培训班的照片，摄于1999年春天。王校长将照片洗印出来，并用相框装裱，表现了对这个荣誉的重视。在其他教师家里，也常能发现将纸质的荣誉证书张贴在墙上（但奇怪的是，往往不会张贴教委或学校颁发的诸如教学能手或者优质课一等奖等荣誉证书，而多是张贴镇政府颁发的，如优秀教师、政府嘉奖、功勋教师等），甚至将单位组织的高规格的旅游照片及纪念品摆在显眼的位置的情况。乡村教师退休后，如果曾经担任过领导，教委也会派人赠送一幅风景画的牌匾给该教师，上书：敬赠某某某老师 某某教办 某年某月某日。该教师也会很荣幸地将该牌匾悬挂在堂屋最显眼的位置。

有人理解为这是一种自我炫耀，炫耀自己获得了别人所不能获得的成绩，或者自己参加过别人没有参加过的活动，但这与农村中"人怕出名猪怕肥"的低调相违背，何况是有知识、有文化的乡村教师，更不应该如此行事，所以这种解释并不能很好地理解这个现象。在乡村世界，与国家政权的距离是乡村教师与乡民最好的区隔标志，通过与国家政权层面权威的接触、认可，而获得了一种自我的赋权，自己的身份和地位也会因与权力部门沾边而变得更加与众不同，值得被人信任和尊敬：越是成功，离中心权力越近，离国家越近。

许多乡村教师家的墙上还挂着中国地图和世界地图，这与一般乡民的家庭装饰也是明显不同的，除去一般乡民看不懂而不可能悬挂外，王德栋老师的一番话也非常强烈地表达了一种对国家的认同感。

我这个地图挂了好几年了，平常新闻里拉哪里哪里出什么事儿来，咱就常自己找找看看这个地方在哪里，自己心里明白，也觉得咱国家太大了，谁当家也不容易啊。（王德栋，20150909，王德栋家）

乡村教师相较于关注新闻的乡民，更加重视国家时政新闻，而乡民则更多关注国际新闻、地方新闻，这是在笔者访谈中发现的很有趣的现象。这种区隔其实也并不难解释，因为国家发展、知识分子政策与乡村教师的生活息息相关，当下尤其是退休政策、乡村教师补助提升等新闻，引发了教师的热议。

乡村教师处于国家政权系统的末梢，家国情怀不只体现在了教师的工作中（如前章所述），而且隐藏在教师的私人生活中，变成乡村教师做人做事的耳语者，时刻告诫自己是国家的一分子，是知识人。但这种联结，又是一种复杂诡异的联结，乡村教师既关注国家事务，又对身边的村庄政治缄默不语，认为评论村庄事务不是乡村教师应该做的事情。国家在乡村教师私人生活中扮演的吊诡角色，在第三节将展开具体阐述。

第二节　信仰与意义

一、消散的村庄信仰：谁还有那份心啊

赫舍尔说，"人的存在从来就不是纯粹的存在，它总是牵扯到意义……人甚至在尚未认识到意义之前就同意义有牵连。他可能创造意义，也可能破坏意义，但他不能脱离意义而生存。人的存在要么获得意义，要么叛离意义。对意义的关注，即全部创造性活动的目的，不是自我输入的；它是人的存在的必然性"[1]。信仰是人追求崇高而对现实的一种超越性精神追求，它本质上就是人追求意义的一种形上方式，具体到行下的乡村日常生活，它表现在神灵崇拜、风水占卜、生命礼仪甚至节日庆典中。民间信仰为"民间宗教"，民间宗教"流行在中国一般民众尤其是农民中间的神、祖先、鬼的信仰，庙祭、年度祭祀和生命周期仪式，血缘性的家族和地域性庙宇的仪式组织，世界观

---

[1] 赫舍尔. 人是谁 [M]. 隗仁莲，译. 贵阳：贵州人民出版社，1994：47.

和宇宙观下的象征体系"①中。在"实用理性"作为中国儒家文化主流的背景下,乡村的信仰着眼于现实功利性的需求,正如有学者所言,中国的"民间宗教,总合其各种各样的形式,其目标便是对准了现世的幸福。所有这一切,我们尽可以斥之为民智未开。然而我们必须睁开眼睛看到一个事实,即在宗教之上,中国百姓的眼光是注视着土地的"②。

在王庄,村民腊月二十三送灶神,除夕守岁、燃放爆竹,初一祭祖宗,逐家逐户磕头拜年,初二下午送祖宗,正月初五祭财神,正月十五闹元宵等岁祭活动,共同表达着村庄对祖先、对神灵的真诚崇拜。

这些活动滋养着乡村人的精神生活,对乡村教师了解民俗、形成最初的敬畏感有着潜移默化的影响,从根本上来说,这些民间信仰活动让乡村教师的乡土情结最终形成,乡村的共同体认知也逐渐完善。

这些民间信仰活动在"文革"期间遭到毁灭性的破坏,在后续的高歌猛进的现代化过程中,许多仪式被忘记,被形式化,甚至简化直至消失。

> 以前俺庄里的大年初二下午,那是人山人海,热闹得很,一家一户的,都仔仔细细地打好火纸、带上祭品,都凑在村东头的空地里,把所有的火纸和祭品都放到一起,有年纪的念叨念叨,给列祖列宗饮马(将酒水洒在地上),然后所有老少爷们齐刷刷地在号令下跪下,给列祖列宗磕三个头,地上有水有泥巴你也得跪下,然后就开始放鞭炮了,特别热闹。可看看现在呢,谁还有那份心啊。(王成炜,20151004,王成炜家)

现在王庄的春节变得不再热闹,磕头等传统仪式虽然没有消失,但年轻一代越来越对此冷漠,甚至被局限在本家人之内。村中共同的送祖仪式也消失了,原因是越来越多人不遵守约定的时间,而且有一年两家人因为放鞭炮杆子的位置问题大打出手,后来越来越多的人不再参加,就只是在自家庭院外燃放鞭炮,送走自家的祖宗了。村庄逐渐分裂,人与人之间同宗同族的意识愈来愈淡,小宗族的意识越来越明显。

当下信仰不只是缺乏了形式上的渲染,除此之外,也沾染了新的时代

---

① 王铭铭. 社会人类学与中国研究[M]. 桂林:广西师范大学出版社,2005:139.
② 陈荣捷. 现代中国的宗教趋势[M]. 台湾:文殊出版社,1965:220.

色彩。

王庄所在的M镇北属于天主教的地盘，而镇南属于耶稣教，王庄目前有五名中老年妇女信仰天主教，每到周日便去邻村一家姓刘的家里去做礼拜。这些信仰者多数家庭条件不好，身体有病，希望通过对神的虔诚信仰，把福降临到信仰者身上，信仰对他们来说，并没有进入他们的本体世界，却往往被"本能"地功利化为世俗日用，乡民在村庄信仰日趋散淡的时候，通过一种与神的交际，再次表达着对现世苦痛的摆脱和来生的美好期待。

在这一多元化的信仰中，王庄乡村教师并没有被裹挟到宗教信仰中，但是当下社会原有的价值体系崩塌，新的价值体系没有重建，乡村教师也面临信仰困境与信仰危机。

二、信仰困境与危机：家里有病人，不得不信神

信仰危机并不是中国当下独有的问题，在现代性"祛魅"下，"一切坚固的东西都烟消云散了"（马克思语），启蒙让人的理性得以彰显，原有的价值体系被重估，中西方都出现了前所未有的信仰危机。哈贝马斯（Habermas）曾把现代性的问题视为在宗教衰落之后寻找新的归宿和替代物的问题，他认为，现代性将自身标榜为用理性宗教代替实际宗教，通过工具化的反思和理性肢解式的分析，人的生活领域从一个原本统一封闭的整体中分化成为各个相对独立的不同领域，从而使得现实生活失去了原本应该有的整体性和统一性，造成了心灵的分裂。[1] 托夫勒（Toffler）也在《第三次浪潮》中形象地写道：

> 从来没有那么多国家里的那么多的人民，甚至是受过教育的和老于世故的人，感到精神上如此空虚与沉沦，好像生活在混乱和咆哮的思想大漩涡之中。相互冲突和矛盾的观点，震撼着每个人的精神世界。每天都有新的时尚，新的科学发明，新的宗教运动，或宣言这类东西出现。[2]

王庄乡村教师在信仰体系崩塌的村庄，同样面临信仰的危机，从意识形态的狂热到消散，知识人更容易被说服，被裹挟其中。在意识形态狂热消失

---

① 艾四林. 哈贝马斯 [M]. 长沙：湖南教育出版社，1999：221.
② 阿尔温·托夫勒. 第三次浪潮 [M]. 朱志焱，译. 北京：新华出版社，1996：319.

之后，更多乡民将金钱视为信仰，产生所谓"拜金主义"，个别教师也沾染其中，曾经的民办教师刘涛的故事就是非常好的说明：

> 俺村里刘涛老师，他当过我老师。我们毕了业后好几年，听说这个老师办了停薪留职，干起了融资，好家伙规模大得很啊，开着好几辆豪车，气派极了，他没少胡败坏了钱，结果就把自己送进监狱了，他还不上钱，带着一个亿跑了，还能跑到哪里去啊，很快就被逮住了。（村民王德柱，20151011，村委）

但大多数老师还是坚守本职，但人是需要有精神寄托的，当笔者询问教师们的信仰问题时，却共同表达着对国家的崇敬。

> 教师群体的信仰，还是与国家的命运相连，虽然还存在一些不公、不合理，（但）从整体上来说，以他们的经济收入来说，国家给他们的工资待遇来说，他们还算是知足的，还是相信国家的，还是对国家的一些大政方针关心的，这一切都是党给的，所以在大是大非面前，还是相信组织的。（张宝合，20161008，村小）

"组织"是王庄老年乡村教师表达崇敬的词，而较为年轻一些的老师则用"单位"这个词。

> "单位"有一种像自己家的感觉，一提起单位来就觉得和自己的距离特别近，感觉特别亲切。你像和别人进行交流的时候就用到"我单位某某某，我单位如何如何"。（王宁宁，20161008，镇一中）

所以，当支撑乡村教师精神世界的意识形态狂热和个人崇拜消散后，国家又以另一副面孔吸引了乡村教师，这副面孔温良慈善，包容着教师所有的温柔倾诉，单位依恋所代表的工作操持，变成了乡村教师的意义世界。乡村教师被日常重复的工作充满，貌似充满意义，但用有用代替了意义。这种信仰很难说是严格意义上的信仰，但不可回避的是，这种信仰同样是非理性的，是基于传统关系本位的组织依赖。从这个意义上来说，乡村教师的文化心理，就是宗法社会的翻版而已，从个人是狭隘人群附属物的观念演化出个人是"组织上"的附属物的观念。

除上述信仰的危机之外，乡村教师的信仰还是杂糅混同的。教师知识论中的无神论让教师不会如乡民一般相信中国化的基督教，但面对不同情境，乡村教师可能会选择与各种信仰妥协共处。比如，因为王庄乡村教师配偶多为村庄妇女，家里人有病久治不愈的时候，就常请神婆来看病，教师也会默认，但一般这个提议并不是由教师发起。

乡村教师的无神论遭遇有神论，形成了略显荒谬的折中主义：什么有用就信什么，不管哪个对、哪个错。这种信仰模式是易变的，甚至根本不是真正的精神信仰，因为真正的信仰是排斥异己的，另一方面，这种信仰模式又是非常具有儒学气质的，如尤西林所说，构成儒学主流的经世致用、实用理性、中庸之道（包括"中和"之美）统统都是俗世精神。倡人论却不究本体，顺纲常却不抽象思辨，一切向上向外的冲动都温情甜俗地化解掉了。[1] 这使得乡村教师的生活信仰充满了复杂性和自反性，可以说，乡村教师陷入信仰的困境不能自拔，在新旧价值交替中，乡村教师对自身存在的意义和解释自己的存在方式上产生了危机，陷入了困境。

没有了精神关照的人生，就像弗洛姆（Fromm）所言，"也就失去他生活的意义，其结果是，他对自己和对生活的目的感到怀疑""像一个陌生人投入一个无边无际而危险的世界，新的自由带来不安、无权力、怀疑、孤独及焦虑的感觉。如果个人想要成功地发生作用，就必须暖和这种感觉"[2]。在信仰的缺失、危机、困境下，乡村教师显现出了精神力量的不足，王庄近几年兴起的广场舞也被村委的腐败政治给消散了，村里的路灯安了不用、坏了不修，教师的精神生活无处安放，最终导致乡村教师的"自我指涉性"精神生活。

三、自我指涉的精神生活：你要爱你的寂寞

当意义的找寻无法通过外在的神（宗教）或外在精神生活来获取的时候，乡村教师的生命意义的构建只能回归自身。乡村教师的生活并不孤独，但是

---

[1] 尤西林. 阐释并守护世界意义的人[M]//陶东风. 知识分子与社会转型. 开封：河南大学出版社，2004：108.

[2] 弗洛姆. 逃避自由[M]. 刘林海，译. 哈尔滨：北方文艺出版社，1987：36.

<<< 第五章 私人生活

寂寞的,让我们先从一张图片说起。

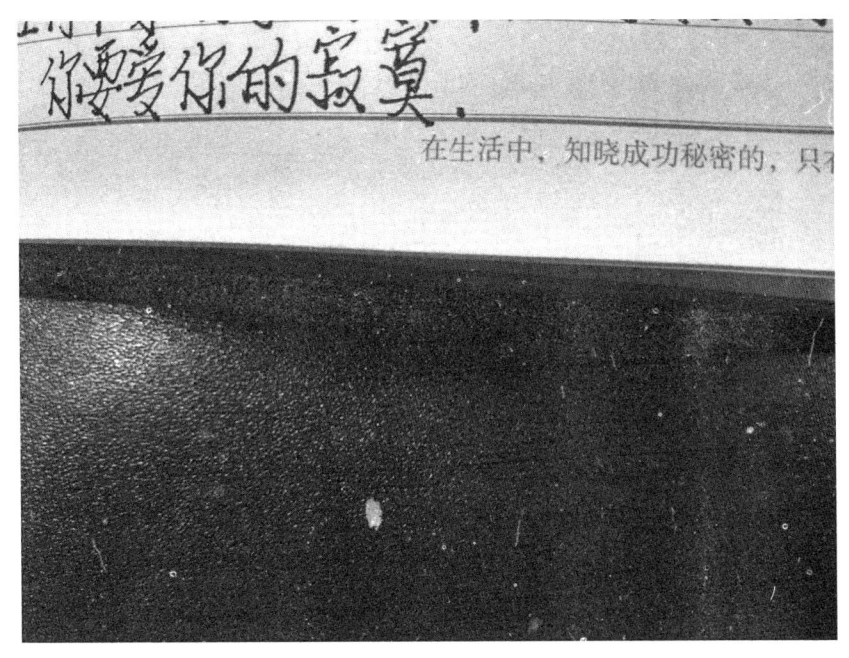

图 5.1 你要爱你的寂寞(王校长日记一角)

这是王校长在工作日记的一个角落里,仔仔细细写下的一句话,不仔细翻找,很可能会被忽略,就如同我们总是希望用一个整体性的话语系统去观看教师,很容易甚至可能去刻意忽略其中某些具有差异性的个例一样。王校长从工作以来,就养成了记日记的习惯,大多数的日记是对日常工作的流水式的记录,比如,下面这张日记即是如此。

每一张日记背后可能是一个个再平常不过的生活片段,但就在这些文字的边边角角,王校长常誊写儒家的一些经典句子,来滋养自己的精神生活,回想起这些句子,王校长用"练练字,也陶冶陶冶自己,别太俗唠"一句话来解释自己为什么经常抄写那些句子。日记既是工作的备忘录,也成了安抚自己的一种生活策略,在一笔一画的抄写中,儒家经典成了一种超越性的精神追求。

日记本中偶有个人情绪情感的记录。比如,描写季节带给人的感受,自己对事情的观感记录等,"你要爱你的寂寞"这句颇有私人情绪表达的句子,反映了当时比较细腻、真实的私人精神世界。笔者是在田野调查几近结束的时候才询问这句话的含义的,因为面对陌生人,很少有人愿意袒露自己的精

137

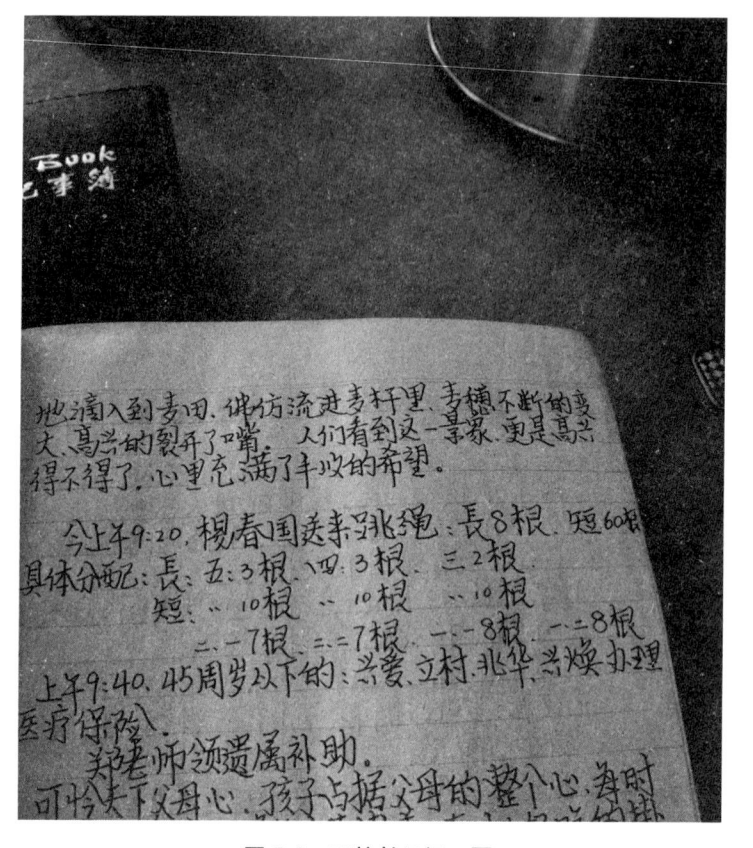

图 5.2　王校长日记一页

神世界，而经过一年多的交往，论者与王校长已经成为忘年交，在一个下午，论者与王校长饭后喝茶期间，他向我说起了这句话：

> 这句话我还是印象很深刻的，我很少在日记里写自己的一些生活感受，毕竟那是工作日记，可自己又没有其他记录的地方。我总是觉得，咱老师不被人理解，你像我当校长那段时间，整天被各种检查弄得团团转，安全啊，师资配备啊，百姓满意学校啊，等等，弄得老师也怨声载道，说这说那。家长呢，还不理解，出点问题就到学校骂人，回到家吧，咱也不能跟你婶子说，她也不太懂这些。我觉得我做人始终坚持一个原则，凭着自己的良心做事，可这个社会，谁还相信有这个东西，连教育上都不问良心。你刚才说到信仰问题，我觉得就是因为整个没有了底线。寂寞，这个词用现在的词儿来说的话，可能有点矫情，可是觉得没有同

路人，实在是有些寂寞。（王德玉，20161020，岱溪书院茶室）

国家、社会、个人在意义与信仰上的复杂关联让乡村教师深感焦灼，悖论式的生活策略是这种心灵失序的接受性选择而已。信仰无求、意义无凭，让乡村教师躲进自己的小世界，或者以日记、看报的方式观照自己的内心，或者以全身投入追求工作的"业绩"而放逐自己的思想，或者以得过且过的心态打发自己的大脑。这何尝又不是一种社会病，人们不再追求超越性的意义，到达上帝的彼岸（西方），或者成为现世的道德圣人（中国），而是去疯狂地追求人在当下世俗社会中获得了多少具有社会象征意义的稀缺资源，正如刘小枫所写的：

> 前现代的人生目标乃是一个恒定的、潜在的生活目的，而非一种"持续不断的刺激"。如今，金钱成了现代人生活最直接的目标，成了"持续不断的刺激"。从前，宗教虔诚、对上帝的渴望才是人的生活中持续的精神状态，如今，对金钱的渴望成了这种持续的精神状态。所以，在西美尔看来，"金钱是我们时代的上帝"的说法绝非比喻。①

儒教衰微，在精神生活更加贫乏的乡村，乡村教师势必面临更多的意义困境与信仰危机。乡村恶俗文化的兴起与道德的失范，儒教失去社会人心的牵制力，人们就容易陷入怅然无归的社会心态。当知识人不再重视精神世界的修炼时，整个乡村就陷入了精神的荒芜。

第三节 被捕的私人生活

一、大喇叭：国家与教师私人生活

在接下来的总结性论述中，我将重点结合王校长一家从1972年至今私人生活的变迁历程，并根据对其他乡村教师的访谈，来分析乡村教师私人生活

---

① 刘小枫. 刺猬的温顺［M］. 上海：上海文艺出版社，2002：52.

变迁中的国家身影。

还为一家人吃饭发愁

王校长1971年高中毕业后，就经人介绍认识了现在的妻子，1972年参加工作时，王庄经济发展落后，许多劳动力外流。教师作为大集体的一分子，只是分工不同，与其他村民一样，共同分享集体劳作的成果，略有区别的就是给乡村教师每月补贴5元钱。由于劳动积极性等问题，村集体年终所分粮食仅满足一家人吃9—10个月，剩余两三个月主要是靠家里喂养牲畜或者出售庭院里种植的杨树、梧桐树等木材来维持生存。

> 我是1975年结了婚，结了婚第二年就有了第一个孩子，加上上边两个老的就已经是五口人了，也是一个多口家庭，所以吃饭问题就重重地压在自己身上，当时的心理就是被吃饭问题压着，就感觉解决家庭吃饭就是一个很大的难题，我觉得那时候过得非常非常艰难，那时候心里想赶多咱（什么时候）能改变这种现状，没个头啊，你光干活，出工不出力，工分分不到粮，作为咱来说，又不能出去打工，又不能干买卖，这一段我觉得在人生经历当中是很煎熬的一段，看不到希望，被贫困、饥饿压得喘不过气来。所以工作起来也时常想这个事。（王德玉，20161015，小饭馆）

这一阶段的教师本质上与农民没有任何差异，只是集体制下分工的不同而已，教师工作的去留都是由大队部决定（这在第三章中乡村教师王成田与村书记王岱星的反抗结果中已有事实证明），教师与其他乡民一样，国家占据了绝大多数的私人生活，将人从温情脉脉的家庭及宗族中"解放"了出来。

越来越敞亮，越过越有信心

这种状态持续到1983年王庄实施家庭联产承包责任制。王校长与妻子吃苦耐劳，基本解决了温饱问题。但民办乡村教师本质上仍然还是农民，并没有获得国家的认定，特别是并没有将其纳入统一的人事关系，1985年，县教育局颁发《民办教师任教证》，乡村教师正式归属教育局管理，与村庄的人事关系彻底分离。之后，王校长工资增加到30多元，基本能保证家庭的日常开销，除此之外，一家人还用自留地增加了家庭收入，在工作上也从教导主任提拔为校长，生活、工作的改变让其感受到生活的热情和希望。

解决了粮食问题，解决了吃饭问题，就把一部分地腾出来，你婶子说种点能变钱的东西，种的是一种甘蓝菜，让它打种子，甘蓝种子那时候市场价格是每斤四元钱，种了二亩地的甘蓝，那一年我记得是打了二百几十斤来，卖了接近一千元，从那以后，这个生活状况就发生了改变，就慢慢地和以前相比变得富裕了，生活就是越来越敞亮了，越来越看到了希望。

再一个，发证之后，民办老师工资发到三十多块钱，对一个小家庭来说，就能解决很多问题了。那时候公办老师才多少钱？公办老师才一百二三十块钱，和公办老师的差距不很大。原来那时候公办老师的工资是三十四块五，一个月补助五块钱，那时候相差的比例是七比一的概念，五个民办老师混的钱才跟上一个公办老师哩。到了这窝（这会儿），就成了三个民办老师。收入逐步提高了，所以他的心理上呢，这个认识啊，就好像是有点小希望，见到了小光明，可工资还是低啊。有个笑话，也是个真事，我有回上满庄开会去，在满庄街上，有个杀猪的个体户，说："馁（你）看馁这些老师们，还跟个事似的，我一天杀馁一个民办教师。我一天杀一头猪就混三十多块钱，馁一个民办老师不是一个月才混三十来块钱吗？"（王德玉，20161015，小饭馆）

在这一阶段，国家逐步退出私人生活，教师逐渐回归家庭生活，家庭成了经济创收的主要单位，家庭成了重要的生产和消费单位，王朝阳教师也描述过在自留地里种植大白菜，下班或放假时与妻子一起推着手推车去市里售卖的经历。经济的相对满足，让生活变得有所希望和追求，但也隐藏着乡村教师与乡民逐渐疏远的政策原因。在非集体化时期，家庭与家庭的交往成为常态，工作性质或特点不同而带来的家庭与家庭之间的差异越来越明显，乡村教师往往是家庭的主要劳动力，所以除去工作，还有繁重的农活，基本没有太多闲暇时间，更谈不上与乡民建立频繁的互利性互助关系。

农村里就这样，我用着你，你用着我，如人家盖房，咱老师哪有空去帮人家。所以不怪人家说咱老师薄情啊。（王德栋，20151007，王德栋家）

身份转变，家庭大转折

1993 年，王校长因工作突出，由民办教师转为正式教师，身份发生了根本改变：一是工作待遇上，从 90 多元工资提升到 300 多元，家庭收入从村里的一般水平达到一个中高水平；二是社会地位的提高，王校长由民办教师转变为公办教师，成为一名国家正式工作人员。

> 当时的调令和档案上写得清清楚楚，在身份这一栏里，是国家干部身份，咱就觉得终于是和农村脱开钩咧，自己也觉得和以前不一样了，不是咱自己耀烧（炫耀），确实是感觉不一样，也不单单是因为咱工资提了两倍。（王德玉，20161015，小饭馆）

诸如王校长一般的乡村教师都在时代面前风雨飘摇，面对时事转变，往往是首当其冲的群体，他们对国家命运的关注远远超过一般村民，这可能是乡村教师更关注国家时政新闻的历史原因所在。在乡村里，除了基层党组织成员，乡村教师是与国家政权距离最近的人，也自认为是国家工作人员中的一员，这种对国家的依附，与乡民跟国家的关系恰恰背向而行：国家在全面退出农村私人生活，却在乡村教师的私人生活中逐渐占据了很大位置。

这如同村里的大喇叭，从集体化的过去到市场化的今天，它一直存在，从意识形态的宣传再到催缴公粮、各种款项费用，都表达着国家权力在乡村的渗透，当下大喇叭在播放流行音乐的同时，也会播放一些惠民信息，经济越来越成为大喇叭里的主要话题。而与之相反，乡村教师的私人生活里，过去的大喇叭一直存在，它依旧在诉说着国家、政治、局势、趋势，只是这些东西都是从自我实利考虑的，并不具有现代意义上的公民意识。

二、鸡冠花：教师个人意识的觉醒

闫云翔在《私人生活的变革：一个中国村庄里的爱情、家庭与亲密关系 1949—1999》中对农民私人生活中出现的个人意识做出过精彩的论述，他认为"摆脱了传统伦理束缚的个人往往表现出一种极端功利化的自我中心取向，在一味伸张个人权利的同时拒绝履行自己的义务，在依靠他人支持的情况下满足自己的物质欲望"①。分析其原因，闫云翔认为：西方的个人主义的兴起是经济转型和工业化带来的，而中国的"个人"却带有明显的计划性。"家庭生活中许多方面的变化是由国家的社会改造计划和政策来推动的"，是中国的"国家权力与政策推动了社会转型，而不是社会转型推动了国家政策""国家通过摧毁地方权力的方式使家庭私人化得以实现，同时也通过将家庭卷入国家政治的方式为其个人的发展创造了新的社会空间"。最终，"在残存的传统文化与激进社会主义以及国际资本主义的交互作用之下，农民中出现了一种极端实用的个人主义"②。

　　论者认为，与闫云翔描绘的农民个人意识的发展不同，乡村教师个人主义的功利化并不明显，而是如上节所述，个人主义囿于自己的生活世界，与公共意识之间并没有连通，是一种无公共意识的"私人主义"。这一现象的产生并不是许多乡村教师所愿，而是乡村教师被边缘化和自我边缘化的结果。文化的差异加上国家权力将乡村教师一步步脱离开乡村社区，居于乡村的教师的私人生活真正是"私人"的，如同王校长家门口的鸡冠花，表达着一种热烈而又无处释放，热情而又略显孤傲的寂寞。

　　在私人生活方面，王庄乡村教师的个人意识觉醒表现在以下几个方面。首先，个人情感日益受到重视，个人家庭的亲密关系逐渐占据生活的最重要方面。那种为了工作放弃家庭，为了集体牺牲自我的意识受到挑战。乡村教师对工作的认识日显理性，奉献、无私、爱国等大词很少在乡村教师口中表达出来，相反，自由、幸福、快乐、地位、财富、面子等关切自身的词常常被提及。其次，教师权利的诉求变成习惯，乡村教师在处理私人间的人际关系上，越来越自信。

　　俺的事上俺愿意怎么干怎么干，俺叫我过得去我就叫俺过得去，这是一个大原则，也是一个底线，你不能认为这些人（指村里的老师）挺好捏（挺好欺负）。别寻思这些人没能力没本事，你要是对我格外不客气，咱就得跟你扯落个过来过去，这就是我做人的原则。我觉得这也是

---

① 闫云翔. 私人生活的变革：一个中国村庄的爱情、家庭与亲密关系 1949—1999 [M]. 上海：上海书店出版社，2006：5.
② 闫云翔. 私人生活的变革：一个中国村庄里的爱情、家庭与亲密关系 1949—1999 [M]. 上海：上海书店出版社，2006：251-252，256，259.

大多数咱村里老师的原则。（王德玉，20161011，王德玉家）

最后，乡村教师个人意识的觉醒还表现在生活意义选择的自主性上。有人愿意用"成绩"来换取荣誉，有人愿意细心记录生活的点点滴滴而"活得明白些"，有人热衷于运动与文艺，让兴趣、爱好滋养自己的身体与精神，这可能会引起乡民的不理解，但还是率性而为，并愿意为这个选择付出自己愿意承受的代价。

> 像我们庄里王成序老师，今年都七十八了，他就是爱动，六十多岁的时候好打个篮球呢，村里人看不惯，说这么个年纪了，还蹦蹦跶跶的，不跟（不如）上地里种个地去啊！可这老爷子人家也不在乎咧，我有时还挺羡慕他这种心态哩。（王德玉，20161011，王德玉家）

乡村教师个人意识的发展即是一种现代性的表现，这种现代性的产生是外发型还是内生型并不能断言。但论者认为，乡村教师政治及经济地位的转变是促成乡村教师个人意识发展的最主要力量，换言之，外发性的刺激与改变是乡村教师现代性转变的主要因素。伴随乡村教师进入国家体制以及相应而来的经济收入水平的提高，乡村教师在乡间的私人生活中摆脱了农民身份，获得了较为优越的经济回报，生活的自信感及意义感逐渐增强，个人意识逐渐发展起来。但与之相伴随的是，乡村教师的个人意识是一种有限的个人意识，个人仍然没有从"单位""体制"中彻底解放出来，从根本上，也没有从"村庄"这个集体中解放出来，个人权利的表达和个人自由的获得仍然是受限的，政治的基本单位仍然是集体，而非个人。个人获得了一种私人场合的思想自由，却仍受制于外在文化或制度方面的制约而不能得到现代意义上的"个人主义"。①

---

① 个人主义价值体系可以概括为如下三个基本命题：（1）一切价值都以人为中心，即一切价值都是人所经验到的（但不必然为人所创造）；（2）个人本身就是目的，具有最高价值，社会存在只是达到个人目的的手段；（3）一切个人在道义上都是平等的，任何人都不能被当作他人谋求利益的手段。根据这种观点，社会只是个人的集合体，每个人都是自我约束、自我包容且理论上自足的实体。转引自杨明，张伟. 个人主义：西方文化的核心价值观 [J]. 哲学研究，2007（4）.

三、被捕：乡村教师私人生活的撕裂

王庄乡村教师的私人生活是斑驳的，甚至是撕裂的，这种无序性的缘由是文化的杂糅，是私人生活与公共生活勾连失败而导致的困苦。乡村教师站在现代的入口，找寻生命的意义感，却得到更多挣扎后的失败，相较于过往，他们的精神更疲惫，生活更撕裂。

英国社会学家齐格蒙特·鲍曼（Zygmunt Bauman）对人和生活意义有句极富洞察力的话：具体的人类存在通过在他们当中追寻典范和意义使他们的社会前后一致。日复一日，年复一年，他们通过自己的想象、知识和社会行为塑造着世界。① 如上所述，王庄乡村教师乡村个人生活的意义是矛盾的，这个社会失去了典范意义的生活样态，或者是囿于个人私利的目标追寻，或者是陷入自我的自娱自乐，而古典传统意义上的知识分子形象，在时代的急剧转换下，已经消失不见，却常常隐藏于乡村教师的内心，以一种良心良知的方式规约着他们，而这种浩然君子的知识人形象，在当下文化崩塌的乡间，是无法重拾、无法重构的。乡村教师失去了支撑其生命意义的价值锚定，只能通过精神的自我修养来获得精神的安抚，这种安抚何尝又不是一种意义沦丧的表现，何尝不是为传统所捕的表现？

如果说上述传统人生意义的时代背景已经消散的话，新的时代下，乡村教师又被现代捕获。城市生活的吸引自不必说，如王校长一般的退休教师，已经打算在城市买房，一些有些经济能力的教师，也会在附近的县城为孩子预备学区房或婚房，城市以其强大的魔力吸引着每一位乡村教师。但城市如同另外一个围城，一旦身居其中，乡村教师却又割舍不下乡村的土地、人情、鸡鸭花草，尽管这些在当时是扰人心烦的物件，却因为有了空间的间隔，而让人恋恋不舍。

城市的吸引只是一种显性的现代症候，隐藏在现代下的私人生活与国家政治伦理的重要关联，是引起乡村教师私人生活被捕的深层原因。当个人意义的追寻不再由家族伦理来规约时，个人确实得到了一定程度的崛起，但国家对乡村教师的强大的社会动员能力仍然不能忽视，特别是对许多乡村男性

---

① 丹尼尔·史密斯. 后现代性的预言家：齐格蒙特·鲍曼传[M]. 萧韶，译. 南京：江苏人民出版社，2002：23.

教师来讲，家庭生活并不居于私人生活的中心，相反，距离自己遥远的国家及国际时事却占据了私人生活的大多数时间，家庭生活形象往往与自我设定的形象不吻合，于是离家庭更远，离国家更近，一些退休的教师每天必看的节目就是《新闻联播》，身居庙堂最远，却离其最近。国家意识通过对乡村教师私人生活的蚕食而形成，杨念群在论述私人空间时的一段话与此极为相似：

> 在西方，"人的解放"除了对人的理性的发现这层意思外，主要就是重新核定了"个人"的位置，使之在空间上拥有处置私人事务的权力。而现代中国"人的解放"则只不过是从一种"私德"归属的家族式空间，转移到"公德"归属的国家空间的过程，所谓"解放"一词的内涵长期以来和个人自主性空间的获取基本没有关系。[1]

消失又存在的传统、存在又模糊的现代，如同拉扯一般撕裂着乡村教师的私人生活，家庭中如果没有一个贤淑的女性的话，男性乡村教师的生活将更加斑驳。父权式的传统家庭结构已经解体，女性在家庭生活中的力量越来越大，这也从一定程度上安抚着乡村教师的内心。婚姻由相知到相守，女性用她的柔和化解了乡村教师内心的心结，外则处理邻里关系、村庄事务，内则养儿育女、操持家务。这在王校长略显文绉绉的回忆话语里得到印证：

> 家庭的一切都由她一人扛着，但从未影响本人的工作。当时生活困难，一年吃不上几顿饺子，当吃水饺时，她那一碗舍不得自己吃，只吃别的干粮，趁我不注意，将水饺倒入我的碗里。这情境多少年我还记在心中，每当吃水饺的时候，我就想起这一幕，是生活上的关心爱护，更是感情的升华。生活上虽艰苦些，但两人的内心是欣慰的。（王德玉，20161020，王德玉家）

当家庭成为基本的生产和消费单位后，家庭就替代国家成为个人权利的保护者的角色，私人生活领域也被提升到更重要的地位。女性力量的强大让乡村教师的私人生活日趋具有了个人觉醒的意义。个人幸福的追求、家庭美

---

[1] 杨念群. 亲密关系变革中的"私人"与"国家"[J]. 读书, 2006 (10): 130-136.

满的期望变成教师私人生活的目标。也可以说，乡村教师对私人生活的回归，是从女性对家庭的包容开始的。对美好婚姻的渴望，成为没有精神信仰的中国人最后的自留地，成了乡村教师在困顿中最后的自我心理调适防御机制。但如第一节所言，即便是婚姻关系不融洽，作为体制内的人，乡村教师往往也碍于脸面或因更多其他的复杂原因而选择继续婚姻生活，这种情感上的被捕，可以说，是乡村教师最痛的私人生活之痛。

第六章
最后的乡村教师：知识人与村庄的未来

> 现代化是一个开满了花的树，它有很多伸向未来的枝丫。
>
> ——阿尔温·托夫勒

作为研究结论总结与展望，本章从乡村教师生活的当下时代背景入手，描绘出在传统与现代张力下紧张的教师形象：面对传统与现代性的文化冲突，教师在与自我、他人和社会的关系上出现了紧张局面，宗法权威遭遇自觉理性，德性伦理让位规范伦理，整体性丧失而带来生命意义的单向度，对当下的放逐而带来生存价值的虚无，并在国家代言人还是托管人上焦灼不安，在科层权力和专业权力上矛盾重重。

乡村教师内心除具有共有的紧张感之外，还伴随着发生在知识、道德与精神生活三者之间的不和谐，这更加剧了乡村社会、国家及乡村教师个人三者之间的矛盾。乡村教师将走向何方？如王庄一般的村庄将走向何方？知识人在村庄未来的演变中可能会扮演怎样的角色？本章即将展开上述论点的论证并揭示可能的问题答案。

第一节　现代与传统：紧张的教师[①]

在走向教育现代化的过程中，我国教育产生了认同危机。我们忘却了传统，在现代中迷失；我们双手迎来了极具现代性的教育精神和课程文化，为理性和个人的光辉欢呼雀跃的同时，却不得不受制于前现代的文化规约。中国教育传统与西方现代文化的互动，彰显出一种爱恨交加的紧张局面。

---

① 蒋福超，赵昌木. 紧张的教师：传统与现代文化冲突及消解 [J]. 教师教育研究，2015（1）.

中国教育问题的传统性与现代性的龃龉带来的矛盾和紧张更多地体现在教师这一实践主体上。在教师与自我、他人和社会三维空间内，教师不只是许多人说的"戴着脚镣跳舞"，而是"带着笑面具哭泣"。每一个稍有良知和知识的教师，面对传统与现代的颉颃都会紧张不安、矛盾重重、无所适从，是纠结带来违背，是违背带来不安，是不安带来痛苦，是痛苦带来哭泣。如果说"戴着脚镣跳舞"是教师的外在表现，那么"带着笑面具哭泣"可能是教师内心的精神写照。笑是职业的标识，哭是内心的不安。

一、教师与他人：宗法权威与自觉理性、德性伦理与规范伦理

现代性的展开过程就是个人的主体性凸显的过程，"个体的主体性和自我意识的生成走向自觉……是全部现代文化精神的基础和载体"[1]，由此，现代性的转换使得宗法血缘维系的前现代文化基因让位给自觉的、理性化的人本和法治精神，同时也带来了自由主义、个人主义的张扬。教师与他人关系的冲突和紧张也由此产生。

首先，教师的紧张感表现在宗法权威与自觉理性的冲突上。在费孝通所说的"差序格局"或"长老统治"的社会里，教师有着与天地君亲并提的地位，"亲其师信其道""一日为师，终身为父"等话语都表明，在前现代社会，教师用家庭伦理关系规约师生关系，中国传统"情本位"的文化弥漫在人与他人处理关系的方方面面。现代性以降，人更多地以独立的、自我的、公民的身份参与社会生活，而不再依附于诸如血缘、家族、村落等的群体关系，人存在的"单子化"促使人们在个体利益冲突的基础上承担对社会及他人的责任和义务。教师与学生和其他人的关系变成了现代意义上制度化的契约关系，权利和义务是度量教师行为的标尺。

深受西方工业文明与现代文化浸淫的当代学生，其主体性正在苏醒，对民主平等的权利诉求也日渐显现，当这种诉求与教师旧有的、和农业社会相恰适的专制权力相遇时，冲突便不可避免地发生了。教师面对两者的冲突，一方面有着教师天然具有权威的深层职业潜意识，一方面不得不遵从法律法规的约束而实践民主平等的师生关系。教师的这种紧张感让其在处理师生关系时矛盾重重，造成了表面上维护民主平等，私底下却通过各种手段控制、

---

[1] 衣俊卿. 现代性的维度及其当代命运[J]. 中国社会科学，2004（4）：13-24.

窥探、监控学生的现象。

其次,群体伦理让渡于个体伦理带来道德的世俗化,教师的德性伦理也沦丧为规范伦理。德性伦理关注个体的意义世界,强调的问题是"我应该成为怎样的人",而非"我应该做什么",它的基本概念是"好、善、德"而非"正当、责任"。当然,教师的德性伦理是与前现代"共同体"社会或"熟人社会"相适应的。当教育进入现代社会,"教育已经不再是从'人之为人'的意义上的价值引导,而成为整个社会机器的动力学补偿性构件;对人的机械论理解直接导致了教育建构的程序化和机械化,从而教师也就不再是'道'的追求者,而成为人力资本的培训者"①。教师从前那种威严清俊的形象逐渐模糊,教师的道德产生了碎片化,个体主义的张扬取代了"公共善"的价值求索。道德只能之于自身之上,处于虚空之中,道德成了与社会无关的事情,成为教师私人领域的事情。

在这种转化中,教师仍然面临着选择带来的痛苦。我们教师教育中所要求的"人师"形象,"传道、授业、解惑"者的魅影,在现代性的言说中异化为"用教学技能高效率地教知识以保证学生考试成功的规范伦理,使教师职业自我意识和人生态度都充满着工具理性和利益至上的倾向"②。教师之间的竞争、唯成绩论让师生关系、师师关系变得狭隘、单调,更有个别教师打着自由主义的旗号将教师的德性伦理肆意践踏,从此教师的生活世界便失去了本真的意义。当教师与学生、同事以及其他社会人的关系变成干巴巴的"守则"遵守和个人至上的合理维护时,教师以何影响、化育学生?没有了融洽的关系,教师又怎不紧张和焦躁?

二、教师与自我:整体性与功能性、当下与未来

教师的分裂感和迷茫感不仅体现在与他人的关系上,还体现在自我认同的危机上。"每个人都有多种认同,这些认同之间可能会相互竞争或者彼此强化,如职业上的、文化的、体制的、意识形态的及其他的认同,一方面认同

---

① 高伟. 回归智慧,回归生活——教师教育哲学研究 [M]. 北京:教育科学出版社,2010: 29.
② 朱新卓. 教师专业化的现代性困境 [J]. 高等教育研究,2005 (1): 47-52.

可能与另一方面的认同发生冲突。"① 教师自我认同的冲突和危机表现在生命意义的单向度和生存价值的虚无化两方面。

在前现代，知识分子被一种马克斯·韦伯所说的"天职感"召唤，是文化的传承者，甚至是与政统相抗衡的道统的重要力量。现代以来，"在神圣轰然倒塌的世俗化时代，原来充满了意义的目的论宇宙观彻底解体，世界割裂成一个个孤零零的机械碎片。在这样的彷徨、孤独之下，知识分子要想重新获得生命的意义，不再有统一的标准，只能在各自所从事的专业之中，寻找专业所提供的独特价值"②。所以，从传统到现代，知识分子的角色发生了质的转变，即从立法者到阐释者（鲍曼），从普遍的知识分子到特殊的知识分子（福柯），从理念人（科塞）到专家（吉登斯）的变化，知识分子角色的变化过程就是现代性的后果逐渐显现的过程。

教师作为专门化职业之一，也通过蜷缩在自己的专业学科领域，来获得一种虚幻的意义。同时，教师作为知识人，其劳动在现代社会下也成为生产性的劳动，教师作为具有使用价值的人参与到经济活动中，其教学也由"成人"之教异化为训练和价值无涉的知识获得，"好像教育的内容仅仅是专门的技艺训练和实际知识的获得，以及给予孩子足以使他对世界获取一种见解的信息"③。教师劳动成了工具理性入侵的殖民地，"知识权力与现代性的经济生产结构结合在一起，成为一种压抑性的力量"④，不只压抑着学生，也压抑着教师，将教师生命的意义异化为功能性的有用，将教师存在的整体性碎片化。

是用生命回应职业的需要还是用职业实现生命的价值，这是教师面临的两难选择。教师在生命的整体性与功能性之间游离，在市场逻辑与知识超越性之间矛盾着。他既不得已成为产品（学生）生产链上的一员，又深刻感受到生命的漠视带来的痛苦。雅斯贝斯（Jaspers）说："如果他想要成为他自己，如果他渴望自我表现，那么，在他的自我保存的冲动与他的真实的个体

---

① 塞缪尔·亨廷顿. 文明的冲突与世界秩序的重建 [M]. 周琪, 译. 北京: 新华出版社, 1998: 133.
② 许纪霖. 中国知识分子十论 [M]. 上海: 复旦大学出版社, 2011: 41-42.
③ 卡尔·雅斯贝斯. 时代的精神状况 [M]. 王德峰, 译. 上海: 上海译文出版社, 1997: 95.
④ 金生鈜. 论教育权力 [J]. 北京大学教育评论, 2005 (4): 46-51.

自我之间立刻就形成一种张力……在这两种矛盾的冲动的压力之下,他的行为可能干扰生活秩序的平静与稳定。"① 教师的紧张由此又增加了一层,这层来自生命意义的单向度。

另外一层教师自我认同上的紧张来自教师生存价值的虚无,这主要表现在教师对当下的不安态度上,鲍曼形象地比喻为"西西弗斯的苦难"②。

众所周知,现代性以人的解放、进步等为标语,宣告了与传统的断裂,宣告了人类成为整个世界的主宰力量。现代性谋划最大的成就就是使人们对未来充满理想,保持积极、乐观的精神状态,正如丹尼尔·贝尔(Daniel Bell)认为的那样,"现代性之本质就是和过去的断裂,它把过去只看成过去,并为了现在或将来将过去一笔勾销。人被责令要更新自己,而不是去延伸存在之巨链"③。在贝尔的眼中,瓦解传统是现代性的内在含义,人之存在于是没有了历史感,变得单薄起来。现代性于是获得了一种时间概念,一种直线向前、不可重复的历史时间意识,未来已经开始,这是一个为未来而存在的时代。④

现代性以进步为名,给现代人描绘了一张美好蓝图,人们就只顾抬着头朝着目标前进,却忘却了当下行走的意义,忘了为什么而出发。人对当下甚至到了不能容忍的程度,因为"当下是没有的,正是这一点使得当下那么丑陋,令人憎恶以及不能容忍。当下是过时的。它来到之前就已经过时"⑤。教师就是用对当下的放逐和对未来的虚幻期许来抵抗当下的不安。教师的教学是为了学生未来更好的生活,教师的忙碌是为了民族和个人的明天,诸如此类都是教师对进步的追逐和对未来的希冀。而没有了当下,教师就失去了反思能力,教师存在的历史性被割裂了,只有指向未来的利益期待,只剩下世俗的使用价值,教师工作忙碌却烦躁,重复却无意义,职业性的微笑下藏着麻木,充实的工作中隐藏着精神的虚无。教师如同进入了韦伯所说的"铁笼

---

① 卡尔·雅斯贝斯. 时代的精神状况 [M]. 王德峰,译. 上海:上海译文出版社,1997:36.
② 现代性的焦躁是西西弗斯的苦难,与当下不安的抗争采用了历史进步的形式。见齐格蒙特·鲍曼. 现代性与矛盾性 [M]. 北京:商务印书馆,2003:18. 鲍曼用西西弗斯不断推巨石上山而又不断失败滚落下来的神话,表达了现代人当下生活的荒诞和虚无。
③ 丹尼尔·贝尔. 资本主义文化矛盾 [M]. 严蓓雯,译. 北京:人民出版社,2010:143.
④ 汪晖. 我们如何成为"现代的" [J]. 中国现代文学研究丛刊,1996(1):1-7.
⑤ 齐格蒙特·鲍曼. 现代性与矛盾性 [M]. 邵迎生,译. 北京:商务印书馆,2003:18.

困境",只剩下经济的冲动,"专家没有灵魂,纵欲者没有心肝"①。

教师有着前所未有的"自由",却似乎陷入了空前的意义迷失,这就是现代文化的困境。人的解放成了双刃剑,它把人推向宇宙中心的同时,也宣布了"人"的死亡。我们破坏了前现代(特别是儒家)重视对当下存在意义的传统②,人的生命存在的历史性从此断裂开来,导致一个丧失本真性的、紧张不安的自我。无怪乎萨特(Sartre)说,人就是命定的虚无。

三、教师与社会:代言人与托管人、科层权力与专业权力

从教师与社会的关系角度讲,教师的紧张和焦虑感至少体现在宏观和中观两个维度。从宏观上看,教师在国家代言人(经济复兴的推动者)还是托管人上焦灼不安;从中观上看,学校场域中科层权力与专业权力的矛盾,也导致教师一定程度的内心紧张。

如上文所述,现代以来,教师与其他职业的边界逐渐模糊,被纳入劳动力市场的运作之中。"在市场化思维下,学校、教师成了获取效益最大化的工具,成本与受益成了家长衡量教师的标杆,金钱成了教师和家长之间沟通的隐形纽带。"③ 教师被分裂为一个个拥有单独学科知识的"个体户",知识在课堂上按照严格的学科分工被流通和检测,教师从此成了有知识的人,而不是真正意义上的"知识人"。

市场规则对整个社会的重新规划,让知识分子原有的角色定位和生存方式经历着深刻变化,合乎效率在现代性下转化为合乎市场逻辑,进而在国家的宏大叙事下,教师"失语"了,教师似乎因为有了为经济复兴贡献的能力而获得了职业存在合理性。教师的教学"泛娱乐化"以及明星教师、各种最牛教师的出现,正是将现代性的"祛魅"发挥到了极致。我们的社会"在技术专家和媒体明星的二重唱中,形成了以技术化和商业化为主调的世俗意识

---

① 马克斯·韦伯. 新教伦理与资本主义精神 [M]. 龙婧,译. 北京:群言出版社,2007:173.
② 李泽厚用"实用理性"说明儒家思想现实精神,即不需要宗教的狂热或神秘的教义,而是重视现世的行动以成"仁"。见李泽厚. 中国古代思想史论 [M]. 北京:生活·读书·新知三联书店,2008:25-28.
③ 蒋福超. 尴尬的教师:当代教师社会角色的迷失 [J]. 当代教育科学,2012(5):26-28.

形态"。教师与社会的双向关系变成了单向的支配关系，教师不再有葛兰西（Gramsci）所说的赋予国家权力以合法性的"托管人"角色，而注定要扮演一种非政治角色，在匿名性的政治下寻求生活的庇护，最终产生了教师存在的危机，即佐藤学所说的"私事化"现象。①

教师的紧张还存在于科层权力与专业权力的矛盾中。科层制是现代性所倡导的工具理性在现代管理中的表现形式，中间存在的矛盾是显而易见的：科层管理追求效率，立足整体、一致；而专业人员追求知识，立足个性化的表达。于是我们常常发现，教育改革往往总是自上而下地推广实施，并用一套严格的评估规范对教师教学进行评估。"可以说，学校科层人员借效率在现代性中的得宠，假科学化管理之威，总是能够成功地践踏作为教育本真内涵的人性、自由和意义关切，并屡屡击败手持教育科学这个被现代性边缘化了的武器，高举'人'这面被现代性单向度化了的旗帜的教师。"② 而教师的"消极不反对"则让教育变革流于形式，教师教学意义的阐述空间日益变窄，并逐渐沦为单纯的知识传播者，失去了教师职业的文化和政治意蕴。

教师就在这种权力困境中欲罢不能，"我"还是"我们"的争斗让教师陷进了权力旋涡，教师专业权力与科层权力的交恶让教师深陷泥潭而无法施展才能。在当今甚至还未理性化既已官僚化的学校权力中，教师若没有紧张感才是奇怪的事情。

第二节 不和谐的乡村教师

一、世道人心：从同构到异构

传统中国社会政教不分，政治与人心是高度同构的，儒家也正是通过对人心的规划，关注人的道德境界的提升，进而贯通个体的心性修养与社会政治治理，人心—家—国同构的社会秩序与个人价值的实现得到了统一，正是

---

① 私事化是佐藤学针对教职的"公共使命"意识的丧失提出的，认为教师工作应该超越个人利益，参与民主社会与文化建设。见佐藤学. 课程与教师[M]. 钟启泉，译. 北京：教育科学出版社，2003：268.

② 陈嘉明. 现代性与后现代性[M]. 北京：人民出版社，2001：396.

在这个意义上说，人心即政治。

在传统中国，个人不是孤独的，也不是自洽的，他总是从属于一定的血缘和地缘共同体。社群共同体与个人，既不是以个人为中心，也非共同体本位，而是一种梁漱溟所说的互动式的"伦理本位"。日用见道、为仁由己，进而到安己达人，齐家治国平天下，从个人到他人到国家的层层表达，将人与社会的关联升华到本体论意义上，人获得了灵魂的安宁（指人生归属问题）、秩序的稳定和价值的实现（指意义世界问题）。传统的熟人社会是个人自我实现的"文化场"，在这个场域内，有着基本稳定的做人标准，做人就是要获得熟人社会的肯定，以赢取生存的尊严感，一切人生规划都是围绕人的德性成长而展开的，知识与道德是不二的，那规约人心的精神世界，就融化在这种内在的超越性上（虽然有学者认为内在超越性的提法并不确切，如任剑涛认为，"以儒家为代表的中国文化全心关注的是人性问题，这种人性关注的进路，既不走自然科学的认知（recognition）进路，也不走宗教神学的启示（revelation）道路，走的是德性从萌芽（善之四端）到德性周行（博施济众）的修为之路"①。他认为，所谓内在超越与外在超越的对比性论说，其实是中国人丧失了对儒家德性论说的自信之后出现的对峙性论说）。知识、道德、精神世界，三者是圆融同一的、统一和谐的。这其中，礼的作用是不可小觑的。礼，将模糊的理念变成显在的行为约束与行事规则，正如费孝通所说，"礼，由此打通了家、国，家庭关系伦理通过某种修正和补充同政治原则链接了，形成一种大小社区（国/家）基本规范和制度原则的同构"②。

无怪乎"礼崩乐坏"的时代，就是人心失序的时代。人心失序正如胡塞尔（Husserl）在论述实证科学的问题时说的那样，是"一个在我们的不幸的时代中，人面对命运攸关的根本变革所必须立即做出回答的问题：探问整个人生有无意义"③。人心没了依存之处，流落在原子化的社会精神沙漠里。鲍曼用形象的比喻做出了说明，他说："在这样一个世界里，海面上没有剩下几块礁石，那些挣扎求生的个体们不知该把他们获救的希望寄托于何处，也不

---

① 任剑涛.内在超越与外在超越：宗教信仰、道德信念与秩序问题[J].中国社会科学，2012（7）：26-46.
② 费孝通.儒家文化和文化自觉[C]//黄平主编.乡土中国与文化自觉.上海：上海三联书店，2007：10.
③ 胡塞尔.欧洲科学危机和超验现象学[M].上海：上海译文出版社，1988：6.

知他们失败时向何处寻求依靠。"①

人心失序的时代,就是社会结构发生巨变的时代。家庭和宗族是中国前现代时期的两大法宝,它搭建了个人的有限性和永恒价值之间的桥梁,却在现代性的冲击下瞬间垮塌了。人与社会的本体论勾连发生了突变,国家将个人与家庭、宗族脱嵌而塑造现代的公民类型,进而将人与国家直接联系起来。正如杜赞奇(Prasenjit Duara)说:

> 国家意识的推广应该是一个制造公民的过程,赋予其正当的权利,从而减少个人对地方权威的依赖和归属感,通过国家权威的保护,民众支持国家权力在社会的推广和增强。而在中国近代政权建设却陷入了内卷化境地,国家力图从民间抽取资源,增强经济的现代化以谋求政权的合法化,结果国家权力的延伸带来社会的进一步被压榨和破产。②

个人的归属秩序与价值意义世界被打破,被隔断,被撕裂。人心不古、世道沦丧,也同时表达了社会结构的变动带来的知识、道德、精神世界的异构,甚至冲突。知识为专业分工掳掠掉德性的光彩,道德由政治意识形态沾染而失去内生性的本来发端,而中国在本身缺乏宗教性质的儒家沦丧后,在没有宗教背景的现代中国,收拾人心面临着更为艰巨的问题,即需要解决人生存的本体性意义,于是,人的精神世界被彻底世俗化,"人的精神生活不再追求超越的意义,达到上帝的彼岸,或成为现世的道德圣人,而是看其在现实生活中占有了多少具有社会象征资本的稀缺资源"③,无法满足的欲望、无穷的消费让精神荒芜,无处话凄凉。

二、身份认同:乡村教师的焦虑

身份认同是对"我是谁""我如何看待我自己""我属于什么"等问题的自我追问,身份认同的根本意义在于建立一种内心的归属感,并在这种归属中得到内心平衡和精神安宁。知识人从先秦时期的精英阶层到西汉时期的以

---

① 齐格蒙特·鲍曼. 流动的时代——生活于充满不确定性的年代 [M]. 谷蕾,武媛媛,译. 南京:江苏人民出版社,2012:30.
② 杜赞奇. 文化、权力与国家 [M]. 南京:江苏人民出版社,1996:66.
③ 许纪霖. 另一种理想主义 [M]. 上海:复旦大学出版社,2010:260.

吏为师下的"为道的存在",直至清末民初"废科举、兴学校"之后,知识人变成了"为国的存在",彼时的乡村教师,还多少维系着知识人的尊严感,但现代化国家建设以来,社会结构发生翻天覆地的变化。1978年后,乡村教师具有了"国家干部"身份,乡村教师(公办)身份认同问题得到了形式上的解决。2004年,《中华人民共和国教师法》的颁布打破了这种身份认同,将乡村教师变为具有雇用关系的专业人,乡村教师的身份认同又产生了一些迫切的问题。此处,论者无须在众多论述乡村教师身份认同危机的文章之上再增加更多的证据,只是意欲探究乡村教师身份认同更加深层次的原因所在,探究乡村教师身份认同失衡的内在维度。

综合上述几章的分析,论者认为,乡村教师在知识、道德、私人生活(以精神世界为内核)三方面都表现出矛盾的身份认同,并且进一步而言,知识、道德、私人生活这三者之间,也存在着异构的关系,这种矛盾与撕裂,共同造成乡村教师身份认同的焦虑感,而这种焦虑也让乡村教师在人心失序的现代社会增加了一份精神压力。面对无法自我解释的焦虑,乡村教师需要外界的力量来干预、帮助,使其安住心灵、安顿人生。

首先,知识与道德方面,两者共同构成了乡村教师的人生归属问题。对乡村教师而言,社会结构的破裂让乡村教师无处遁身,离乡的同时又离国很远,亲农的同时又并不认同农民文化,爱国的同时又并无理性的公民与现代国家意识,在知识与道德方面,乡村教师面临专业性与公共性的双重失落。专业性是相对城市而言,而公共性是相对乡村社会而言,这一切的背后,又与国家力量的拉扯脱离不开干系。乡村教师永远跑在追赶城市化的专业发展道路上,乡村离他们越来越远,前面的国家大共同体归属既亲近又疏远的尴尬处境(第四章第三节,第五章第二、三节)让他们无所依凭,孤独无助。

乡村教师的专业化过程被引入一场几乎没有终点的追赶城市教师的文化苦旅。他们被迫听从于那些远离农村,根本不了解农村仅以知识权威自居的专家,不得不忍受专家对自己的教育行为进行诊断、把脉。乡村教师就像一个于荒野中失去母亲的孩子,跑得越远,掉队也越远。在现代化过程中,他们就一直没有达到或者说几乎不可能达到与时俱进的现代教师"素质标准"。[1]

---

[1] 唐松林. 理想的寂灭与复燃:重新发现乡村教师[J]. 中国教育学刊, 2012(7):30.

其次，在私人生活方面，乡村教师的精神世界是自为的，唯物主义将乡村教师拉回不可回避的世俗日子无法逃脱，拜金主义将乡村教师的精神生活用城市向往、物质符号填满，个人的生活情趣与逼仄的乡下无法融合，私人生活与公共性失联甚至无关，这些都将乡村教师的价值归属问题变成一个无法解开的死结。生活在乡村的乡村教师因为土地依附和婚姻关系而很难与乡村脱离关系，这群人变成了一批最不幸的乡村教师群体。

最后，知识、道德、精神世界的异构是乡村教师身份认同产生裂变的根本所在。如第一节所述，社会结构变革的内在即是世道人心从同构到异构的变化，乡村教师相较于其他社会群体，面对这种异构型的人生样态，更加无法解脱，这与乡村教师知识人的人格特质是相关的。相较于非知识人而言，知识人的存在价值或者说知识人的合法性自我解释更加迫切，这不只是因为乡村教师传统角色的现代传承的必然要求，更是因为乡村教师不只因知识传授而获得职业得当，还包括知识背后的道德期待以及隐藏在知识背后的更为细密的精神需求。乡村教师，生存于泥土乡间，却与其无关，谋生于"皇粮"体制下，却被放逐于乡野，灵魂涌动处，尽是荒凉。

三、生活策略：危险的虚无主义与国家主义

张灏在分析中国人的心智机构时认为，存在着三个层面的"精神迷失"。第一是"道德迷失"，原先行之有效的儒家伦理已经失范，而新的人际规范和道德律令又没有树立；第二是"存在迷失"，内圣外王的人生境界已被认为不合时宜，个人安身立命找不到方向；第三是"形上迷失"，世界的终极究竟是什么，这些在传统价值系统中本来属于不言而喻的东西，却在现代化变迁的过程中统统产生了问题，失去了原有的价值取向象征。[①]

这个时代的精神气质中就透着让人消沉的灰色，不只是一种天空的灰，而是心灵深处的灰暗。人文与宗教的阳光不能照进心里，这灰暗自然变得晦暗，一个相信天地不仁、看破人心惟危的知识人，一般而言，他的选择只有两种：一种是成为不相信一切，善恶是非判断没有内在道德尺度的犬儒主义者；一种是成为一个奉国家为偶像，将卑微的个体生命意义寄托到如洪流般的宏大民族命运中，融个人"自我"于共同的民族"自我"之中的国家主义

---

① 张灏. 张灏自选集 [M]. 上海：上海教育出版社，2002：86-88.

者。这两种生存策略也是当下乡村教师的不自由选择,相较于第二种选择,第一种选择可能会更多一些。

这种选择是有其原因的,除却社会结构变迁的时代背景,乡村教师身处的社会环境是其重要的原因。在知识人内部,乡村教师与其他村庄知识人之间是紧张甚至冲突的关系(见第三章第二节),乡村教师也分裂为居住在村里的教师、居住在乡镇的教师、居住在城市的教师,他们之间的文化趣味往往是不同的,乡村教师是专门化的学科教师,缺乏共同的知识框架也让他们隔膜很大(而科举制度之前,知识人群体之间的知识框架是相同的,且有着共同的公共意识形态),有时也会因为彼此之间职称晋级等而存在竞争关系。在知识人外部,乡村教师不参与村庄公共生活(第三章第二节),因工作原因而较缺乏与乡民的人情交往(第四章第二节),乡村教师对农民是既爱又恨的吊诡心理。爱的是抽象的农民,他们勤劳朴实、忠厚善良,而这想象的形象中是"自我"归属的地方;恨的是现实中的农民,甚至就是身边接触到的农民,他们狭隘小气、视野短浅。这一切共同造就了乡村教师难以形成体制性的乡村知识人共同体,如许纪霖所说:

> 科举制度废除之后,知识分子虽然组成了一个拥有文化权力的"知识人社会",却出现了一种内外断裂的局面:在其外部,独立了的现代知识分子与中国社会逐渐分离,失去了文化之根和社会之根;而在其内部,因为失去了共同的信仰、价值和意识形态,知识分子不再是一个统一的群体,不仅意识形态发生了分裂,而且城市精英与乡村精英之间也失去了有机的联系。①

而是否具有共同体,则是乡村教师是否具有归属感的重要因素,乡村教师对灵魂安宁的秩序感被打破了。除归属感的破灭之外,乡村教师的意义感的缺乏也受到了影响,日渐衰落的乡村学校教育和不被家长尊重的教学工作让乡村教师倍感孤寂,无温度的知识(第三章第三节)与孤独又矛盾的道德体验(第四章第二节),加之可能的私人生活的苦闷(第五章第一节),都让

---

① 许纪霖. 重建社会重心:近代中国的"知识人社会"[J]. 学术月刊,2006(11):138-145.

乡村教师的生命意义感变得淡薄，乡村教师最终因为无法解决这些冲突与矛盾而变成"空心人"。

虚无主义和国家主义如吸血的蛭虫会侵蚀人的精神，让人成为丧失了世界观的人。丧失世界观的人不是没有世界观，而是失去了使用理性的权力和能力①，它并不能重返前现代的蒙昧状态，因为无论虚无也好，国家主义也好，都是自我觉醒后的产物，只是这种觉醒没有后续努力发展的可能，只能内卷到自己的世界或想象性的用浪漫主义的方式重新规划自我，或者退缩，成为占有性的个人主义②，它不相信一切价值，只相信物质的享受，或者前进，将自我实现的可能变为更为高尚宏大的民粹式的国家主义目标追求，这是一种反现代性的现代性表征。反现代的现代性是与启蒙完全背道而驰的，它有着现代性的外在样貌，却没有现代性的精神内涵，有着自我颠覆的必然性，更甚的是，由于其现代性的基点是错误的，它不只颠覆了自己，也对现代性的发展极为不利。这犹如尚在娘胎中的胎儿，将矛头指向了子宫，自我毁灭之外，让孕育也泡了汤。

第三节 最后的乡村教师：知识人与村庄的未来

一、向东向西？儒学与乡村现代性的发展

现代性楔入，让乡村不可避免地发生了结构性的震荡和撕裂，同时也发生了伯尔曼（Harold Berman）所说的"整体性危机"。所谓"整体性危机"，

---

① 赵汀阳也对此做了解释：当世界观与历史观剥夺了个人的世界与历史的时候，必然也同时导致与之相伴相生的另一种现象，即在个人的生活中，拒绝世界观与历史观。甚至可以说，这后一现象正是个人主义在当代中国得以可能发生的条件。对世界观的拒绝本身，直接导致了当代中国人沉浸于琐碎的日常生活中，以及那种属于世界整体的世界利益、世界制度与世界秩序的世界视野的阙如。见赵汀阳. 没有世界观的世界 [M]. 北京：中国人民大学出版社，2005.

② 麦克弗森所说的"占有性的个人主义"，在一个占有性的市场社会里，个人的本质被理解为他就是他自己的所有者，既不是一个道德主体，也不是某个社群的组成部分，他就是他自己，他通过对自己以及自己所拥有的财产的占有，来证明自己。社会就是由这样一些个人所有者所组成的。见迈克尔·H. 莱斯诺夫. 二十世纪的政治哲学家 [M]. 冯克利，译. 北京：商务印书馆，2001.

乃是指从个人到民族都迷茫于生存的意义何在,应该向何处去?人们对制度和法律产生严重的不信任,宗教信仰丧失殆尽,整个文化面临彻底崩溃的可能。① 这种危机是一种文化的危机,一场儒学文化失范的危机,萧功秦认为:

> 一旦儒学对社会人心的羁制力和魔力日渐衰微,那么近现代之交的中国,便出现了上至知识分子、官绅人士,下至平民百姓的群体性的文化失范现象,用严复的话来说,那就是"旧者已亡,新者未立,怅然无归"的社会心态。②

这种社会心态造成了世道人心的失衡,本章第二节已有论述。此处需要论述的是,为了防止或纠正儒学的文化失范,乡村的现代性发展之路应该走向何方?是反传统的激进主义还是全盘西化的西方主义,抑或是存在着第三条道路?非此即彼的思维方式当然不可取,不论是为防止现代性的弊端而求助传统,还是为现代性的新生而抛弃传统,两者都是一种二元论的观点,不足为辩,关键是所谓第三条道路的说法,在当下乡村建设中,有着极大的理论市场。传统儒学的创造性转化说经由林毓生、张君劢等人的努力,在理论界已经有较为广泛的影响,但如果抹去其中的差异的话,其共同点都是对西方现代性的回应式的理性设计,"中国乡村在这些研究者的眼界之中成了一种'西方的他者',这不再是'自己看自己'的一种生活实践,而是从'遥远的他者'的视角反过来把近距离的自己看成他者的一种颠倒的认识论"③。在乡村的现代发展中存在着这样的悖论,即越是人为干预,就越是离原先的设想越远。许纪霖对此评价道:

> "创造性转化"作为一个现代化发展总的路径,当然有其鲜明的价值指向,但落实到具体的层面,指向并不能替代事物自身的发展逻辑,最明智的恐怕还是无为而治,为各个领域的"创造性转化"提供开放的、

---

① 伯尔曼. 法律与宗教[M]. 梁治平,译. 上海:上海三联书店,1991:35.
② 萧功秦. 序言,许纪霖著,智者的尊严[M]. 北京:学林出版社,1991:2.
许纪霖. 传统的创造性转化与现代化[J]. 探索与争鸣,1995(1):28-30.
③ 赵旭东. 从"问题中国"到"理解中国"——作为西方他者的中国乡村研究及其创造性转化[J]. 社会科学,2009(2).

多元的历史背景（所谓"导向"也仅止于提供这样的背景，而非越俎代庖，参与具体的"转化"设计），形成社会试错机制，让既有的传统因子在一个充分竞争的环境中自然发展，以筛选出足以在开放世界中实现合理化功能的要素，而正是这些自然生长的要素是最具备"创造性转化"潜质的。①

目前，乡村现代性发展的人为谋划已经够多，这个上文已有王庄村治的事实说明。而恰恰相反的是，并没有经过刻意为之的人的个人意识的兴起、私人生活中的社群意识等都是在开放的自由的环境中自然发生的，可见，"现代性说到底是人的超越性本质的自觉和激进的表现，它不会是一个历史阶段，不会是一种可以在某一个时刻到来而在另一个时刻被超越的阶段，更不会是我们可以通过讨论来决定是捍卫还是抛弃的给定的状态"②。

乡村里的儒学并不是冷峻的，孔孟之说已经是日用之说，对老百姓来讲，再高深正确的理念，都抵不上日常世俗生活中的人言与规矩。可以说，儒学就是乡村人的过日子的方式，过日子既包括政治制度、经济治理等的宏观规划的社会背景，也包括为人处世、精神信仰等微观的琐碎细腻的规则约束、灵魂抚慰。传统儒家能否生长出现代的政治治理及经济规划，是很值得怀疑的。但千百年来，儒家对人心秩序的规约确是十分有效的，甚至成为整个民族精神气质的根柢。作为"人伦日用"和作为精神信仰的儒学，它提倡的中庸温和、自强乐群、厚德载物、忠孝仁义等优秀品格已经进入中国人的潜意识中，已经渗透到中国人的血液中，润泽着中国人的心灵田地，甚至已经成为中国文化遗传基因的主要组成部分。中国乡村的现代性发展只能建立在自身儒学的基础之上，儒学的已经化为日用而不知的德性伦理哲学可以整合人心，建设一个美好的现代性，甚至可能会避免西方现代性产生的弊端。

传统儒学绝不是现代化的阻力，相反它一定程度上是传统国家现代化过程中必要的整合秩序的得力工具。环视东亚现代化发展较为成功的国家，无不是将传统力量注入现代化的工程，并借此维持人们的深层心理稳定，完成社会的整合和凝聚。捍卫还是拒斥或者是创造性的转化，都是一个似是而非

---

① 许纪霖. 传统的创造性转化与现代化 [J]. 探索与争鸣, 1995 (1).
② 衣俊卿. 现代性的维度 [M]. 北京：中央编译出版社, 2011：319.

的"伪命题",因为现代性的发展即便在西方也是一个复杂多维、跳跃间断,甚至冲突分裂的过程,中国乡村现代化的发展,也必定不是一个线性的过程。美国汉学家狄百瑞(William Theodore de Bary)认为:

> 事实上,如果一种传统无法在某种程度上既保守又自由的话(保守核心价值,同时足够开明,能够适应新的形势并吸收新的观念),它就无处生存。只有现代的革命神话才会把悠久的传统看成沉重的负担和历史进程中的绊脚石。对我们而言,现实主义意味着承认历史变化和表面的进步是多线条和多形式的,不能仅仅把西方的方向进程作为唯一的衡量标准。①

但乡村现代化的发展并不是仅仅认可儒学对整合人心秩序的功用就够了,传统儒学从内到外构建了一个融通的内圣外王的过程,构造了从世道到人心的同构体系(本章第二节),而当下这两者的断裂也是必然的,当下再言贯通这种个体的心性修养与社会政治治理,已失去了存在的社会结构条件。重拾人心,还需要从日常生活中去用功。

二、重拾人心:从人生活的政治性开始

从某种意义上来说,整个中国就是一个农民中国。传统农业文明的印记似乎已经深深烙于每个中国人的内心,甚至每一个城市人都有一颗乡村心灵。雅斯贝斯所说的"中国和印度总是在延续他们自己的过去时存活"②,指的就是这个意思。斯宾格勒也深刻认识到传统农业文明的自在性特征,他断言"农民是无历史的"③。农业文明的无历史感表现在日常生活的自在性上,人们不假思索、习以为常地生活于日常生活世界,衣食住行、饮食男女构成了所有的生活内容,经验性和情感性的图式支配着芸芸众生的生活。人自觉的生活只有超越纯粹的自发的日常生活,就是人从集体中抽离出来,变成自觉

---

① 狄百瑞. 儒家的困境 [M]. 黄水婴,译. 北京:北京大学出版社,2009:122.
② 卡尔·雅斯贝斯. 历史的起源与目标 [M]. 魏楚雄,俞新天,译. 北京:华夏出版社,1989:71.
③ 奥斯瓦尔德·斯宾格勒. 西方的没落 [M]. 齐世荣,译. 北京:商务印书馆,1995:198.

的人而与其他自觉的人发生关联时,现代性与前现代性的断裂才会发生,福柯(Foucault)所说的推论意义上的、理性构造的"人"才真正产生。人的超越性此时就从对天堂(西方)或祖宗、上天(中国)滑落到地上,只能在地上构建一个"天堂"了。这是一个属人的天堂,人的超越性就在这属人的天堂得到彰显。当然这种超越性不是上帝安排的,而是我们自己的理性筹划,一场我们为我们自己安排合理性生活的理性筹划。诉诸自然法则的约定终于被诉诸人与人之间的约定替代了,人的"美好生活"皈依了人的理性。

需要注意的是,理性的筹划不等于历史理性主义,不等于唯意识形态论。曾经一段时间,意识形态特别是政治意识形态就代替了古典哲学,主义代替了神权,意识形态以"美好的未来社会"的华丽许诺代替了死后进入天堂生活的想象,将幸福变得更加触手可及,化为人的精神和生活旨归。但当唯意识形态论轰然倒塌后,为什么而活着,又成了困惑人的迷茫问题。"过去和现在的文化形式之间的桥梁似乎被摧毁了,我们只有注视我们脚下未形成的生命的深渊。"[①] 因此,人的意义在现代性之下就只能低头在世俗社会中去寻找,我们已经无法回头。人存在的偶在性、荒谬感与虚无感,目前只有重新去寻找一个生命意义的安憩之地。

人和人只有在交往中,才能找到存在的意义感。这种交往不只是吃穿用度的交往,而是一种公共生活的交往,即理性的交往。假如说西方的人心失序来自启蒙所许诺的理性的破灭的话,中国当下的人心失序却在于没有将日常生活世界与非日常生活世界区分开来,在于理性的、非情感性的公共领域的缺失。以乡村教师为代表的知识群体,可能在发展乡村政治现代性上,在塑造乡村公共领域上,有着潜在的群体优势。

三、乡村教师与乡村共同体的秩序与意义之路

中国的城市与乡村、农业和工业已经断裂,而且这个趋势很可能无法逆转,乡村建设在晏阳初、梁漱溟及后毛泽东时代如何开展,是我们面临的严峻的历史问题。建设乡村,仍然需要首先从社会结构入手。

极端些说,中国社会的主要社会结构只有国家与民众两个层次,社会是发育不足的,公共领域的发展就是为了壮大社会阶层,乡村个人与小共同体

[①] 西美尔. 现代人与宗教 [M]. 曹卫东,译. 北京:中国人民大学出版社,2003:44.

的联盟共同制衡大共同体，以形成制衡、和谐的社会权力构架。重建社会就是要重建个人与社会之间的本体论意义上的关联，为当下乡民与教师找到自我实现的载体，重塑安身立命的社会基础。

自秦汉"废封建、设郡县"之后，传统乡村社会逐渐形成了以保甲制度为行政末梢，以士绅为政府与乡村社会的纽带，以地主土地所有制为经济基础，充分利用宗族组织的整合控制作用，构建了一套完整的乡村治理秩序。①当下农村行政力量的势弱、宗族力量的淡化、家庭联产承包责任制所带来的生产积极性及效率的式微，精英人才的逃离，等等，都共同让乡村空心化、松散化，要形成、发展乡村共同体，知识人及整个社会可以从以下几方面入手。

首先，从教师个人来讲，需要发展自己的公民意识和政治理性素养。弗洛姆认为，在传统西方社会里"个人自我意识、他人意识及世界意识尚未得到充分发展，尚未意识到三者是独立的实体"②，表达了个人、他人、世界的混沌状态。同样，中国的传统社会也是如此，用余英时的话来说就是以"实用理性"为主的世界，奉行个人生活与公共生活的毫无二致，修身、齐家、治国、平天下的家国同构的传统思想，假如说从修身到齐家的推演尚能成立的话，那么，从家到国、天下的演进，好人就是好公民的推导就显然让人怀疑，个人与国家的直接联系在传统乡土社会是通过士绅这一阶层实现的，士绅成了个人的代言人，而与国家展开对话。现代性以来，士绅阶层消失后，当原子化的个人直接面对国家时，原本的平衡被打破了。社会，这个古老中国没有重视的领域，从此就变得异乎重要。个人在社会中的交往是面向公众，为了公众的交往，是一种为己同时也为公的理性交往。这种交往的意义，除了可以与国家产生权力上的平衡之外，在很大程度上，也造就了人生存的意义性。假如说德性是人的本质规定性的话，个人的德性只有在公共的交往中才能被实践和验证，人才称其为现代意义上的人。因此，教师要向乡村公共领域敞开，从政治哲学的深厚忧思中，驱赶前现代的，随农业文明而生的"植物性"的文化性格，塑造教师自身的公共情怀和现代公民精神，摒弃名教

---

① 于建嵘. 岳村政治——转型期中国乡村政治结构的变迁［M］. 北京：商务印书馆，2001：41，126.
张静. 基层政权：乡村制度诸问题［M］. 上海：上海人民出版社，2007：18-19.
② 埃里希·弗洛姆. 逃避自由［M］. 刘林海，译. 北京：国际文化出版公司，2007：33.

文化造就的蒙昧和对人的依附，将宗法权利和权力神圣化驱逐出人的大脑，让知识人在独立人格、独立思考、独立判断中确定个人的主体性。而这种意识和素养的发展，短时期内是很难实现的，因为这既依赖个人的秉性天赋，又需要整个乡村教师行业的经济富足，无闲暇时光的人是很难关注他人的。

其次，在学校内的空间维度上，乡村教师要创设学校共同体生活，让每个人走出私人的小我，走向大家中的"我"，用公共交往来滋养公共理性。教育生活也是一种微型的政治生活，教育生活中也会涉及自由、民主、正义、公平等政治问题，所以，生活在一个富有良好政治情怀的教育生活中的人，也就自然学会了关心政治、分析政治，形成强烈的政治意识，培养良好的政治素养。当然，学校并不是现实的政治场，政治意识和素养的培养并不是主张学生走上街头参与政治生活，而是以教育特有的优势，在学科教学中，在教育活动中渗透提高政治素养，或者让学生、教师、管理人员等因公共事务而结成的团体真正发出声音。同时，政治素养教育不等于政权教育和意识形态灌输，而是教会学生从全人类的历史的角度，去看待人与他人、社会、国家的错综复杂的关系，从而破除"没有他人的教育"之弊端，打破霍布斯所说的"唯我式的个人主义"（egoistic individualist）社会带来的人心失序魔咒。

再次，从村庄知识人不同群体的关系来看，要积极促成乡村知识人小共同体。乡村文化是凝聚村庄人精神归属的动力根源，它以村庄名人、村庄历史、村庄传说、民间故事、民谚俗语、礼节庆典、族谱庙宇等各种各样的形式存在，而当下乡村文化的败落就是这些关切人的精神世界成长、为人处世规则等可以看得见、摸得着的文化形式的没落。乡村文化不只是代表传统中国，也不能用传统—现代的二元思维去看待、评判孰优孰劣，如同不同宗教信仰之间，不可以用是否先进来相互比附甚至选择。这才是中国的、民族的地方知识，生活方式再变化，经济形态再演化，政治治理再现代，都不能离开中国人的精神之根，否则就如同化了妆的舞台小丑，即使形象生动地演绎出生活的辛酸苦辣，也是别人的，而不是自己的。晚年费孝通的文化自觉论，表达着他从一个"天下大同"论者变为"和而不同"论者的心路历程：

> 文化自觉只是指生活在一定文化中的人对其文化有"自知之明"，明白它的来历、形成过程，所具的特色和它发展的趋向，不带任何"文化回归"的意思，不是要"复旧"，同时也不主张"全盘西化"或"全盘

他化"……在这个已经在形成中的多元文化的世界里确立自己的位置，经过自主的适应，和其他文化一起，取长补短，共同建立一个有共同认可的基本秩序和一套各种文化能和平共处，各舒所长，联手发展的共处守则。……"各美其美，美人之美，美美与共，天下大同。"这句话我想也就是今天我提出的文化自觉历程的概括。①

乡村的现代化变革方向是必然的，但现代化的发展方向却不只有西方的单一向度。儒学在现代化过程中起着安抚人心、重塑精神世界的作用，其作用方式也不是自觉产生的，而是依靠一些外在的形式表达自我。乡村教师等知识人群体，就可以利用其专业优势，形成文化共同体，共同为修补乡村文化而聚合。以民俗为例，乡村教师应该成为民俗文化的整理者、创造性恢复者、技术性修补者，乡村教师要懂民俗、学民俗、爱民俗、整理记录民俗，这样被双重边缘化的乡村教师才能够找到恰当的角色定位。

最后，允许和鼓励社会力量进入乡村，创设自由宽松的政治环境，与乡村教师联合进行多元化的乡村实验。乡村建设如何开展，是我们面临的严峻的历史问题，知识分子在乡村建设中曾经扮演着重要的角色，但乡村教师在乡村建设中的作用不可高估，如许多学者从公共知识分子的角度谈乡村教师的公共参与问题②，这多少忽视了乡村社会结构的变化这一关键因素，要求乡村教师参与村庄所有公共事务既没有制度保障，又没有知识支撑。乡村教师已经不是过去的士绅阶层，在这种情况下，社会力量的介入会将打散的各股力量重新凝聚起来，形成本土的舆论力量、政治力量，制衡乡间基础组织权力的滥用。社会组织就可以借用乡村教师及乡村其他知识人的力量，以文化创生与教化乡民为鹄的，以非营利性文化机构为组织载体，搅动乡村的各种沉渣，让乡村成为所有在乡人、离乡人的精神家园。乡村的现代化可以走出独特的，不属于西方现代性与中国城市化的第三条道路。

---

① 费孝通. 反思·对话·文化自觉 [J]. 北京大学学报（哲学社会科学版），1997（3）：15-22.
② 唐松林. 公共性：乡村教师的一个重要属性 [J]. 大学教育科学，2008（5）.
   王勇. 当代乡村教师的社会角色困境与公共性的建构 [J]. 当代教育科学，2013（7）.

第七章

重回泥土：关于乡村教师生活变革的一场实验

> 我所代表的，就是我所站立的地方。(What I stand for/ is what I stand on)①
> ——温德尔·贝瑞（Wendell Berry）

第一节 重思乡村教育中的人、知识与社区

我们乡村教育研究中，很多问题不是教育发展问题，而是社会发展中的问题造成的，因此也很难单单通过教育来改观；有些问题则不具有乡村的指向性，若将许多论述中的"乡村教育"之"乡村"二字去掉，也并无二致。这一切的原因在于，我们没有对乡村教育进行根本的思考，即乡村教育哲学思考。乡村教育哲学的缺席，将导致乡村教育研究难以取得突破性进展。

温德尔·贝瑞（Wendell Berry）是美国作家，他放弃纽约大学的教职，去肯塔基州做了一位农民。他把农耕、农场和农民作为他创作的重要主题，被誉为美国农村的先知（prophet of rural America）②，但"他在书籍、散文、诗歌、戏剧、小说和短篇小说中流露的充沛教育学思想，被大多数教育学学者和学生忽视了"③。本文即以温德尔·贝瑞的乡村教育哲学思想为基础，思考乡村教育中的人、知识与社区（这其实是从本体论、认识论和生存论三个维度展开的思考），同时提出一种基于温德尔·贝瑞思想的生态乡土课程体系，以纠正当下对乡村教育的许多误识。

---

① BERRY W. New Collected Poems [M]. Berkeley, CA: Counterpoint, 2012: 240.
② SCHNEIDER K. Lyrical Plea to Preserve Fabric of Small Farms [N]. New York Times, 1988-02-27 (5).
③ MADHU M S. What Are People For? Wendell Berry on Education, Ecology, and Culture [J]. Educationa, Theory, 1994 (2): 135-157.

一、乡村教育的思考起点：工业主义教育及本质危害

工业主义教育主要是指当下课程与教学中大量充斥的城市话语以及工业文明思维，这也是现代教育的弊病根源所在。关于工业主义教育及危害，我们不应只注意到其为乡土文化带来的毁灭性的打击，还应该从教育目的、人与知识的本质入手，反思其在乡村教育中的表现。

贝瑞在反思美国现代教育的问题时认为，美国教育的目的是使人们在工业社会中"取得位置"。他声称学校实际上太专注于创造只是作为生产者和消费者的学生。① 他把现代教育称为"一种为年轻人在未来就业市场获取更多销售机会的'饲料'"②。这正是工业主义教育的目的观使然——工业主义教育视每个人为经济增长和社会发展的重要"人力资源"，将人绑在促进"进步"与"发展"的巨大机械中，去扮演一个"人力资源"的角色。在这种角色设定下，人与周遭世界是二元关系，人仅仅存在于世界中，而不是与世界或他人在一起，人是旁观者而不是创造者，并且更甚的是，"农村成员（领导、教师、学生）将他们作为旁观者的角色内在化，而不是作为强大的创造者，去批判性地感知他们在农村社会中存在的方式"③。同时，在这一目的观下，学校教育被视为谋求未来工作的必要手段。这种为未来工作准备的现代教育造成人和事物的巨大浪费，它经常服务于政治和经济议程，而忽视了自然资源和人类社区的福祉，因为它贬低了最"基本的人类工作"——如正式或非正式的社区活动、交往、服务等。这种工业主义教育在挖掘出巨大的人力资源的同时，也带来许多可怕的后果。美国著名生态主义学者大卫·W. 奥尔总结道：

> 这种教育在人类是世界的主宰的名义下，把我们和生物隔离开来；这种教育支离破碎而不是一个整体；这种教育过分强调成功和职业生涯；这种教育让知识分子失去感知；这种教育把理论和实践知识分离开；这种教育输送给这个世界的人才对自己的无知一无所知。其结果就是，人

---

① BERRY W. What are people for? [M]. San Francisco: North Point Press, 1990: 25.
② ALBECETE L. A Conversation with Wendell Berry [M]. Spokane: Communio, 2000: 27.
③ AZANO A P, BIDDLE C. Disrupting dichotomous traps and rethinking problem formation for rural education [J]. The Rural Educator, 2019 (2): 4-11.

类知识的进步必然会造成知识分子大规模的贪婪和不负责任之举。①

工业主义教育的问题不只出现在目的观、功能论上，还出现在人论和认识论上。人是什么？人的本质是如何确定的？人是如何认识世界的？这关系到教育中的德育论和课程论。

对乡村教育而言，在人论和认识论两方面，工业教育都共同遗忘了人和知识存在的环境，即"村庄"社区，或者换言之，工业主义教育将人和认识抽象化为一个纯粹理性发展的过程，放弃了人与环境应有的生态关联。在这种人、知识—环境的"隔离"状态下，人生存意义产生的机制问题被泯灭，知识何以产生智慧的发生原理被忽略。因此，我们培养的人不只疏离农村，还丧失了人最美好的品质——负责。贝瑞是这样说的：

> 现代性的弊病是专门化，现代专业化的专业体系让人在专家面前放弃原本属于个人性的和普遍性的能力和责任。这一制度导致人们失去诸如食物生产、照顾婴儿、教育等基本责任，将这些责任推给专门组织，最终让人失去了在这个世界上负责任生活的品质。②

这种"隔离"主要是通过知识的分科来实现的。分科背后是对专家所指定的"客观的""标准的""价值无涉的"知识的认可。这些知识有着精致的编码系统，与乡村的经验和事实相去甚远，造成了社会公正问题，因为"社会公正不仅仅是一个资源分配问题，而且本质上是关于获取课程中知识编码形式的问题"③。可以说，如同种族文本是西方教育中最大的不公正，城乡文本是中国最大的教育不公问题的表达方式。尤其可怕的不是这种差别，而是这种差别已经内化为我们理所应当的事实，好像世界的真相即是如此。

知识与社区、知识与人的经验分裂后，知识就变成了抽象的、具有普遍

---

① 大卫·W. 奥尔. 大地在心——教育、环境、人类前景 [M]. 北京：商务印书馆，2013：15.
② BERRY W. The Unsettling of America: Culture and Agriculture [M]. San Francisco: Sierra Club Books, 1996: 19.
③ CONNELL R W. Citizenship, Social Justice and Curriculum [J]. International Studies in Sociology of Education, 1992 (2): 51-60.

意义的文化霸权，不只造成一些公平正义问题，最重要的是人的生存意义无处安放，给乡村学生造成极大的自我认同问题。当然，我们更没有培养民主社会负责任的社区成员所需的技能、价值观和纪律。

总而言之，技术理性下的工业主义教育对乡村的伤害是深刻的。它以进步和效益为名对农村、土地及其居民造成了巨大的损伤，并且人们通常会否认或者模糊化这些伤害，称其为不可避免的"副作用"、社会进步的"代价"。这种伤害的运作机理是"割裂"，割裂人与自然、人与社区、人与他人甚至人与自我的联系。

那么，应该如何思考乡村教育中的人、知识与社区的联系，并从重建这种联系的角度去思考重建民间社会、民主社会？接下来，就针对这一问题，从温德尔·贝瑞乡村教育哲学的视角粗略提出一套乡村教育课程体系。

二、温德尔·贝瑞的生态教育哲学观

温德尔·贝瑞的乡村教育哲学思考在一个农村社区里，人、知识、社区是如何共存及互动发展的，用另一种说法就是，人是如何通过学习（知识）而获得生存的意义、生长的动力，最终发现自我、形成自我、成为一个完整的人的？

概括来讲，温德尔·贝瑞是用生态主义视角来看待人、知识与社区的关系的。这首先来自其独特的世界观，有学者将它称为"社区型世界观"（the Communal Worldview）。[①] 在贝瑞的世界观里，居于核心地位的是一个人对社区的责任感和认同感。1993年，当被问及他将如何改善教育时，贝瑞说："我对教育的态度就像我对其他事情的态度一样。我会改变标准。我将社区健康视为标准。"[②] 社区健康需要良好的管理，而在贝瑞看来，良好的管理只可能来自对爱和知识的地位的重视，因此，良好的管理必然是教育的问题。但和他之前的爱默生（Emerson）和梭罗（Thoreau）一样，贝瑞对公立学校引导社会变革的能力持怀疑态度。"体制，"贝瑞写道，"在向权力和自我保护的方

---

① WILKIE R. Wendell Berry's Conception of Knowledge and His Communitarian, Ecological Worldview [J]. Ohio Valley Philosophy of Education Society, 2003 (34): 110-120.
② JACKSON. Conversations with Wendell Berry [M]. MS: University Press of Mississippi, 1993: 100.

向发展，而不是向更高尚的方向发展，除非体制中人的道德观念可以制约他们。"① 在贝瑞眼中，农村学校对农村社会福祉以及国民生活品质的贡献可能比它们所做的更大。

贝瑞把社区看成是一种分享的状态，要"了解所分享的土地以及与其分享同一土地之上人的心理和精神状态，正是这些人解释和限制了彼此生活的可能性"②。人们如何分享这片土地，就如何影响人们的精神状态。在一个真正的社区里，个体有细心关照土地的责任，并与他人进行分享交流。由此，每个人就成为"道德代理人"（moral agents），有责任去维护这片土地，并为土地上的居民谋福。同时，知识的形式必须与社区有明确的联系，才能对学生的思想产生影响。这就是贝瑞对社区之于世界观意义的重视。接下来围绕人、知识与社区的关系做较为详细的解释。

首先，贝瑞认为人类是创造者和道德代理人，他们只能在其周围的土地和社区中实现他们的人性。当个体进行人格建构的时候，不是社会性的，而是生态性的，这种人格建构并不是在孤立的情况下发生，而是为社区生活所调节。源于此，才出现"自我"的概念。换句话说，贝瑞认为，人不是被社会建构的，而是和个人生存的地理空间辩证地联系在一起。如同贝瑞自己所说："健康的文化，是一种由记忆、洞察力、价值、工作、欢乐、尊敬和渴望组成的集体秩序……它阐明了我们与土地和彼此之间不可逃避的联系。"③ 这种对自我的定义，有学者称其为"关于人的本质的生态观念"④。这种人性论的哲学基础是人的"生物亲缘本能"。人有一种对大自然万物的热爱、对生命的挚爱，与其他生命形式相互交往的强烈欲望，大卫·W. 奥尔用"生物亲缘本能"来表达。⑤ 贝瑞的人性观类似于这种说法，他认为，"关心"这一品

---

① BERRY W. Recollected essays 1965—1980 [M]. San Francisco: North Point Press, 1981: 212.
② BERRY W. The Long-Legged House [M]. New York: Harcourt, Brace and World, 1969: 61.
③ BERRY W. The Unsettling of America: Culture and Agriculture [M]. San Francisco: Sierra Club Books, 1977: 43.
④ CAMPBELL J, Personhood and the Land [J]. Agriculture and Human Values, 1990 (1): 39-43.
⑤ 大卫·W. 奥尔. 大地在心——教育、环境、人类前景 [M]. 北京：商务印书馆，2013: 159.

第七章 重回泥土:关于乡村教师生活变革的一场实验来

质,使生物摆脱人类对它们的解释,进入它们自己的实际存在和它们的本质神秘。我们承认它们不是我们的,我们承认它们属于一种秩序与和谐,而我们自己就是这种秩序与和谐的一部分。"在这个富饶而危险的世界上,为了应对我们存在的永恒危机,我们只有永恒的义务去关心。"①

人与土地关系的本质也是关心。贝瑞认为,只有通过照顾自己的地理空间,一个人才能过充实的人生。对贝瑞来说,实现一个人的完整人性取决于他与他所居住的土地的深度联系。用贝瑞自己的话来说,这是因为"正如我们和我们的土地是彼此的一部分,所有在这里作为邻居生活的人、植物和动物都是彼此的一部分,因此不可能单独繁荣"②。所以,当人与土地疏离开来时,人也与周边其他的人疏离开来。正是通过土地,我们在文化、智力和精神上实现了人性。

所以,在孩子成人的过程中,对他人、对社区的关心具有本体论层面的意义。

以贝瑞的教育哲学来说,让孩子认识到去做有必要但有时有些枯燥的工作是件有尊严的事情。让孩子成人的方式之一,就是让孩子融入本地社区,多与成年人交往,而不是单纯与同龄人交往。孩子如何对待土地及其居民,最终将决定孩子自己的性格。孩子与身边人与事的交往,认同并对社区负责,这种品格是信任和乐观的,是养育和关怀,是对话性的、开放的,有着情感上的回应和移情。最终,孩子成为精神的"返乡者"。

其次,在知识论上,贝瑞同样持极具"泥土性"的观点,认为知识要适应地方性。他说,"我们一般化的知识,即作为这种知识增长的力量,又是增加破坏的力量,它未能接受适应地方性这一责任"③。地方性知识的重点不在于"地方",世界上找不到不是来自地方的知识。其核心内涵在于其"地方性",即这些知识深深扎根地方土壤,在特定的文化共同体中才能发挥作用。所以,"地方性"不仅是在特定的地域意义上说的,还涉及在知识的生成与辩

---

① BERRY W. Another turn of the crank [M]. Washington D. C. : Counterpoint, 1996: 77.
② BERRY W. The Unsettling of America: Culture and Agriculture [M]. San Francisco: Sierra Club Books, 1977: 22.
③ 温德尔·贝里,大卫·凯里,王荣江. "如何认识科学"(八):科学的滥用及其危害——大卫·凯里对温德尔·贝里的访谈 [J]. 淮阴师范学院学报,2015(4):450-456.

护中所形成的特定的情境，包括由特定的历史条件所形成的文化与亚文化群体的价值观，由特定的利益关系所决定的立场和视域等。"地方性知识"着眼于如何形成知识的具体的情境条件，其"知识的主体也既不是单一的个体，更不是什么普遍的人类性，而是特定时间和场合中具有连带关系的共同体"[1]。它其实打破的是近代科学笼罩的"宏大叙事"的意识形态，在这个意识形态下，知识成为与地方、种族、文化无关的价值无涉式的陈述。它并不曾认识到，科学或知识是一项公共的事业，而不只是存在于少数知识精英和技术专家头脑中的东西。知识的有效性必须以别人的实际认可为前提。从这个意义上说，他们一起共同构造了知识。知识作为一种"语言游戏"，它没有旁观者，而只有实际的参与者。知识的主体必定是共同主体。知识的内容与准则只在特定时代的共同体内部得到辩护，因此也只对共同体成员有效。从这个角度来讲，包括科学知识在内的知识都具有地方性知识的特点。

当知识的形式与集体生活脱节时，教育过程就会受到葛兰西意义上的文化霸权的影响，或者用贝瑞的术语叫作"思维支配"[2]，因为当想法与经验脱节时，没有任何基础可以让学生批判性地评估它们。当知识脱离经验（本地社区就是经验的生产地）时，霸权便乘虚而入，学生因为知识与经验无关而失去了批判性评价的力量。这种脱节有助于使头脑迟钝和顺从，而不是积极、同情和丰富。以社区生活为基础的教育思想类似于柏拉图意义上的城邦教育，参与社区生活将是一个核心因素，知识形式在这个基础上得以统一和完整。学校将成为学生和社区深度融合的场所，进而成为发展民主人格的场所。"学校治理民主化，使社区在学校生活中有实质性的发言权，将创造一种自主和承诺的气氛"[3]，所以当且仅当社区感到自己是学校的一部分并拥有学校的所有权时，社区才可能会密切地参与学校修理。

贝瑞批判那种按照学科分门别类的知识学习，认为"真理问题源于对一件事与另一件事的比较，源于对一件事与另一件事之间以及一件事与许多其他事情之间的关系和影响的研究"[4]。对贝瑞来说，知识是一种判断能力，需

---

[1] 盛晓明. 地方性知识的构造 [J]. 哲学研究, 2000 (12): 36-77.
[2] BERRY W. The hidden wound [M]. Boston: Houghton Mifflin, 1970: 126.
[3] ROWAN B. Commitment and control: Alternative strategies for the organizational design of schools [J]. Review of research in education, 1990 (16): 96-114.
[4] BERRY W. Home Economics [M]. San Francisco: North Point Press, 1987: 91.

要对一个相互依存的世界进行"直觉和经验的理解"。此外,判断力及其产物——真理,也取决于"想象"①。贝瑞还非常重视知识学习中想象力的培养,因为想象力能修正我们的经验,引导它在新的方向上寻求与土地彼此和谐共处的新关系和可能性。因此,地方性知识成为知识的最重要和最可行的形式,因为一个人的地方性知识就是经验性和直观性的,它是从一个人持续生活在一个地方的生命体验中涌现出来的。

如此,贝瑞将知识的本质从客观性转换成情境性,将知识的功用从问题解决扩展到生命体验和之于共同体发展的意义上。知识的内容与准则只在特定时代的共同体内部得到辩护,因此也只对共同体成员有效。这样的知识学习便与人性的完善、社区的发展紧密结合起来。

综上,温德尔·贝瑞的乡村教育哲学将教育、人性发展和社区生活联系在一起,是传统古典主义(特别是古希腊思想)、进步主义和批判教育学三者的融合。但是,温德尔·贝瑞的思想又有其独特的方面。接下来着重对贝瑞与杜威(Dewey)的思想进行比较,以利于进一步把握和理解温德尔·贝瑞的乡村教育哲学。

尽管警惕过度简化是明智的,但它们有助于说明根本的差异。在教育目的上,杜威认为教育是为自由社会创造有能力的公民,而贝瑞认为教育的目的是帮助创造我们自己的邻居。在1993年的一次采访中,当被问及教育时,贝瑞说知识就是"照料"②。然后他解释道:"如果你在教学时考虑到社区的健康状况,你就会努力使你的每一个学生都成为社区中最好的成员。"③ 对贝瑞来说,自由只存在于责任之中,而责任是对社会成员的责任,包括人类和非人类。它将帮助学生发展足够的想象力,以珍惜自己在世界上的地位,并给予足够的同情,以尊重他人在世界上的地位。它将以一颗质疑的心开始,并以社区和社区中所有人类和非人类生物的健康为目标。它需要所有人能够知道自己的生命和地方是宝贵的,能够想象别人的生命和地方也是宝贵的。

在课程与教学上,杜威与贝瑞同样保持"生态性"的观点,这充分表现

---

① BERRY W. Home Economics [M]. San Francisco: North Point Press, 1987: 94.
② Jackson. Conversations with Wendell Berry [M]. MS: University Press of Mississippi, 1993: 103.
③ Jackson. Conversations with Wendell Berry [M]. MS: University Press of Mississippi, 1993: 113.

在他对"经验"这一核心词语的阐述上,他认为:

> 经验既是关于自然的,也是发生在自然以内的。被经验到的并不是经验而是自然——岩石、树木、动物、疾病、健康、温度、电力等。在一定方式之下相互作用的许多事物就是经验,它们就是被经验的东西。当它们以另一些方式和另一种自然对象——人的机体——相联系时,它们就又是事物如何被经验到的方式,因此,经验达到了自然的内部,它具有了深度。①

在课程内容上,跟杜威将社会(如银行、商店等)视为重要的课程资源不同,贝瑞把研究自然作为农村学校教育的中心。他认为,如果农村的学生能够领略到农村,城市生活的吸引力会减弱。学生们会留在乡下,而"平衡力"将继续稳定社会。② 如果农村居民要有真正的社区,那么,根据贝瑞的说法,必须重新建立与自然的平衡。人们必须密切关心彼此,珍惜他们所拥有的土地。他们还必须更加珍视彼此了解的方式、他们日常生活中的仪式和他们对当地环境的了解。③

再次,杜威对科学方法的重视是众所周知的,他对科学技术及其给人类带来的好处表现出极大的赞赏。杜威的"永远向前和向外"的口号暗示着一种稳步前进的形象,眼睛锁在未来,而贝瑞的观点并没有那么线性。贝瑞不愿意接受每一个变化都是一种进步,他倾向于把世界看作循环的,人们依赖过去来帮助他们理解应该如何生活在现在。杜威把他的信念放在实验探究上,而对贝瑞来说,学习尤其应该是来自文化和传统的教导。特别是当它涉及人们如何在一个特定的地方可持续地生活和工作时,贝瑞更重视通过教育、文化或传统传承下来的知识的价值,在一个地方的文化和传统中,积累的知识、技能、价值观和实践有助于保持一个地方的生活方式。他们需要知道的是如何在一个特定的地方可持续和优雅地生活,这是由生活在那里的人经过几代

---

① 杜威. 经验与自然 [M]. 傅统先, 译. 南京: 江苏教育出版社, 2005: 3.
② THEOBALD P. Rural Philosophy for Education: Wendell Berry's Tradition [J]. ERIC Digest, 1992 (01): 1.
③ THEOBALD P. Rural Philosophy for Education: Wendell Berry's Tradition [J]. ERIC Digest, 1992 (01): 6.

人的发展而来的。这种对文化多样性的重视，是贝瑞所特别珍视的。对于这一点，鲍尔斯（Bowers）在考察杜威、弗莱雷（Freire）的思想时也有相同的表达，他也认为杜威和弗莱雷都没有对文化多样性或生物多样性给予足够的重视。为此，他写道："我们需要仔细审视杜威和弗莱雷的思想，因为他们没有认识到，批判性探究对于决定什么需要被保留和决定什么需要被改变同样重要。"①

最后，与杜威更强调实践教育不同，贝瑞呼吁在农村学校开设人文课程，将文学、历史作为基础学科。这种人文教育包括教导批判性地使用语言，并对语言的伦理后果保持敏感。他认为人文课程的内容必须与农村知识和农村关切相结合。这一立场对贝瑞的哲学至关重要，因为在他看来，国民经济滥用农村人口和农村资源都是为了短期收益，这种短视不仅破坏了农村地区，而且忽视了人们本来可能向往的最有价值的目的。农村社区必须教育他们的年轻人采取明智的行动，教授他们朝向美好生活的做法和知识。

三、生态乡村学校课程设想

温德尔·贝瑞的乡村教育哲学对我们重新思考我国当代乡村学校课程具有很大的启发意义，特别表现在对乡村社区"泥土"价值的再认识上。一方面，"泥土"价值体现在本地的课程资源上，如乡村建筑、民俗、人物、气候、动植物、农耕技艺等，也就是贝瑞所说的"知识要适应地方性"，这个属于乡村之于学校的价值；另一方面，则体现在学校之于乡村社区的作用上，包括民主社会的建设、民间社会的恢复，即贝瑞所说的培养"负责的居民"以及"人的批判精神"。这是贝瑞教给我们的处理乡村学校与乡村社区的两条线，乡村、孩子、居民组成一个生态系统，知识在这里滋养，人格在这里培养，一个有着文化共同体的民间社会在这里形成。

我们先结合这两条线反观我国当前乡村教育课程实践及研究中的一些问题。在乡土资源的利用上，我们最大的误读在地方乡土课程上。地方课程在当下已经走向歧路，变成地方风景、地方人物、地方文化的名片式介绍，做

---

① BOWERS C A. Silences and double binds: Why the theories of John Dewey and Paulo Freire cannot contribute to revitalizing the commons [J]. Capitalism, Nature, Socialism, 2007 (3): 145-155.

得比较认真的地方通过编辑出版教材的方式使地方课程"正规化"。但不得不承认，地方课程耗时耗力，所起到的效果却令人失望，其原因就是把地方课程当成一门科目来学习，而不是作为乡土素材将其课程化。

我们需要警惕，乡土课程如果没有课程化的理智化过程，乡村的一切资源都会成为无意义的重复，甚至可能会引发对课程乡村化的误解，认为乡土课程是低级甚至是粗鄙的。比如，让乡村木工巧匠现场展示如何做椅子，学生如果只是观察、记录或者最多写一篇观后感，抒发一通对劳动的热爱以及对传统文化的敬仰，那么这种所谓的乡土人本课程会异化为"乡村文化的陈列馆"，而不能成为"现代文化的发酵池"。在陈列馆里，乡土是用来瞻仰、怀念的；而在发酵池里，乡土只是如同落叶、瓜果皮等一般的物料，我们需要加上学科概念的视角、理性的思考等，从而搅动这些陈年物料，盖上沉沉的负责任的盖子，等待时间将他们滋润，最终发酵成能滋养泥土的养料。

在第二条线即乡村教育之于乡村社会的政治作用上，我们几乎没有涉及。那种类似到敬老院打扫卫生一般的社会实践活动课，很难达到贝瑞所说的形成"社区健康"的社会意识水平。如果说第一条线是"地方的课程化"的话，那么第二条线我们应该遵循的是"课程的地方化"。"地方的课程化"解决了将知识简单陈列的弊病，而"课程的地方化"则直指课程的实施方式，普通的农民、乡村知识人等所有乡村主体如果不参与乡村课程，与乡村教师、学生一起关注乡村公共事务，乡村学校只能还是农村里的"孤岛"一般的存在。囿于书本的知识不能达到上述作用，因为社区就是其中的居民所分享的共同理念，社区就是说服，其中的知识因为具有了地方性而具有了公共性。在这个说服、共享的过程中，民主意识才会形成。

可见，贝瑞所倡导的知识学习是联系的、生态的、有生命的。知识是关于我们生存环境中的事物的意义，知识就是意义，这是知识的存在论视角。知识因被理解（主观）而有意义，不是因为了解（客观）而有意义。知识如果没有对他人、社区、大地、世界的关怀、承担，就没有了温度。知识从这个角度来讲，是柔软的，而不是僵硬的。知识的意义尺度并非否定知识的功用，而是将知识的功用也限定于意义之中。假如知识的功用成了破坏自然、异化人类、疏离他人支离共同体的过程，知识的功用也就走向了反动，知识成了希腊神话中的海妖塞壬（Siren），拥有美丽的歌喉，却常用歌声诱惑航海者而使航船触礁沉没。

第七章 重回泥土：关于乡村教师生活变革的一场实验来

要实现这种生态论、存在论意义上的知识学习，就需要树立新的知识观：知识的地方化而不是关于地方的知识。我们现在的乡土课程如果说有的话，更多是关于乡土的知识，而不是知识的地方化。知识的地方化是在人、知识、社区三者的互动中形成的，它是人获得生长力量的重要来源。知识与社群的互动所产生的地方性知识是一个人发现自我、形成自我的来源。知识的责任感也是知识对人的最大意义，人在社群中去了解、分享知识，知识就既成就了自己，也成就了他人，从而产生了意义。

基于上述生态的、存在论的知识观论述，接下来我们简要说明一下基于泥土的课程内容、实施、评价。需要说明的是，论者并非要构建一个所谓的思想体系——这既是文章及能力所限，也基本上是一种妄念——而是一套思考乡村学校课程变革的大致路径，但为了行文方便，姑且用"体系"一词代之。下图是这个体系的大致思路

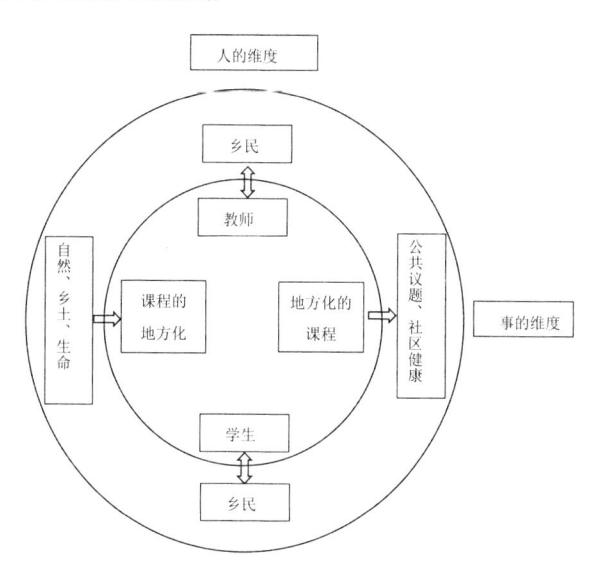

图 7.1 生态乡土课程体系示意图

这个课程体系将乡村学校视为生态系统中的一个组成部分，作为内圈的学校处于外圈的乡村环境中，与乡村保持着"能量"和"信息"交换，产生系统的平衡态。具体来讲，可以从横向的"事的维度"和纵向"人的维度"两个维度来进行分析。

"事的维度"首先是课程的地方化问题，即将乡村中诸如自然地理资源、乡土风俗、动植物等课程资源进行主题化的改造，纳入学校课程，将学校课

179

程本地化，同时要警惕上文所论述的"陈列化"的弊病，地方资源的理智化过程，是非常重要的一个内涵。"事的维度"还包括乡村中的公共议题、社区健康，如村庄垃圾卫生、村庄经济发展、村庄文化整理、村庄建筑规划等，涉及村庄变革与发展的一切议题，都可以让学生进入村庄调研、设计、讨论、建议等。如果说课程的地方化是为了孩子用理智的方法去了解村庄的话，那么地方化的课程是为了让孩子用理智的方法去变革村庄、发展村庄，形成对村庄的责任感，并在这个过程中形成参与意识、民主意识和共同体意识。

"人的维度"处理的是参与主体的问题。生态乡土课程参与的主体不只是教师、学生，还有村庄村民，包括一些乡村工匠、手工艺者、赤脚医生、民俗能人、民间艺术家等，当然也包括普通的农耕农民、进城务工者等。打开校门办学，不只是体现在课程内容上，还要体现在课程实施主体上。与成年人和社区的交往，不只是为孩子以后成为公民做好了准备，更重要的是要发挥乡村教育的社会教化作用，实现乡村社会的整合，如同梁漱溟先生所说的，乡村社会建设的核心正在于"建设一个新的社会组织构造"，在于"增进社会关系（由散漫入组织），调整社会关系（从矛盾到协调）"。①

生态乡土课程的评价问题不能绕开当下的国家课程评价体系。我们当前教育变革包括乡村教育变革的问题症结在于没有将课程体系的变革同课程思想的变革结合起来。我们增加了课程的内容，甚至改变了既有的课程体系，但课程实施上陷入低水平、低纬度的思维训练中，如同"一公里的长度，一厘米的厚度"一般的浅尝辄止式的教学，最终导致变革与评价要求的撕裂。要改变"一变就乱，一乱就回归应试教育"的变革悖论，需要进行深度教学，将乡土资源进行学科化，乡土资源的学科化就是理智化，理智化的路径就是学科化（要注意学科化和分科化的区别，分科是理智化的后果，而不是前提）。而学科化的本质就是学会研究，形成理性的、科学的心智模型。概念是心智运转的基本单元，也是认知结构的构成要件，从这个角度来说，研究就是概念的升级。诸如乡村项目式学习（Project Based Learning，PBL）一般的乡村课程变革方式，正是让乡村孩子扎根大地做研究，这就是解决评价的悖论问题的关键、核心，也是解决当前其他课程变革危机的关键所在。所以，从这个角度来说，乡村教育变革问题就是现代文明关照下的传统发展问题，

---

① 梁漱溟. 中国民众的组织问题 [M]. 济南：山东人民出版社，2005：790-795.

失却乡土文明的根,乡村教育就同幽魂般游荡在半空,但没有现代文明之光,乡村文明也不可能被照亮。

总之,温德尔·贝瑞不仅给他的读者提供了对乡村生活的诗意憧憬和对现代工业的批判,还提出了一套规范的教育哲学,这对我们如何看待农村学校的性质、农村的课程与教学变革有重要的启发作用。"贝瑞的社会哲学要求从根本上重新认识农村学校教育,其目的旨在发展以社区为基础的人所构成的民主生活场所。"[①] 这句话可以说点出了贝瑞课程哲学的核心:一种将社区视为人的自我形成的根基,视为彻底改变学习方式的核心支柱,视为民主社会形成的底层逻辑的生态主义、存在主义课程哲学。

诺贝尔文学奖获得者莫言曾经将他生活的高密东北乡视为"血地":这地方有母亲生你时流过的血,这地方埋葬着你的祖先,这地方就是你的"血地"。贝瑞也给我们同样的启发,故乡是精神的原乡,回避故乡就是拒绝成为自我。这个跟精神分析的理路是类似的,故乡其实就是童年。自我与故乡和解后,人就富含极大的创造力。同理,乡村教育如果不能让孩子和家乡和解,就是在破坏孩子的自我。生态乡村学校课程就是以课程的方式努力帮助孩子找回自我、建设自我,最终建设一个民主、和谐的乡村社区。

第二节 乡村书院:一种重构乡村教师生活的可能形式

乡村教师生活的重构离不开乡村这一环境系统的变革。自从十九大提出乡村振兴战略以来,乡村振兴背景下的乡村学校的变革与发展,已然成为当下教育研究的热点问题。本文将乡校建设问题立足时代变迁的宏大背景下去观察,从国家—社会理论视角去俯瞰过往、眺望未来。也正是在重新思考乡村学校变革、乡村课程变革的条件下,乡村教师生活重构才成为可能。

一、国家—社会理论关照下的百年乡村建设

作为研究背景,要研究乡村学校与乡村社会、国家的关系,需要将这一

[①] SNAUWAERT D T. Wendell berry, liberalism, and democratic theory: Implications for the rural school [J]. Peabody Journal of Education, 1990 (4): 118-130.

问题置于乡村社会建设百年的历史维度中进行考察。这属于纵向的、"全景"式的观览,它从乡村与学校的关系入手展开梳理,即从乡村教化的角度展开爬梳,涉及乡村变革的机制问题,并在对这一机制的梳理中,探究出国家现代性视角下乡村学校败落的原因。可能只有看清了这个问题的本质,再谈乡村学校变革与发展,才能顺理成章。

(一)独舞:民国乡建中的精英模式

清末民初的我国乡村运动中诞生的一系列乡村建设与乡村教育理论与实践,掀起了余绪犹在的乡村建设运动,这主要包括梁漱溟的文化保守主义的行动理论、晏阳初的平民教育行动理论和陶行知现代民主国家教育的行动理论。

梁漱溟纳社会运动(现代化运动、乡村振兴)于教育之中,以教育完成社会改造,完成对人的文明化的改造,培养农民的自救意识,启发农民的自觉意识,最终通过人的发展消除城乡分野,完成城乡二元社会的一体化改造。晏阳初的平民教育的行动理论认为其时中国所有的问题是"人的改造",同样以教育为工具,推动经济、政治、卫生、文化全面发展的乡村建设,振兴乡村。他遵从"除文盲、作新民"的宗旨,通过推行平民教育运动来改造社会、挽救危亡。陶行知则将建设现代民主国家作为乡村建设的价值取向,认为乡村教育是传播现代伦理观、现代价值观、现代道德观的试验田和驱动器,力图使农民子弟变成能够履行社会公共职责的新国民。

总而言之,民国初年的"乡建派"将乡村学校与乡村社会密切相连,通过学校的变革实现社会及乡民的现代化,强调乡村教育与国家现代文明的关系,但本质上来讲,此阶段的乡村教育运动是精英主义的,这与当时的社会环境及政治环境密切相关。其时,国家权力式微,自由主义、保守主义处于平衡状态,但风起云涌的乡建派,最终结果正如梁漱溟所言:我们搞了多年的乡村建设,"号称乡村运动而乡村不动"[①]。这也为反思当下乡校建设留下思考和行动空间。

(二)"乡村社会主义改造"(1953—1978)时期的乡村学校

这一时期,国家通过将政权组织下沉到乡村而将离散的乡土社会高度整

---

① 梁漱溟. 梁漱溟全集(第2卷)[M]. 济南:山东人民出版社,1990:573.

合到政权体系中，传统的国家、士绅和农民三角关系演变成了国家与农民直接的双边关系，此时的乡村学校（乡村教育）基本成为政治文化的附庸，乡村学校与社会、国家是密切相连甚至不分彼此的，乡村学校失去了其独立性，成为政治教化的工具和场所，乡村教育成为国家汲取乡村资源来建设工业化强国的文化助推器，从此城市—乡村的二元结构成为后续中国社会发展的痼疾。

但从学校与乡村社会的关系来讲，学校与乡村社会还是密切的鱼水关系。一方面，是因为乡村教师主要来自本村或附近村庄；另一方面，也与当时的社会结构密切相关，在还是铁板一块的农村社会，包括乡村教师在内的群体，都被固定在一个功能化的区域里。

（三）村庄里的国家：乡村教育与乡土的第一次疏离

1985年，国家颁布《中共中央关于教育体制改革的决定》，提出简政放权的教育决策导向。1986年国家颁布《中华人民共和国义务教育法》，我国开始实施九年义务教育，在改革开放的背景下，上海1988年进行基础教育课程改革，提出素质教育的改革方向。于农村教育而言，特别是自乡村教师工资与乡镇财政脱离以来（20世纪90年代初期），变革将乡村教育更进一步拨离开农村，从教师体制身份、教师业务压力以及教育内容的科学化等方面，农村教育逐渐与乡土社会脱离开来，农村教育成为"村庄里的国家"，与乡村社会的分裂从此开始，乡村教师被边缘化的同时，乡村教育也被日渐强势的"城市文明"掳掠，跟随城市文明亦步亦趋，乡村教育成为被改造、被提升的对象，国家理性再一次对乡村教育产生影响，只不过这次国家理性背后是深刻的经济理性、效率理性。

边缘化的乡村教育，成为国家效率理性及经济理性主导的人才输出地，乡土社会与乡村教育的联系纽带，仅靠着功利性的受教育者的可能的光明未来联系着，应有的乡村教育的社会作用日趋衰微。

（四）连根拔起：农村撤点并校导致的乡村教育与乡村社会的彻底分离

2001年5月，国务院颁布的《关于基础教育改革与发展的决定》，该文件要求，在方便学生就近入学的前提下，要适当合并农村小学和教学点。其后各地迅速展开了追求规模效益的"撤点并校"运动，农村小规模学校成为被撤并的主要对象。21世纪教育研究院发布了《农村学校布局调整政策的评价与反思》：以 2001 年 5 月国务院颁布的《关于基础教育改革与发展的决定》为起点，启动全国范围内的农村学校布局调整，到 2012 年 9 月《国务院办公厅关于规范农村义务教育学校布局调整的意见》的出台——"撤点并校"政策走到了终点，这 10 年间，我国农村中小学数量锐减一半，小学在校生数量减少了 23.72%，小学数量却减少了 56.43%。[①] 直到 2015 年中央一号文件明确提出，要"全面改善农村义务教育薄弱学校基本办学条件，提高农村学校教学质量"，并要求要"因地制宜保留并办好村小学和教学点"，此时的小规模学校才受到重视和重新规划，乡村教育的社会功能才得以重新思考。

可以说，乡村教育发展史揭示了乡村教育的发展逻辑：从精英逻辑下的乡村社会与乡土教育的深度融合，到另一端国家理性的渐次强悍，将乡村教育与乡土社会逐渐疏离、边缘化，最终在国家发展的自我保存的"极端现代主义"计划中定格。

二、纠偏现代性：基于文化共同体的学校文化权力网络的重建

中国的现代化是伴随着文化上移的过程，就是传统文化与现代文化的对冲过程。这种对冲表现在教育上，就是伯恩斯坦（Bernstein）所说的精致性语言和局限性语言之间的冲突。[②] 精致性语言具有概括性强、内容精准、逻辑性强等特点，较少受到语言背景的限制，属于中上层阶级的语言特点；而局限性语言较多受到语言背景的限制，其语义是含糊的，语法是简单的，词语是匮乏的。乡村社会的衰败就是这种文化不适的集中体现。

这个过程根本上就是中国现代性发展与演变的过程。现代性在这个过程中，完成了对整个社会的全面垄断，表现为"社会世界"整体性的形成。"社会"代替了传统的"共同体"，全面接管人的工作与生活。

滕尼斯（Tönnies）认为，共同体与社会是两个不同的概念，有着不同的品性和组织基础。在社会中，人们是基于个人理性、独立性而形成的契约关系；而在共同体中，人们则是基于共同的风俗、传统、历史、信仰而带来的

---

① 21 世纪教育研究院. 农村教育向何处去——对农村撤点并校政策的评价与反思 [M]. 北京：北京理工大学出版社，2013：35.
② 伯恩斯坦. 阶级符码与控制——教育传递理论之建构 [M]. 台北：联经出版社，2007：3.

人与人之间的信任关系。所以他将"由自然意志占支配地位的联合体称为共同体",而"通过选择意志而形成并根本上被其决定的联合体称为社会"[①]。现代性将人脱离开稳定的心灵秩序,将人置于自由的联合下,这种将人从"温暖的土地"上拨离开的力量,在乡村主要是通过学校来完成的。

乡村学校是现代文明(或者说城市文明)的放大器,它通过刺激人们对城市的想象、对自由的向往、对美好的期待来实现其对传统的文化权力网络的彻底破坏。杜赞奇说,"乡村权力文化网络是乡村社会的一种内生性的政治文化力量,它是地方社会中获取权威和其他利益的源泉,是维护整个乡村地区稳定与发展、防止外来侵袭以及保护文化传统与权威的隐含力量"[②]。这个传统力量通过守望相助、家族关系、民风民约、乡贤表率等方式形成一个秩序井然的农村共同体。血缘和地缘的合一,是这个共同体延续的内在原因。而这个共同体在现代性的摧毁下一旦解体,就很难整合,"再多的汗水,也永远不会重新打开那扇通往共同体的天真、原始的同一与安宁的大门"[③]。

由是,乡村学校必须担当起重建乡土社会的历史责任。乡村社会的振兴与乡村学校变革有了命定的联系:乡村社会振兴离不开乡村文化的振兴,乡村文化振兴的基础是乡村中小学振兴,乡村中小学必须要在乡村社会振兴中扮演重要的角色。以学校为主体,塑造乡村社会文化共同体,是乡校变革的历史性命题。

当然,这不是要恢复传统的基于血缘与地缘的共同体,而是要形成一种新型的文化共同体、一种生态的文化共同体。恢复共同体文化,就是要重新构建乡村社会的心理秩序,让学校与乡村社会融为一个生态的系统。

具体来说,传统学校文化与村庄文化是同质的,传统教育的文化权力网络是由促进学生发展+村庄事务+文化政治权力构成的三重权力网络。首先,传统教育"学而优则仕"的教学价值,让学校先生对乡民有着天然的尊重感;其次,对村庄事务的大量参与也让学校及教师获得文化权力(如红白喜事、宗谱、仪式等);最后,由文化带来的政治权力让学校及教师获得优先权。但近代以来,单靠学校背后的国家权力背书,难以让学校获得更多的文化权力。

---

① 斐迪南·滕尼斯.共同体与社会[M].杭州:浙江大学出版社,2008:179.
② 杜赞奇.文化、权力与国家:1900—1942年的华北农村[M].南京:江苏人民出版社,2003:29.
③ 齐格蒙特·鲍曼.共同体[M].南京:江苏人民出版社,2007:15.

现代学制进入乡村以后，乡村学校被隔离在乡土社会之外，甚至被边缘化。加之，近代学制学校以来的现代文化知识与农村文化的异质化，学校内部知识分子（教师）与外部知识分子（赤脚医生、算命先生、退伍军人等）的世界观知识观冲突，近代学校被政治化后与村民生活的隔离等众多因素，进一步加剧了乡村学校与乡村社会的分裂。

在现代性进入乡村，乡村学校的发展成了城市学校的复制品的当下，如何走出"同质化"的城市道路，并通过乡村学校的发展，激发乡村社会发展、文化振兴的内驱力，这一问题需要得到重视。

三、乡村书院：基于文化共同体的乡村学校建设的愿景与策略

基于以上分析，乡校建设需要将教育与社会变迁结合起来考虑，进而回答乡村教育的振兴与乡村社会的复兴这一时代命题。如第一部分所阐述，乡村建设的模式既不能是国家设计的垂直模式，也不能是"精英的独舞"。梁漱溟在《北游所见记略》中，提出了一个形象而深刻的比喻："中国人民好比豆腐，官府力量强似铁钩。亦许握铁钩的人，好心好意来帮豆腐的忙；但是不帮忙还好点，一帮忙，豆腐必定要受伤。"[1] 乡村建设与乡校建设需要有个资源整合机制，否则国家或者精英的设计模式，就会走进梁漱溟所说的"铁钩"与"豆腐"的泥沼。

要解决这一矛盾，需要一个能发挥国家、社会、社会精英、农民自身等变革主体的自觉性和主动性的社会组织。乡村社会建设的核心正在于"建设一个新的社会组织构造"，在于"增进社会关系（由散漫入组织），调整社会关系（从矛盾到协调）"[2]，从而实现乡村社会的整合，实现乡村文化格局的变革。这一组织重建可以借鉴传统的乡村书院模式。

众所周知，书院文化肇始于唐，繁荣于宋，颓败于清。恢复传统书院之功能与风采，在当下已无可能，本文也无意如此。基于以上现代性对"社会"的摧毁，本文所提的建立"乡村书院"，其根本要旨在于恢复社会文化共同体，进而重塑社会，重塑乡民、乡村孩子、乡村教师。将乡村视为一个生态

---

[1] 潘家恩，张振，温铁军."铁钩"与"豆腐"的辩证——对梁漱溟20世纪50年代思想张力的一个考察视角[J]. 开放时代，2018（3）：99-117.

[2] 梁漱溟. 梁漱溟全集（第5卷）[M]. 济南：山东人民出版社，1990：790-795.

共同体,以文化为池塘之水,形成池内池外的能量交换,达到社会之平衡、和谐。

恢复乡村书院传统,并非要在农村依靠国家或民间力量重建一个机构或者组织,而是利用乡村学校的文化纽带作用,将乡村学校的变革与传统书院的精神相连。当然,如果在物质条件支持的地方,也可以在学校(或者撤点并校遗留下的校址)里建立一个实体的书院场所。但不论如何,传统乡村书院的精神才是需要重点关注的。

这个组织最好以半官方的民间组织而存在,可以是乡村学校为法人,这样就可以避免组织运行中的物质利益化倾向。组织的参与者可以是地方文化机构人员、学校老师、退休老干部老教师、社会公益文化组织、社会义工、大学生、民间或官方文艺工作者、大学教师、学者专家等,使组织成为一个资源的聚合地、文化的散播地。

具体到乡村书院的功能,下文结合传统书院的三大功能,即讲学、藏书、祭祀,从现代意义上做出如下愿景式构想。

乡村书院古来就有讲论的传统,是社会教育与学校教育的有机结合体。现代乡村书院可以通过讲座、论坛、培训、游学研学、灵修等方式,吸引优秀文化人才进行讲学,来实现文化的挖掘、创造与传播,既影响学生又惠及民众。讲学的内容可以是农作技术、手工艺技术、农村产业经营等具有浓厚农村特色的文化,也可以是优秀传统文化及现代文明文化,尤其是能勾连起学校与社会的教育相关文化传播,让孩子成为学校、社会、乡民联系的共同纽带,通过家庭教育、儿童心理、教育改革理念等各种文化内容的影响,社会可以重塑文明,形成文化的凝聚力。值得特别说明的是,文化传播不是单向的优势彰显,更应该让乡民充分参与其中,如上述的与农业文明相关的文化传播者,包括村庄能人、村医等村庄文化的传承者,都应该成为向当下优势文化反向传播的主体。

在藏书方面,现代乡村书院除了收藏图书(这方面可以结合乡村书屋工程联合操作,建成乡村图书馆),还收藏民俗民物、民谚、俚语方言、传说故事、名人逸事、历史遗迹、传统游戏、传统建筑等各种极具地方文化特色的实物或者非实物,并结合校本课程开发等教育行为或者地方志编辑等官方文化行为,对乡村文化进行更好的深入挖掘、保存、继承,留得住乡愁,听得到乡音,看得到乡貌。

书院祭祀在古代书院中占据重要地位。祭祀通过"仪式感"来制造意义。"仪式"通常被视为象征性的、表演性的由文化传统所规定的一套行为方式。它们经常被功能性地解释为在特定群体或文化中沟通、过渡、强化秩序及整合社会的方式。[①] 仪式揭示的是最深层次的价值，即超越性意义，它成为统领一个群体价值观的重要方式。仪式背后的信仰秩序一旦崩塌，权力秩序就容易崩溃，这在孔飞力《叫魂：1768年中国妖术大恐慌》中有深刻论述。[②] 所以，乡村书院作为文化权力网络的重要组成部分，就是将庸常的日子升华为具有超越性的仪式，并在仪式中体验人的价值与意义，进而形成稳定的心灵秩序，重塑乡村社会。

书院祭祀可结合农业节气开展，如春耕、秋收的祭祀，也可以结合教育活动，让乡村社会充分参与儿童开学、毕业、成童、成人等教育仪式活动，将乡村社会的祭祖活动融入乡村书院祭祀中，成为必不可少的社会活动。书院祭祀的根本目的是充分利用乡村学校的文化优势，充分发挥教育的社会教化功能，让教育充分参与社会，儿童也在参与社会活动中获得更多学习和生活的意义。

总之，以文化凝聚乡里与乡村学校，其表面是文化传播，其内里是让学校成为社会文化共同体，从服务伦理走向关系伦理，让共同体中的学校、乡民与学生、社会人士都得到文化的滋养，让乡村振兴走出"文化贫困"导致的发展停滞，最终形成良性的国家—社会平衡互动。

第三节　以乡村书院为载体的乡村学校 4+1 课程变革理论及实践

乡村振兴最终要靠乡村人才的振兴。乡村教育的振兴最终会为人的现代化注入时代力量，让乡村孩子也能享受到国际化教育，能从脚下的泥土出发，让万物启蒙，文明复兴。本文从当下乡土课程的困境出发，认为PBL在乡村学校更具有开展的便利性和必要性，它符合乡村教育哲学的理念，连接了乡

---

① 郭于华. 仪式与社会变迁 [M]. 北京：社会科学文献出版社，2000：1.
② 孔飞力. 叫魂：1768年中国妖术大恐慌 [M]. 上海：上海三联书店，2002：117.

村与社区的关系、学科与经验的关系。它能从课程入手,发展实验性认知思维,能真正实现乡村教育的现代化,进而通过教育的振兴,实现乡村人才振兴、文化振兴。

一、缘起:乡土课程的困境

可以说,当下乡村学校已经具备乡土课程开发意识,在教育行政部门的推动下,课程开发也初见成效,建成了各具特色的乡土课程资源库,甚至开发出相应的校本教材,并开设相关课程。这些行动在保存村庄记忆、传承乡土精神等方面起到了显著成效,但不可否认的是,在乡土课程开发仍有巨大欠缺的现实情况下,一些发展水平较高的学校在乡土课程开发与使用中也走入了诸多误区。这主要体现在以下三大方面。

一是课程内容组织的学科化。在乡村课程开发水平比较高的学校,乡土课程的内容组织往往以学科的方式呈现,或者有详尽的教材,或者写入课程方案予以呈现。学科化的乡土课程往往成为"面子工程",即便避免流于形式,这种学科化的乡土课程也让乡土课程丧失主要的教育功能,乡土课程成为静止的、客观的"被观察者",学生与乡土的联系仅限于课堂和教材,又陷入传统应试教育的泥沼。

二是教学方式的表层化。囿于以上现实,在教学中,教师把乡土文化作为知识来教授,学生"了解""知道"了一些零碎的乡土知识,但这种教学可能不但起不到预想的效果,相反可能因为额外增加了许多记忆负担而让孩子远离乡土课程。

三是没有透彻理解乡土课程开发的教育理念。乡土课程开发的目的指向哪里?价值到底如何?这是乡土课程开发的出发点。但乡村学校往往把乡土课程开发以保存乡村文化,让学生了解村庄、爱上农村为旨归,其价值也因此指向发展学生品德、振兴乡村文化。这种目的观和价值观不能说是错误的,但不得不说是理想化的、表面化的。如果教师不能通过将学生周遭的乡村生活经验转化为理智成长的素材和资源,乡土课程的美好愿景也可能仅仅是愿景而已。

为此,我们的问题逐渐明晰起来:乡土资源该以何种形式组织起来,以更好地让学生的学习建基于生活经验,进而真正将学校和乡村社会链接起来?我们尝试首先从乡村 PBL 与乡村教育的契合性入手进行分析,进而探索、发展出一套能实现乡村学生、乡土资源、学校课程三者之间协同发展的课程框架。

二、PBL 与乡村教育的契合性

PBL 与乡村教育具有极大的契合性，在课程的现代化、人的思维的现代化、人的关系的现代化三方面，PBL 都可以以其独特的存在论和教育观，对乡村的现代化、教育的现代化做出贡献。

（一）链接村庄与学校的无边界学习

真实性是 PBL 的核心灵魂之一，即要面向真实世界的真实问题。在 PBL 中，"项目立意务求真实，所谓真实，是指能帮助学生从学科学习和社群生活两个层面与现实世界建立联系，同时对学生个人而言也是有意义的"①，这是一种主体在场的教育经验，这种教育经验，而非虚拟的间接经验才是教育经验的核心。派纳（Pinar）也深谙此道，他说：

> 要知道我并不是在把生活经验的原始性浪漫化——与屏幕上模拟的经验不同，现实世界的具象性经验可能是令人不愉快的，甚至是危险的——但是我要提醒大家，正是这样来自实际生活的教育性经验能够使我们一直保持清醒的意识，即"全面觉醒"。②

在真实世界中，概念性理解才成为可能，其衍生的复杂交往、面对不确定性的人格养成也有了实现的场景。同时，真实的项目也有助于在社会参与中提升学生的公民意识，当项目的产出是面向真实的受众创作真实的产品时，这种效应尤其显著。研究结果也印证了这一观点，即学生在真实的，与现实生活紧密相关的情境中学习时，学习效果最好。③

---

① POMAN J L. Trajectories of participation and identification in learning communities involving disciplinary practices [M] //. Design research on learning and thing in educational settings: Enhancing intellectual growth and functioning. New York: Routledge, 2012: 225-242.
② 马克辛·格林. 学习的风景 [M]. 史林, 译. 北京：北京师范大学出版社, 2016: 4.
③ BRANSFORD J D, BROWN A L, COCKING R R eds. How people learn: Brain, mind, experience and school [M]. Washington D. C. : National Academy Press, 1999: 34.

PBL的真实性要求学习走向无边界，即打破学校学习的场域，走向社区，走向服务学习（Service-Learning）的新模式。这种"学习在社区"的做法还具有存在论的意义，正如美国生态主义乡土教育哲学家温德尔·贝瑞所认为的，这也是实现一个人完整人性的关键所在。人只能在其周围的土地和社区中实现他们的人性。当个体进行人格建构的时候，不是社会性的，而是生态性的，这种人格建构并不是在孤立的情况下发生，而是为社区生活所调节。源于此，才出现"自我"的概念。换句话说，贝瑞认为，人不是被社会建构的，而是和个人生存的地理空间辩证地联系在一起，实现一个人的完整人性取决于他与他所居住的土地的深度联系。用贝瑞自己的话来说，这是因为"正如我们和我们的土地是彼此的一部分，所有在这里作为邻居生活的人、植物和动物都是彼此的一部分，因此不可能单独繁荣"[1]。

PBL在农村具有更加便利的实施条件。乡村学校与社区本身就具有天然的关系，乡村学校的许多教师来自学校所在地村庄或者周边村庄，这也为乡村学校与村庄中的人与事发生关联，提供了各种便利性。PBL真正解决了农村学校和农村社区的关系问题，在项目过程中，学生们有机会置身于真实的成人职场环境中，并学习如何与成人和各类组织打交道，家长和村庄成员也可以参与到项目中。这些经历有助于学生们发现和发展他们的职业兴趣，让学习在真实的情景中发生。而这样的学习，就是"无边界"学习，课程与生活、学校和社会、教师和学生等二元结构被解构，乡村孩子的学习在PBL的催化下变得更加"在地化"且"国际化"，乡村也能变其原有的发展劣势为后发优势，在乡村PBL这一课程与教学国际趋势下，实现高质量、内涵式发展。

（二）链接学习与乡村生活经验的协同思维学习

教育3.0时代，他人即老师，学习在窗外，世界是教材。乡村PBL契合这一精神，将学校学习与农村生活紧密结合，这是上一小节所重点阐述的。本小节所要说明的是两者结合的机制问题，即如何通过协同思维来发展乡村学生的认知水平、提升认知维度。

---

[1] BERRY W. The Unsettling of America: Culture and Agriculture [M]. San Francisco: Sierra Club Books, 1977: 22.

传统学习是线性、累积式的，先小步子，逐渐积累，认为知识积累到一定程度自然会产生理解性智慧，这是对学习的一种误解：认为我们的学习都是一种归纳的方式。在认知哲学史上，这属于唯理论的路子，认为人可以通过自己的理性能力，来加工、合成经验，将其变为理性认识。布鲁姆（Bloom）的目标学习就是这一哲学范式的表现，认为学习是通过低阶到高阶、由简单到复杂的过程，这与人的理性能力由简单的记忆向高级的创造发展的阶梯式路径——吻合。而项目化学习翻转了布鲁姆的目标分类学，用高阶的学习包裹低阶的学习，不是自低到高逐步学习具体的内容，而是翻转这个过程，从创造性认知要求的顶端开始，让学生在驱动性问题所产生的强大内动力中去创造一个真实的产品。①

这种以理解为指向的高阶学习，从根本上打破了旧有的知识累积为指向的低层次学习模式，这是通过 PBL 中"产品"的不断迭代来实现的，这当然为教学设计提出了新的挑战。理解教学的集大成者格兰特·威金斯（Grant Wiggins）对这一观点认识更加深刻，他说：

> 获得理解的最好方式是揭示式学习（必须通过循循善诱，在学习者共同建构的情况下得以发展）及"应用"（在真实的环境中面对现实问题时运用概念）。设计的目的是帮助学生得出推论。理解要求学生模仿实践者产生新理解时所做的事情，也就是模仿他们的思考、提问、检验、质疑、批评和验证。不能仅仅凭信任就去接受"理解"，而是要求探究和实证。②

所以，PBL 与乡村生活经验的协同，就是在学科化的"假设"与生活化的"验证"之间来回进行"杜威式的穿梭"，理论（知识）具有了存在主义意蕴，理论不再是"镜式"地去观照现实——或者去应用，或者去判断——而是去创造，学习即存在，项目即创造，知识即观念。这样，学习便让每个生物个体在经历整个人类文明历程的过程中，获得了存在于世的自我解释。

---

① PERKINS D. Using Project-based Learning to Flip Bloom's Taxonomy For Deeper Learning [EB/OL]. teachthought，2016-11-30.
② 格兰特·威金斯，杰伊·麦克泰格. 追求理解的教学设计 [M]. 2版. 闫寒冰，等译. 上海：华东师范大学出版社，2017：146.

这一洞见，其实我们并不陌生，当下课程改革所奉行的学习理论即是如此：学习应该基于自己与世界相互作用的独特经验，去建构自己的知识，并赋予经验以意义。但如何建构自己的知识，如何赋予经验以意义，我们曾经误入歧途，将建构主义学习误以为简单的"放手""小组学习""动手操作"等。活动成为学习的"佐料""餐前甜食"或者高级一点的将活动变为"学科拼盘"，学生对零碎知识的浅层次学习，不仅让学生感觉到得不偿失，也让教育者丧失了对变革的信心，我们如此"折腾"学生，最终还是要回归读写背的应试教育，这种对教育变革的习得性无力感，也深深伤害了教师的教育热情。要进行乡村PBL的变革，我们必须高度警惕这一点。

（三）认知学徒式、利他的合作关系

我们需要重新思考乡村学校哲学，重新定位乡村学校的教育目的。从根本上来说，乡村教育的目的应该指向创建一个民主、文明的现代农村社区，在这里，年轻一代和成人一代相遇，人在社群中负责地生活，塑造了个性，也影响了集体。这种生态主义乡村教育哲学将社区视为人的自我形成的根基，视为彻底改变学习方式的核心支柱，视为民主社会形成的底层逻辑。PBL与这种乡村教育哲学的根本契合之处，正在于此——人的关系的现代化。大致说来，原因有二。

一是现代学徒式的学习关系。高质量的项目化学习不是一种点缀，也不仅是学科拼盘或者学科实践活动，而是学生通过真实而有意义的问题探讨，用类似于真实的成年专家（如科学家、作家、历史学家）解决问题的方式，像认知学徒一样，参与到学习的过程中。这种认知学徒，不仅体现在作为非专家的学生与专家之间，也体现在学生与教师之间、学生与学生之间，所有人都是平等的，因为所有关系的发生都是指向具体的事务，即"产品"的，学习不是为了听从教诲或者应用知识，听从教诲让人学会服从，应用知识让人被知识奴化。

传统教学是学科知识本位的，而PBL则是面向真实世界、创造本位的，两者的结合，才可以实现知识学习的理性化和问题解决的创造性的双重效果，或者说，在知识学习上进行深度学习，在认识世界上去解决真实问题、参与社会。某种程度上，杜威只是解决了第一个问题，即理性化的问题，而第二个问题的解决并不彻底。这是杜威对学校与社会的关系认识决定的：杜威认为学校即微型的社会，是社会的"裁剪版"，这是学校中心的教育观。杜威在批判教育与社会的脱节时，又将社会扭曲成一个变形的、剪切过的社会，学生学习的效率提高了，但回避了社会问题的复杂性，也同时回避了韦伯所提出的现代社会"工具理性"的困境，在价值多元、诸神纷争的人世间，人类不可能仅仅通过理性的增强就可以达成和谐共生。面对复杂、真实甚至是不可解决的社会问题时，以交往理性（哈贝马斯）为第三种理性发展的教育目标就显得更加可信、可行。在这种交往理性下，学习即交往，学习即为了交往，PBL的学习观恰恰契合这一精神，从这个角度讲，乡村PBL就是塑造现代化的人际关系，进而塑造现代乡村社会。

二是利他的个人发展与人际关系。PBL让我们从改造世界变成创造世界，这与存在主义的观点不谋而合。我们改造世界就是改造他人，是控制甚至极权倾向的，而创造世界，则是创造一个共享、利他的、服务型的社会，利他、利万物。这才是中国哲学对世界的巨大贡献之一。中国的义、利观，应该重新得到重视和解读。

综上，PBL触发了学习的真正内驱力。内驱力是兴趣、成就、利他三者的交叉处。PBL就是产生内驱力的学习。产品来自兴趣，带来成就感，并有利于他人、社会和世界。假如中国的教育变革有世界影响的话，更大可能是在农村，原因是农村更加宽松的教育环境、与自然的天然关系、课程变革的国际趋势与农村现实的契合等各种因素得天独厚，特别是相较于城市来说，保留更加完整的中国传统优秀文化更是为PBL在乡村的开展提供了良好的文化土壤。

三、泥土课程：乡村学校 PBL 课程实验及 "4+1" 课程框架

（一）乡村 PBL 实践经验

1918年9月，克伯屈（Kinlpatrick）在哥伦比亚大学《师范学院学报》发表的《设计教学法》一文首次系统阐述了自己的看法。他说：

> 在批评班级授课制教育理论的教学方法时，我越来越感到有必要把教育过程中相互联系的各方面更彻底地统一起来。我开始构想某个能达到这个目的的概念。如果发现了这样一个概念，我认为它必须强调行动

因素，特别是全心全意的、充满活力的、有目的的活动。①

　　PBL 的开端可以定义在百年前的此处。设计教学法在五四运动时期进入中国，杜威这一时期的访华也为设计教学法的推行奠定了思想基础。此后，俞子夷、沈百英、顾西林等教育家在南京高等师范附属小学、江苏第一师范附属小学、浙江省立杭州师范附属小学等学校开展设计教学法实验，并以 1921 年第七届全国教育会联合会议决定号召小学推行项目设计法为标志，设计教学法的发展达到了兴盛阶段。1923 年，陈鹤琴率先在南京鼓楼幼儿园进行设计教学法实验，随后幼儿教育界也开始推行设计教学法。但自从 1924 年之后，随着国内形势的变化和设计教学法自身带有的理论问题，设计教学法走向式微，并在 20 世纪 30 年代之后，逐渐消失在理论界和实践界。

　　我们可以以彼时开展 PBL 的两大模式，来分析 PBL 在彼时的问题、缺陷。第一种模式是主题式的综合课程模式，将多学科围绕同一主题进行教学。有学校以乡土一科为中心，其他的文艺、唱歌、游戏、工艺等科都以乡土科的中心问题为标准，去选择材料。他们反对学科中心的课程，认为那割裂了本来"整个"的儿童生活。比如，江苏省立苏州女子师范附属小学"秋末的农人生活"单元，围绕"乡土"这个主题，语文课做农舍的研究报告，美术课进行农舍写生、收获的写生，手工课进行农具的仿制、农舍的仿制，音乐课学习割稻歌、表演歌稻歌、做耕田游戏等，书法课书写"农人真辛苦"等，并进行调查、欣赏、参观、研究（稻）等活动。② 再如，研究"猪的生活"，阅读就教"三只小猪的故事"，作文就写"小猪的快乐"，算术就计划"猪肉的卖价"，美术就画"老猪和小猪"，手工就做泥猪和用篾做猪圈，唱歌就唱"小猪抢食"。③ 第二种模式是将课程按照模块进行划分，如南京高等师范附属小学在初次实验失败后，把课程分为观察、故事、游戏、手工、体育等"系"，并把算术的学习寓于游戏之中。也有学校把语言、文字、故事合成一系，历史、地理、公民、社会常识合为一系，自然、卫生、园艺、算术合为一系，音乐、体育合为一系，美术、劳动合为一系，等等。在后来由设计教

---

① 威廉·克伯屈. 教学方法原理——教育漫谈 [M]. 王建新, 译. 北京：人民教育出版社, 1991：329.
② 瞿葆奎, 丁证霖. "设计教学法" 在中国 [J]. 教育研究与实验, 1985 (3)：72.
③ 沈百英. 设计教学演讲集 [M]. 北京：商务印书馆, 1931：112.

学法延伸出来的"协动教学法"中，又将课程分为四类活动：处世、愤悱、康乐、藏修。①

综合以上百年前PBL兴起后的中国实践，不难发现当时的课程变革其本质是学科课程与综合课程之争。第一种模式可以说是综合课程中的关联课程模式，保留原来的学科独立性，寻找学科之间的共同主题；第二种模式可以说是综合课程中的广域课程，由合并数门相邻学科的教学内容而形成。这种忽视学科课程，侧重综合课程的做法，受到不少批判。"非有其他方法的补充，则学习太散漫，太凌乱；它的效能太限于目前应用，从小商店、小银行的活动所得的数目知识，决不能供给儿童所需的算学；从戏剧表演所得的历史事实，决不能代替系统的历史研究。直接应用或工具的学习，只能得到知识的一鳞一爪，没有整个圆满的眼光，根本原则的把住。"②

其实，这一批评还没有完全抓住其问题的症结。百年前，设计教学法的本质问题在于陷入活动的陷阱，缺少学科的维度，将学科知识和学生生活经验对立起来。这种学习观早就受到杜威的批评，因为杜威强调的"做"绝非简单的活动，而是强调反省思维在"做"中的培养，通过假设在"做"中的不断升级，来实现协同思维。另一个根本的问题在于，它缺少真实任务的思维挑战，不能围绕核心知识与能力展开严谨的学习设计，并以产生"产品"（思维的物化）为最终的结果，最终难以发生基于专家式思考的深度学习。

（二）以乡村书院为载体的"4+1"泥土课程框架

如上所述，当下的PBL必须摆脱百年前的囿于课程组织形式的变革模式，特别是要符合当下的时代精神以及对学习本质的要求。当下时代是"雾卡时代"（Volatility, Uncertainty, Complexity, Ambiguity），学习的本质由"解释、应用"过渡为"学习即创造""在创造中学习"（from learning to explain and change the world, to learning in changing the world）。在21世纪核心素养导向下，国际所倡导的主流PBL"强调对知识的深度理解，在做事中形成专家思维，引发跨情境的迁移。这种类型的项目化学习已经脱离了活动的窠臼，而表现为严谨的学习设计，通过驱动性问题，与课程标准中的核心知识相关联，

---

① 瞿葆奎，丁证霖."设计教学法"在中国[J].教育研究与实验，1985（3）：84.
② 夏雪梅.从设计教学法到项目化学习：百年变迁重蹈覆辙还是涅槃重生？[J].中国教育学刊，2019（04）：57-62.

将标准作为评价学习结果的重要依据之一"①。在这一背景下，乡村PBL的开展尤其要具有现代精神和国际精神。反过来讲，将乡村学习框定在前现代社会和乡土视野的做法是对乡村教育极大的误解甚至坑害。我们要通过乡村PBL，培养具有本土精神、国际视野的现代人，而非其他。

本着以上精神，力图避免百年前乡村PBL实施的误区，笔者带领的学术团队在实施乡村PBL时遵循以下原则。一是务必使学习基于真实世界的真实任务展开，并以"产品"为最终的学习成果。产品可以是研究报告、书信、海报、戏剧表演、相册、模型、流程图等各种形式，以思维的物化产品激发学生的学习成就感。当然，产品形成的思维过程而非单单是产品最终的结果才是PBL评价的核心。二是基于核心知识与核心能力展开的探究学习，避免陷入浅层次、娱乐化的浅学习、假学习的境地。这就要求PBL的学习要产生概念性理解，提升元认知水平，在学习中注重复杂性交往能力的培养，大单元备课、逆向设计、SEL（社会情感学习，即Social-Emotional Learning）、思维的可视化工具等教育理念、模型和工具都需要充分加入PBL中。三是在课程设置上，避免陷入对立的二元思维，坚持学科课程的PBL化和PBL式的综合课程两种课程设置形式相结合的原则。以一周课程设置为例，学科课程为四天的课时量，综合课程为一天课时量，实施"4+1"的课程结构，但必须要强调的是，不论是"4"还是"1"，都要具有PBL精神，在学科课程上，要从孩子的乡村生活经验出发，将生活经验与学科概念勾连，进行协同思维，并在能开展PBL学习的学科和课时中，充分发挥PBL的作用。当然，决不能陷入僵化、死板、教条的困境，让所有的学科、所有的课时都使用PBL，这是不现实的，也是另一种二元对立思维的表现。在综合课程中，避免学科拼盘式的PBL，真正挖掘乡村生活世界中的真实问题（如未来乡村设计、我的家乡模样的项目墙、解决乡村污染的宣传品、家乡农产品的营销方案等），形成"超学科乡村主题"的探究循环，要注意PBL探究的长期性、完整性。一个驱动问题的解决，一个PBL产品，一般持续至少四周时间，一个学期能有2—5个产品为宜，一个完整的探究过程需要经历"疑难情境—定义问题—提出设想—产品雏形—实验迭代"的网络化思考与实践过程，需要保证充分的

---

① 蒋福超，魏建培. 乡村书院：作为文化共同体的乡村学校变革模式初探 [J]. 当代教育论坛，2020（03）：72-76.

学习时间。

　　同时，为了解决成人支持问题（PBL强调无边界学习，倡导专家进校作为产品导师，以打通儿童世界与成人世界），我们的学术团队还对学校的组织形式进行了变革，引入了"乡村书院模式"，作为教育资源的聚合地。以学校为主体，塑造乡村社会文化共同体，是乡校变革的历史性命题，这就需要建设一个能发挥国家、学校、社会组织、社会精英、农民自身等变革主体自觉性和主动性的公共组织。这一组织可以借鉴传统的乡村书院模式，将其进行现代性的转化。组织的参与者可以是地方文化机构人员、学校老师、退休老干部老教师、社会公益文化组织、社会义工、大学生、民间或官方文艺工作者、大学教师、学者专家等，让乡村书院成为一个资源的聚合地、文化的散播地。"乡村书院就是利用乡村学校的文化纽带作用，将乡村学校的变革与传统书院的精神联结，最终形成乡村文化共同体。"这也是乡村PBL课程的最终旨归，培养现代乡村孩子，培育现代乡村社会。

　　基于以上课程精神与组织变革探索，我们设计了如下课程框架：

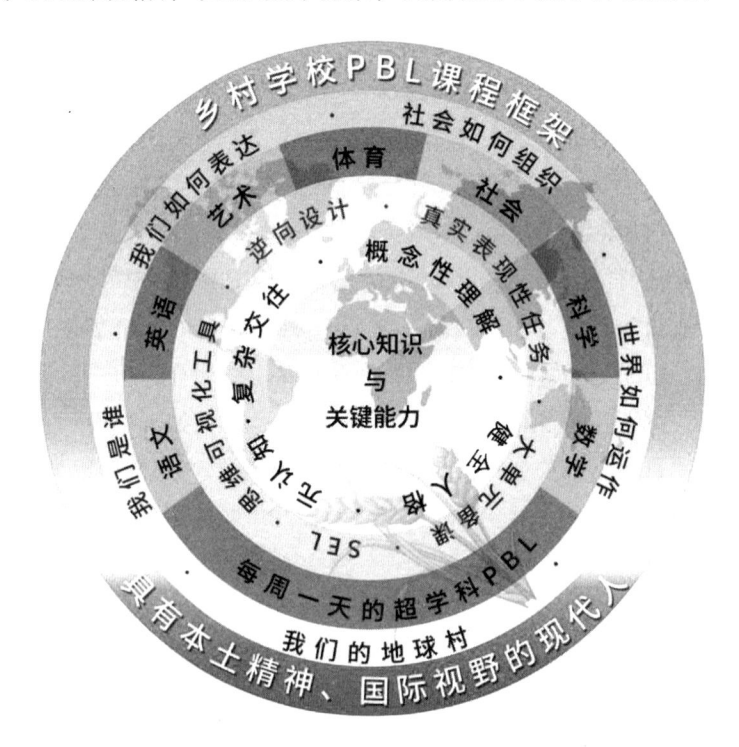

图7.2　乡村学校PBL课程框架示意图

在教育目标上，乡村学校PBL课程体系指向培养具有本土精神、国际视野的现代人，所以可以称之为"泥土课程"，即基于本土的课程，但课程精神是现代的、国际的。在课程主题上，分为五大主题，分别为"我们是谁""我们如何表达""社会如何组织""世界如何运作""我们的地球村"等五方面，分别从人文、社科、自然科学、语言与艺术等几个维度对自我、社会、自然及其相互关系展开探究。在课程设置上，如上所述，设置"4+1"课程模式，基于PBL精神，将学科教学与超学科教学相融合。在课程目标上，概念性理解、复杂交往、元认知、健全人格等成为未来学校及乡村孩子的认知发展目标，并通过SEL、大单元备课、思维的可视化工具、逆向设计和真实表现性任务等来学习核心知识，发展关键技能。

（三）存在的问题及发展愿景

需要注意的是，乡村PBL课程框架并不仅仅适合农村，只不过因为课题原因，我们选择了乡村学校作为实验学校。PBL的重要核心精神在于学习的在地化、在地资源的课程化，在于社区与学校的无边界，这点无论在城市还是乡村，都是相同的。所以，从这个意义上讲，我们思考、研究、实践乡村教育，不要将乡村教育"特殊化"，不要将乡村教育和城市教育刻意区别开来。至少在课程与教学的本质精神上，这种差异是根本不存在的。

在乡村PBL课程的探索中，我们也遇到许多问题，其中最大的问题在于如何开展高质量的PBL设计，不至于再次沦为活动化的或者拼盘化的伪PBL，教师的教学观、课程观、学生观等文化层面的变革如何与PBL精神相契合，如何培植其生长的文化土壤，如何将核心知识与能力、PBL产品结合起来，如何处理PBL的效率与公平、自由问题，等等，都是摆在每个热心于乡村PBL课程变革的学者、教师面前的问题。我们相信，随着基础教育阶段课程标准的研制和后续发布，这些问题可能都会有更加完善的答案，但在这一过程前所付出的煎熬和焦虑，是一场蜕变所必然带来的痛苦。

古希腊神话中，有一个靠歌声迷惑水手的女妖塞壬，当海上水手们听到她唱出的凄美歌曲时，都陷入极度疯狂，甚至跳入海中追寻塞壬的身影，直到葬身海底。知识如同这个女妖，我们追寻它的召唤，但往往被愚弄、驯化甚至被打击得体无完肤。

是什么让知识变成了迷人的女妖，可能有以下原因。一是细致分科下造成的知识整体性的碎裂。专业化知识将人打扮成专家,专业区隔成就了个人的权威,却造成马克斯·韦伯所说的"专家没有灵魂,享乐人没有心肝"。二是知识与自然的割裂。人类的智慧首先来源于和大自然交往过程中的好奇、惊异,知识与自然的天然关系在现代知识的死记硬背、应试评价中被摧毁。这些做法扼杀了好奇心赖以生成的那些身体感觉。三是知识与社区的割裂。人、知识、社群三者的互动,是人获得生长的力量的重要来源,知识与社群的互动所产生的地方性知识是一个人发现自我、形成自我的来源。知识的责任感也是知识对人的最大意义,人在社群中去了解、分享知识,知识就既成就了自己,也成就了他人,从而产生了意义。四是知识与自我的疏离。这主要表现为知识与个人经历、个人生活、个人经验的疏离,知识不能由己而生、为己而存,就成为异化自己的外在力量。

PBL 正是疗治以上疾病的良药。乡村 PBL 尽管尚处于探索阶段,但只要它能真实不虚地符合信息时代的学习本质要求,只要它能实现乡村孩子、乡村社会的精神现代化,我们都应该给它更多的关注、更大的信心,因为它能帮助乡村孩子从知识女妖的歌声里逃脱,扎进泥土,汲取智慧,成为一个更有灵性的自己。

结　语

由乡村教师到所有教师：教育信仰与爱之迷失

现代启蒙以来，人的信仰也是建基于理性之上的。我们相信什么成了一个需要不断自问的问题，没有自我的澄明，一个人甚至连相信什么都变得困难。当然，在这个道德功能丧失的社会，"集体失语"让当下的我们很多人缺少这种思考。我们生活在物质并不匮乏的"美丽新世界"，消费的巨大自由和日趋增多的权利也让我们貌似感受到民主的自由风尚，但无责任心、政治冷漠、虚无媚俗等现代人的心态，却不得不揭示繁华底下的落寞：我们丧失了普遍理性，教育丧失了信仰。教育信仰不等于教育目的，教育信仰是对人心秩序的终极关怀，自由、自觉、富有良知的心灵才会让人在创造自己的过程中不断发问、置疑，批判人性的罪恶、软弱、丑陋，唤醒个人人性的良知，从而构建一个富有良知的社会。

教师是教育信仰的共同信奉者和共同追求者，作为现代知识人，教师职业变成了专业，而不是韦伯所说的"志业"，从事志业的目的在于获得自我的清明和对世界的参透。在当下时代，当政治合法化的工程不需要太多教育知识分子来论证，只需要经济的发展、生活的富裕来证明时，知识人对精神、灵魂、意义和其他的超越问题都变得冷漠，于是，教师喜欢对传统文化做心灵鸡汤式的解读，愿意侃养生、理财、明星八卦、夫妻拌嘴、婆媳矛盾等无关痛痒的话题。我们急于拯救精神荒芜，却又兜兜转转，回到了孔老夫子。文化—价值哲学的魔咒又再一次显现。无怪乎有学者呼吁，"人文知识分子负有促进人类更自觉、更人道、更自由的使命，这一使命在现代不是更缥缈，而是更加现实和紧迫了"[1]。要求教师做精神贵族，甚至变成克里斯玛型的"素王"，无疑将走向现代性的反面。反思教师的现代知识人意识，用柏林的词来说的话，就是捍卫教育现代性的消极自由，争取教育主体的积极自由，当整个社会沉浸在谎言中，"道德的""好的"被符合"社会的"词代替[2]，教师需要从失语中走出来，用理性、温和、开放的心态与受教育者阐释并分享这个世界，共同守护这个世界的意义。

总之，回归了政治维度的教育现代性发展是一种全景式的敞开，其基调和最终旨归是对世界、他人的爱。教育现代性政治维度的发展，不是教会学生理性的算计与思辨，而是在政治生活的思考中体悟爱与被爱，回归教育之爱。

人心失序就是爱的失去，就是爱的失序。舍勒认为，近代的所谓人类之爱，并非灵魂的精神性行动，即不是出于爱者自身的爱感充溢，而是对自身的价值虚空的恼恨，人的爱的偏爱结构发生的转换，世俗感性原则取代了爱之自由行为中的精神原则。[3] 论者之所以在本文中谈人心秩序，并非找到了人心秩序安放的终极路径（否则的话就没有哲学的发展了，哲学从古典意义上来讲就是安放人心的思考），而是从现代性转换的角度，从人的生存意义的角度去看发生了哪些变化。李鸿章所说的"三千年未有之大变局"仅仅是政治变革、中西对抗吗？是人的心灵安放出现了问题，人心无所依栖了而已。人是爱的动物，现代性以降，正如舍勒所独到分析的那样，我们的"爱"发生了转换，爱不再是一种自由之爱，不再是充盈着同情的爱。或自我牺牲，或绝对奉献，或霸道索取，或为求回报式的爱充满教育场域，这是一种舍勒所说的充满着"怨恨"的现代之爱，它不能带来人心灵的安静，只会点燃新的怨恨和不安。教育之爱，是教育者和受教育者的现象学式的爱：我们共处于这个充满无意义的世界，只有你我共同依偎，相互慰藉，共同体验生之困顿和无望，并相互鼓劲、加油，从而编织出生命的意义之网。从教育现代性最

---

[1] 尤西林. 阐释并守护世界意义的人 [M] //陶东风. 知识分子与社会转型. 开封：河南大学出版社，2004：109.
[2] 弗里德里希·冯·哈耶克. 哈耶克文选 [M]. 冯克利，译. 南京：江苏人民出版社，2007：253.
[3] 刘小枫. 现代性社会理论绪论——现代性与现代中国 [M]. 上海：上海三联书店，1998：373.

终要构建"爱"的意义上来讲，又何尝不是对人生存的公共理性之维的最长注脚？

由此观之，现代性离我们并不遥远和高傲不拘，它的奥秘就存在于我们低下头对习以为常的教育生活进行悉心观察和批判中。而突破教育现代性之困，就需要我们用理性，通过公共生活的交往，构建一个世俗的意义世界，进而重拾人心秩序。

最后的乡村教师：一场历史的阵痛

《故乡情》
谁说我把故乡遗忘
梦中我又回到故乡
潺潺的小河
秀美的村庄
还有那棵挺拔的白杨
小河里我摸鱼虾
村子里我捉迷藏
白杨树下听故事
爷爷讲那海龙王

有天晚上我在家里小区附近的湖边游玩，听到老人们合唱这首歌曲，老人们唱得很是深情。他们这一代人的故乡都在农村，城市是他们逐渐老去的肉体归宿，而乡村却是每个人不老灵魂的皈依。乡村当然不是被小说或电影幻想成的美丽的散发着泥土香味的地方，那里的人们幸福地耕耘，浅浅地憨笑。乡村社会既不是弱肉强食的丛林世界，也不是温情脉脉的家族小共同体，而是建立在良知底线上的趋利避害以及感性基调上的理性算计。乡村可能只有隔着距离，才有着它的美丽。正如作家师陀先生所说："我不喜欢我的家乡，可是怀念着那广大的原野。"

乡村教师所处的乡里社会，既具有控制的文化内里，又有自由解放的外在亲和力量，是实在的，又是隐喻的，是经验的，又是理性规划的。所有活跃在乡村空间中的人，将自身的社会关系、人格特质、理想抱负等投放在这里，留下自己的烙印，同时又在生产和构建着这个空间场域。现代的、前现代的甚至后现代的因素交互碰撞，犬牙交错，在这个大时代协奏曲中发出或弱或强的音律。教师在这或实或虚的乡里空间中行走，永远无法逃离开来。

大多数的农村可能会逐渐消失，但乡土不会，故乡也不会。相反，随着现代性的进展，这一乡土与皇粮之间的矛盾会日益尖锐，无"家"的人不会爱国，没有乡愁的人不会有关怀，离开泥土的皇粮注定会走向枯竭。伴随着农村的城市化，大多数的乡村教师也可能会逐渐消失，并最终在历史的舞台上谢幕，但乡村教师故事中所反映出的启蒙的萌芽、回转、反叛等历史现象，却可能/可以永远留在"观众"心中。乡村教师"死了"，乡村教师万岁！

有人说"我们甚至不知道这个巨变的终点在哪里"，但我们应该知道它不应该在哪里终结。整个论文中出现的几位王庄乡村教师，是300多万乡村教师生活境遇的一瞥，乡村教师的多样性被抽象化，并在抽象化中逐渐忘却每个人的生动面孔，逐渐成了一个固定的词语，成了发展道路中的一处风景，只被欣赏，少有关注。乡村教师不应只是国家发育发展中的阵痛，因为乡村教师的危机或曰知识分子的危机就是现代性的危机，乡村教师的未来，就是中国政治的未来：是自由主义、激进主义还是保守主义发展的路径。乡村教师与社会、与国家、与他人的世界联系，一方面是对社会文化转型的消极反应，但另一方面也应该增强教育的"自觉"，大者从乡村教育的重建开始，小者从个人的生活交往做起。我们无法提供一个行动路线，就如同漂流在茫茫海上的失去导航的轮船，目光超前，小心探路，既不能"跟着感觉走"（保守主义），也不能"照着蓝图走"（激进主义）（茫茫海上，我们也没有唯一正确的蓝图，也不能保证蓝图是正确的）。作为一名乡村教师，一名知识人，现实需要超越，也需认可，既要有改变现实的担当，又要有脚踏泥土的勇气。——或者说，此论文，也是陷于诡辩之中的又一个"循环"，只不过是一次意识到循环的循环而已。

    2016年9月20日，在王庄小学代课的年轻教师王玲，给我打电话说她考上区里的教师编制了。我问她的班级怎么办，她说：换老师啊，她又不是这批学生换的第一个老师……

    2016年10月25日在对王校长进行访谈时，王校长突然接到一通电话，原同事与其商量，是否应该去教育局师资科询问下，为什么在师范上学的两年没有算入工龄，怀疑是人为操作，王校长建议他去说的时候，说话要客气点,人家要是拿出什么文件来,按照文件来办的话,就老老实实回来。说完,放下电话,很激动地接着跟我聊年后在城里买房子的打算……

研究不足及后续方向

乡村研究中存在着两种取向:城市中心(现代性)取向与乡村中心(传统性)取向,但最好的研究是基于两者思考的乡村现实问题取向。问题取向不是就问题而问题,从问题到解决,而是从问题中阐发(不喜欢用提炼)问题背后所体现的社会变迁困境,这种困境反映在人的生活中是怎样的,如何通过重新反思日常生活而推动社会的发展。本书的研究力图实现这种平衡,但能力所限,加之个人直观体验的影响,在实际的表达中可能更倾向于后者,特别是对传统礼俗的重视以及乡村发展的差异性的重视上,担心有矫枉过正的嫌疑。论者在研究中国台湾地区的乡村发展路径后,对乡村发展的独特气质并不疑虑,而是对中国乡村发展中乡村教师等知识人作为的阐述有所保留,论者对现实情况抱有不积极(非消极)的态度,这是基于王庄现实的分析,也是基于论者做乡村教师经验的直观判断。

生活史不是孤立的零星的个人记忆,而是在一定的社会文化和历史情境中的互动变化。本书对王庄村庄历史及社会变迁由于没有大量深入档案馆、地方志等研究活动,加之地方史料保存不足等原因,没有建构起王庄发展的"整体历史",而让王庄教师的分析欠缺了一个明朗的历史背景。虽然中间在分析私人生活时有所涉及,但毕竟是点而不是面,这让王庄乡村教师的分析欠缺了历史脉络的贯通。

协调叙述与论述、感性与理性、语言与概念之间的关系也是写作的难点。陈春声认为,"在具体的研究中,不可把'官方—民间''精英—大众''国家—乡村'之类的分析工具,简单地外化为历史事实和社会关系本身,不可以'贴标签'的方式对人物、事件、现象和制度等做非此即彼的分类"[1]。避免这种二元化、简单化、抽象化的方法就是让事实说话,让故事直观呈现,多叙述,少论述,保持故事的饱满性,以保持对乡村教师的生活进行人类学

---

[1] 陈春声. 乡村的故事与国家的历史 [A]. 见黄宗智. 中国乡村研究(第二辑)[M]. 北京:商务印书馆,2003:98

式的理解（anthropological understanding），如同吉尔兹（Clifford Geertz）所说的，"是要理解当地人贴近感知经验的概念，并将之重铸入理论家们提炼的遥距感知经验中去"①。我们最终要成就的，不是以理论概念去解释当地人的理解，而是反过来，从当地人的理解之中去提炼我们想要理解的一些教育理论与概念。这些概念可能并不存在于当地人的语言中，如自我、社会、国家、认同等。因为，我们"在阐释中不可能重铸别人的精神世界或经历别人的经历，而只能通过别人在构筑起世界和阐释现实时所用的概念和符号去理解他们"②。而这种"在场""同情"的理解，需要极高的个人悟性、理论熟稔度甚至丰富的人生经验，论者距离这种理解还是太远。

好的写作是集目的与方法于一身的，是现象学式的表达，它既是描述性的，又是倾听性的。限于论者能力，本书写作方式与写作语言并没有达到上述效果。论者试图在3—5章前两节以叙述为主，以阐发议论为辅，在每章第三节以论述为主，并不舍弃生活史的引证，这种方式与传统的写作手法略有不同，也算是一种可能并不能让人满意的尝试。

乡村教师主题还有更多的维度可挖掘，单单就王庄乡村教师而言，许多故事、生活史很大程度上还没有完全被呈现和保存。乡村教师与社会力量的整合，乡村话语与乡村教师的关系，乡村课程在地化的重建虽有初步的理论与实验验证，但仍显不足，如何通过与"泥土"的重新勾连，弥合知识、道德与私人生活之内和之间的裂痕，是后续需要仔细研究的话题。

呼唤更多同道同行，一起创造新乡村教育。

---

① 吉尔兹. 文化持有者的内部眼界：论人类学理解的本质 [M] //吉尔兹. 地方性知识. 王海龙, 译. 北京：中央编译出版社, 2000：70-79.
② 王海龙. 导读一：对阐释人类学的阐释 [M] //吉尔兹. 地方性知识. 王海龙, 译. 北京：中央编译出版社, 2000：6.

参考文献

一、著作

[1] A.J. 赫舍尔. 人是谁 [M]. 隗仁莲,译. 贵阳:贵州人民出版社,1994.

[2] N. 埃利亚斯. 个体的社会 [M]. 翟三江,陆兴华,译. 南京:译林出版社,2003.

[3] 阿尔温·托夫勒. 第三次浪潮 [M]. 朱志焱,译. 北京:新华出版社,1996.

[4] 埃里克·霍弗. 狂热分子:群众运动圣经 [M]. 梁永安,译. 桂林:广西师范大学出版社,2011.

[5] 埃里希·弗洛姆. 逃避自由 [M]. 刘林海,译. 北京:国际文化出版公司,2007.

[6] 艾凯. 最后的儒家——梁漱溟与中国现代化的道路 [M]. 南京:江苏人民出版社,1993.

[7] 艾四林. 哈贝马斯 [M]. 长沙:湖南教育出版社,1999.

[8] 艾沃·古德森. 教师生活与工作的质性研究 [M]. 蔡碧莲,葛丽莎,等译. 北京:教育科学出版社,2013.

[9] 爱德华·W. 萨义德. 知识分子论 [M]. 单德兴,译. 北京:生活·读书·新知三联书店,2002.

[10] 安东尼·吉登斯. 现代性的后果 [M]. 田禾,译. 南京:译林出版社,2011.

[11] 安东尼·吉登斯. 现代性与自我认同 [M]. 赵旭东,方文,译. 上海:上海三联书店,1998.

[12] 奥斯瓦尔德·斯宾格勒. 西方的没落 [M]. 齐世荣,等译. 北京:商务印书馆,1995.

[13] 伯尔曼.法律与宗教[M].梁治平,译.上海:上海三联书店,1991.

[14] 曹锦清,张乐天,陈中亚.当代浙北乡村的社会文化变迁[M].上海:上海远东出版社,2001.

[15] 陈嘉明.现代性与后现代性[M].北京:人民出版社,2001.

[16] 陈嘉明.现代性与后现代性十五讲[M].北京:北京大学出版社,2006.

[17] 陈荣捷.现代中国的宗教趋势[M].台湾:文殊出版社,1965.

[18] 陈向明.质的研究方法与社会科学研究[M].北京:教育科学出版社,2000.

[19] 丹尼尔·贝尔.资本主义文化矛盾[M].严蓓雯,译.北京:人民出版社,南京:江苏人民出版社,2010.

[20] 丹尼尔·史密斯.后现代性的预言家:齐格蒙特·鲍曼传[M].萧韶,译.南京:江苏人民出版社,2002.

[21] 德兰蒂.现代性与后现代性:知识、权力与自我[M].北京:商务印书馆,2012.

[22] 邓正来,杰弗里·亚历山大.国家与市民社会——一种社会理论的研究路径[M].增订版.上海:上海人民出版社,2006.

[23] 狄百瑞.儒家的困境[M].黄水婴,译.北京:北京大学出版社,2009.

[24] 蒂里希.蒂里希选集[M].上海:上海三联书店,1999.

[25] 杜赞奇.文化、权力与国家[M].南京:江苏人民出版社,1996.

[26] 范梅南.生活体验研究——人文科学视野中的教育学[M].北京:教育科学出版社,2003.

[27] 费孝通.江村经济:中国农民生活[M].北京:商务印书馆,2001.

[28] 费孝通.乡土中国 生育制度 乡土重建[M].北京:商务印书馆,2011.

[29] 费孝通.乡土中国·生育制度[M].北京:北京大学出版社,1998.

[30] 费孝通.中国绅士[M].惠海鸣,译.北京:中国社会科学出版社,2006.

[31] 弗里德里希·冯·哈耶克.哈耶克文选[M].冯克利,译.南京:

江苏人民出版社，2007.

[32] 伽达默尔. 真理与方法 [M]. 洪汉鼎，译. 上海：上海译文出版社，2004.

[33] 高瑞泉. 中国的现代性观念谱系 [M]. 桂林：广西师范大学出版社，2015.

[34] 高伟. 回归智慧，回归生活——教师教育哲学研究 [M]. 北京：教育科学出版社，2010.

[35] 哈贝马斯. 现代性的地平线——哈贝马斯访谈录 [M]. 上海：上海人民出版社，1997.

[36] 海德格尔. 存在与时间 [M]. 孙周兴，译. 上海：上海三联书店，2000.

[37] 海德格尔. 现象学之基本问题 [M]. 丁耘，译. 上海：上海译文出版社，2008.

[38] 何增科. 公民社会与第三部门（导论部分）[M]. 北京：社会科学文献出版社，2000.

[39] 贺雪峰. 乡村治理的社会基础——转型期乡村社会性质的研究 [M]. 北京：中国社会科学出版社，2003.

[40] 胡塞尔. 欧洲科学危机和超验现象学 [M]. 上海：上海译文出版社，1988.

[41] 黄平. 乡土中国与文化自觉 [M]. 上海：上海三联书店，2007.

[42] 黄宗智. 华北的小农经济与社会变迁 [M]. 北京：中华书局，2000.

[43] 黄宗智. 中国乡村研究（第二辑）[M]. 北京：商务印书馆，2003.

[44] 黄宗智. 中国乡村研究：第1辑 [M]. 北京：商务印书馆，2005.

[45] 霍布斯. 利维坦 [M]. 黎思复，黎廷弼，译. 北京：商务印书馆，1985.

[46] 吉尔兹. 地方性知识，阐释人类学论文集 [M]. 王海龙，张家瑄，译. 北京：中央编译出版社，2000.

[47] 卡尔·雅斯贝斯. 时代的精神状况 [M]. 王德峰，译. 上海：上海译文出版社，1997.

[48] 卡尔·亚斯贝斯. 历史的起源与目标 [M]. 魏楚雄，俞新天，译. 北京：华夏出版社，1989.

[49] 卡西尔. 人论 [M]. 甘阳，译. 上海：上海译文出版社，2003.

[50] 康德. 历史理性批判文集 [M]. 北京：商务印书馆, 1991.

[51] 克利福德·格尔茨. 文化的解释 [M]. 韩莉, 译. 南京：译林出版社, 2008.

[52] 孔飞力. 中国现代国家的起源 [M]. 陈兼, 陈之宏, 译. 上海：上海三联书店, 2013.

[53] 李庆真. 变迁中的乡村知识群体与乡村社会 [M]. 北京：光明日报出版社, 2010.

[54] 李泽厚. 中国古代思想史论 [M]. 北京：生活·读书·新知三联书店, 2008.

[55] 梁漱溟. 梁漱溟全集（第 2 卷）[M]. 济南：山东人民出版社, 2005.

[56] 林耀华. 金翼：中国家族制度的社会学研究 [M]. 北京：生活·读书·新知三联书店, 2007.

[57] 刘大鹏. 退想斋日记 [M]. 太原：山西人民出版社, 1990.

[58] 刘桂生, 张步洲. 陈寅恪学术文化随笔 [M]. 北京：中国青年出版社, 1996.

[59] 刘铁芳. 乡土的逃离与回归：乡村教育的人文重建 [M]. 福建：福建教育出版社, 2008.

[60] 刘小枫. 刺猬的温顺 [M]. 上海：上海文艺出版社, 2002.

[61] 刘小枫. 现代性社会理论绪论——现代性与现代中国 [M]. 上海：上海三联书店, 1998.

[62] 刘云杉. 从启蒙者到专业人——中国现代化历程中教师角色演变 [M]. 北京：北京师范大学出版社, 2006.

[63] 罗素. 人类的知识 [M]. 张金言, 译. 北京：商务印书馆, 2003.

[64] 马克斯·韦伯. 新教伦理与资本主义精神 [M]. 龙婧, 译. 北京：群言出版社, 2007.

[65] 马铭初. 泰山历代文史粹编 [M]. 济南：山东友谊书社, 1989.

[66] 迈克尔·H. 莱斯诺夫. 二十世纪的政治哲学家 [M]. 冯克利, 译. 北京：商务印书馆, 2001.

[67] 迈克尔·波兰尼. 个人知识——迈向后批判哲学 [M]. 许泽民, 译. 贵阳：贵州人民出版社, 2000.

[68] 孟德斯鸠. 论法的精神（上册）[M]. 张雁深, 译. 北京：商务印书馆, 1963.

[69] 明恩溥. 中国乡村生活 [M]. 午晴, 唐军, 译. 北京: 时事出版社, 1998.

[70] 莫斯·马塞尔. 礼物: 古式社会中交换的形式与理由 [M]. 汲喆, 译. 上海: 上海世纪出版集团, 2005.

[71] 纳日碧力戈. 人类学理论的新格局 [M]. 北京: 社会科学文献出版社, 2001.

[72] 诺曼·K. 邓金. 解释性交往行动主义: 个人经历的叙事、倾听与理解 [M]. 周勇, 译. 重庆: 重庆大学出版社, 2004.

[73] 帕特里夏·奥坦伯德·约翰逊. 阿伦特 [M]. 王永生, 译. 北京: 中华书局, 2006.

[74] 派纳. 理解课程——历史与当代课程话语研究导论（上）[M]. 张华, 译. 北京: 教育科学出版社, 1999.

[75] 潘恩. 潘恩选集 [M]. 马清槐, 译. 北京: 商务印书馆, 1981.

[76] 齐格蒙特·鲍曼. 流动的时代——生活于充满不确定性的年代 [M]. 谷蕾, 武媛媛, 译. 南京: 江苏人民出版社, 2012.

[77] 齐格蒙特·鲍曼. 现代性与矛盾性 [M]. 邵迎生, 译. 北京: 商务印书馆, 2003.

[78] 齐格蒙特·鲍曼. 个体化社会 [M]. 范祥涛, 译. 上海: 上海三联书店, 2002.

[79] 秦晖, 金雁. 田园诗与狂想曲——关中模式与前现代社会的再认识 [M]. 北京: 语文出版社, 2010.

[80] 秦晖. 传统十论 [M]. 北京: 东方出版社, 2014.

[81] 秦晖. 共同的底线 [M]. 南京: 江苏文艺出版社, 2013.

[82] 塞缪尔·亨廷顿. 文明的冲突与世界秩序的重建 [M]. 周琪, 等译. 北京: 新华出版社, 1998.

[83] 舍勒. 舍勒选集 [M]. 上海: 上海三联书店, 1999.

[84] 沈艾娣. 梦醒子: 一位华北乡居者的人生（1857—1942）[M]. 赵妍杰, 译. 北京: 北京大学出版社, 2013.

[85] 石中英. 知识转型与教育改革 [M]. 北京: 教育科学出版社, 2001.

[86] 时和兴. 关系、限度、制度: 政治发展过程中的国家与社会 [M]. 北京: 北京大学出版社, 1996.

[87] 唐松林. 中国农村教师发展研究 [M]. 杭州: 浙江大学出版

社，2005.

[88] 唐松林．重新发现乡村教师［M］．长沙：中南大学出版社，2013.

[89] 陶东风．知识分子与社会转型［M］．开封：河南大学出版社，2004.

[90] 托克维尔．论美国的民主［M］．董果良，译．北京：商务印书馆，1988.

[91] 王铭铭．人生史与人类学［M］．北京：生活·读书·新知三联书店，2010.

[92] 王铭铭．社会人类学与中国研究［M］．桂林：广西师范大学出版社，2005.

[93] 吴毅．村治变迁中的权威与秩序：20世纪川东双村的表达［M］．北京：中国社会科学出版社，2002.

[94] 西美尔．现代人与宗教［M］．曹卫东，等译．北京：中国人民大学出版社，2003.

[95] 萧功秦．与政治浪漫主义告别［M］．武汉：湖北人民出版社，2001.

[96] 萧功秦．序言［M］//许纪霖．智者的尊严．北京：学林出版社，1991.

[97] 许纪霖，刘擎．丽娃河畔论思想［M］．上海：华东师范大学出版社，2011.

[98] 许纪霖．另一种理想主义［M］．上海：复旦大学出版社，2010.

[99] 许纪霖．中国知识分子十论［M］．上海：复旦大学出版社，2011.

[100] 雅各布·坦纳．历史人类学导论［M］．白锡堃，译．北京：北京大学出版社，2008.

[101] 亚当·斯密．国民财富的性质和原因的研究（上卷）［M］．郭大力，王亚南，译．北京：商务印书馆，1972.

[102] 亚里士多德．政治学［M］．吴寿彭，译．北京：商务印书馆，1981.

[103] 闫云翔．中国社会的个体化［M］．上海：上海译文出版社，2016.

[104] 闫云翔．私人生活的变革：一个中国村庄里的爱情、家庭与亲密关系1949—1999［M］．上海：上海书店出版社．2006.

[105] 衣俊卿．现代性的维度［M］．北京：中央编译出版社，2011.

[106] 于建嵘．岳村政治——转型期中国乡村政治结构的变迁［M］．北京：商务印书馆，2001.

[107] 詹姆斯·C. 斯科特．农民的道义经济学：东南亚的反叛与生存

[M]．2版．程立显，刘建，译．南京：译林出版社，2013．

[108] 张灏．张灏自选集［M］．上海：上海教育出版社，2002．

[109] 张济洲．"乡野"与"庙堂"之间：社会变迁中的乡村教师［M］．北京：中国社会科学出版社，2013．

[110] 张济洲．文化视野下的村落、学校与国家——一个地方社区基础教育变迁的历史人类学考察［M］．北京：教育科学出版社，2011．

[111] 张静．基层政权：乡村制度诸问题［M］．上海：上海人民出版社，2007．

[112] 张鸣．乡村社会权力和文化结构的变迁．[M]．西安：陕西人民出版社，2013．

[113] 赵汀阳．没有世界观的世界［M］．北京：中国人民大学出版社，2005．

[114] 赵秀玲．中国乡里制度［M］．北京：社会科学文献出版社，2002．

[115] 周星，王铭铭．社会文化人类学讲演集（上册）［M］．天津：天津人民出版社，1997．

[116] 朱学勤．道德理想国的覆灭——从卢梭到罗伯斯庇尔［M］．上海：上海三联书店，2003．

[117] 佐藤学．课程与教师［M］．钟启泉，译．北京：教育科学出版社，2003．

二、期刊类

[1] 费孝通．反思·对话·文化自觉［J］．北京大学学报（哲学社会科学版），1997（3）．

[2] 高伟．回归生存本体的教育［J］．华东师范大学学报（教育科学版），2006（1）．

[3] 高伟．教育现象学：理解与反思［J］．教育研究，2011（5）．

[4] 葛兆光．认识中国民间信仰的真实图景［J］．寻根，1999（5）．

[5] 贺雪峰．无政治村庄［J］．浙江学刊，2002（1）．

[6] 蒋福超，赵昌木．紧张的教师：传统与现代文化冲突及消解［J］．教师教育研究，2015（1）．

[7] 蒋福超．尴尬的教师：当代教师社会角色的迷失［J］．当代教育科学，2012（5）．

[8] 金生鈜.论教育权力 [J].北京大学教育评论,2005 (4).

[9] 康晓伟.农村教师知识的本质属性及其发展途径研究 [J].教师教育研究,2015 (4).

[10] 李长吉.论农村教师的地方性知识 [J].教育研究,2012 (6).

[11] 李长吉.农村教师:改造乡村生活的灵魂——兼论农村教师的知识分子身份 [J].教师教育研究,2011 (1).

[12] 任剑涛.内在超越与外在超越:宗教信仰、道德信念与秩序问题 [J].中国社会科学,2012 (7).

[13] 唐松林,丁璐.论乡村教师作为乡村知识分子身份的式微 [J].湖南师范大学教育科学学报,2013 (1).

[14] 唐松林,刘丹丹.知识的生命意蕴——兼论乡村教师的知识困境 [J].教育发展研究,2014 (8).

[15] 唐松林.公共性:乡村教师的一个重要属性 [J].大学教育科学,2008 (5).

[16] 唐松林.理想的寂灭与复燃:重新发现乡村教师 [J].中国教育学刊,2012 (7).

[17] 唐松林.乡村教师的公共性质与社会责任 [J].大学教育科学,2008 (5).

[18] 汪晖.我们如何成为现代的 [J].中国现代文学研究丛刊,1996 (1).

[19] 王建生.西方国家与社会关系理论流变 [J].河南大学学报(社会科学版),2010 (6).

[20] 王凯,蒋福超.描述与倾听:促进教师自主专业发展的生活体验写作 [J].齐鲁师范学院学报,2015 (4).

[21] 王铭铭.教育空间的现代性与民间观念——闽台三村初等教育的历史轨迹 [J].社会学研究,1999 (6).

[22] 王铭铭.我理解的"人类学"大概是什么? [J].西北民族研究,2011 (1).

[23] 王勇.当代乡村教师的社会角色困境与公共性的建构 [J].当代教育科学,2013 (7).

[24] 魏峰.从熟人到陌生人:农村小学教师的角色转变 [J].南京师大学报(社会科学版),2010 (5).

[25] 吴全华.复调的教育场景与吁求教育现代性的反思向度 [J].教育

理论与实践，2006（7）.

[26] 许纪霖. 传统的创造性转化与现代化 [J]. 探索与争鸣，1995（1）.

[27] 许纪霖. 政治自由主义，还是整全性自由主义？——关于当代中国知识和文化领导权的思考 [J]. 思想，2007（7）.

[28] 许纪霖. 重建社会重心：近代中国的"知识人社会" [J]. 学术月刊，2006（11）.

[29] 严海蓉. 虚空的农村和空虚的主体 [J]. 读书，2005（7）.

[30] 杨华. 无主体社会与乡村巨变 [J]. 读书，2015（4）.

[31] 杨明，张伟. 个人主义：西方文化的核心价值观 [J]. 哲学研究，2007.

[32] 杨念群. 亲密关系变革中的"私人"与"国家" [J]. 读书，2006（10）.

[33] 衣俊卿. 现代性的维度及其当代命运 [J]. 中国社会科学，2004（4）.

[34] 俞可平. 公民社会：概念、分类与制度环境 [J]. 中国社会科学，2006（1）.

[35] 赵旭东. 从"问题中国"到"理解中国"——作为西方他者的中国乡村研究及其创造性转化 [J]. 社会科学，2009（2）.

[36] 朱新卓. 教师专业化的现代性困境 [J]. 高等教育研究，2005（1）.

三、其他

[1] 巴占龙. 人类学视野中的学校教育与地方知识——中国西北一个乡村社区的现代性百年历程 [D]. 北京：中央民族大学，2008.

[2] 高盼望. 民国时期乡村教师的生活研究 [D]. 济南：山东师范大学，2015.

[3] 江涛. 人类学视野中的乡村教化（1949-2014）——以伍村为个案 [D]. 长春：东北师范大学，2014.

[4] 李柏玲. 群体身份与个体认同——A县五名农村教师的叙事研究 [D]. 长春：东北师范大学，2013.

[5] 李长娟. 社会性别视角下乡村女教师生涯发展研究——基于三兴中学五位女教师个人生活史考察 [D]. 长春：东北师范大学，2010.

[6] 李建东. 政府、地方社区与乡村教师——靖远县及23县比较研究 [D]. 北京：北京大学，1996.

[7] 刘勤. 自我、主体性与村庄——陕南丘村公共生活研究：1980—2006 [D]. 武汉：华中科技大学，2008.

[8] 司洪昌. 嵌入村庄的学校——仁村教育的历史人类学探究 [D]. 上海：华东师范大学，2006.

[9] 孙颖. 从自在到自觉——东北山区五名农村教师自主发展的叙事探究 [D]. 长春：东北师范大学，2011.

[10] 唐开福. 城镇化进程中农村教师精神生活的田野考察 [D]. 上海：华东师范大学，2014.

[11] 王莹莹. 我国农村教师生活史研究（1949—2013）——基于稻村的个案分析 [D]. 长春：东北师范大学，2014.

[12] 杨瑞玲. 解构乡村：共同体的脱嵌、超越与再造 [D]. 北京：中国农业大学，2015.

[13] 张建东. 一个被忽略的教育群体——宋代民间士人的教育活动 [D]. 武汉：华中师范大学，2013.

[14] 张立新. 教师实践性知识形成机制研究 [D]. 上海：上海师范大学，2008.

[15] 张伟. 层序社会中的师者 [D]. 济南：山东师范大学，2014.

[16] 周军. 乡村教师文化生态及乡村教育变革 [D]. 北京：北京师范大学，2005.

附录：访谈提纲

乡村教师与乡村关系部分

1. 你在农村的婚丧嫁娶中，都参与哪些活动？能具体说说吗？为什么参与？
2. 作为乡村教师，你觉得与纯粹的农村人有什么区别？能否举个例子？
3. 你熟悉农村的礼俗吗？对村里的礼俗，你有什么看法？为什么？
4. 你觉得属于这个村子吗？最讨厌和最留恋的东西是什么？为什么？能否举例？
5. 你觉得书本上的知识跟在农村生活有关系吗？能否举例？
6. 咱村里人出过哪些知识分子？村里人怎么评价的？
7. 在工作或生活中，有没有与村里人发生过纠纷？具体怎样？
8. 在村里，和谁来往比较多？来往的礼品一般是什么？
9. 教书与家庭劳作之间如何协调的？与以往有什么不一样？
10. 评价一个人在村里是不是好人的标准是什么？为什么？

乡村教师与国家关系部分

1. 农村教师的管理有怎样的历史？任用有怎样的类型？
2. 农村教师转正是怎样的具体情况？没有转正的如何争取的，有怎样的具体故事？
3. 历史上，乡村老师工资有没有拖欠的情况？能否具体展开？
4. 村里小学历史上有哪些教学改革？如何应对每次变革？效果如何？有怎样的故事？
5. 村委选举在村里是怎样的？你参与过吗？能否描述下具体情况？中间有什么样的典型和记忆深刻的故事？
6. 你平常关注国家新闻，特别是看《新闻联播》吗？为什么关注或不关注？

7. 你认为国家对你来说意味着什么？能否用两三个词来形容？你觉得爱国是什么？

8. 怎么理解"单位"这个词？对现在单位的感情是什么？能否用一两个词来说下？

9. 你对"最美乡村教师"这一现象如何理解的？

乡村教师私人生活部分

1. 家庭成员情况？两人如何认识的？

2. 过日子有没有矛盾啊？一般都是什么矛盾？举个例子？

3. 有没有和孩子有过矛盾的时候？有的话是什么矛盾？如何解决的？没有的话，一般怎么沟通、交流？如何理解子女的孝道？

4. 说说你的一日生活。

5. 谈谈村庄里的宗教信仰情况。如何看这种信仰？咱老师有信的吗？

6. 用几个词表达自己对个人私人生活的感受（并非工作），或者对自己当下乡村生活的内心感受。

7. 下班之后（退休后在家里）平常和谁接触多？为什么？

8. 说说你成家后的家庭经济变化情况（过日子的情况）。

村庄乡民访谈

1. 村庄历史、故事、家族关系、个人情况等散谈。

2. （上学时）那时老师什么情况？都是谁啊？现在都怎样了？

3. 与教师来往多不多，都是什么方面的来往？他们都跟谁来往多一些？

4. 你觉得咱村里的老师对村里有影响吗？没有的话，为什么？有的话，怎么说？

5. 个人觉得村里有文化的人都是谁？村里有哪些能人？有无绰号？

6. 您本家的红白喜事都是谁主持，有什么变化？

7. 评价一个人在村里是不是好人的标准是什么？

8. 村里有信教的吗？具体情况是什么？

9. 村里换届选举怎么开展的？有什么具体的事件？

10. 村民之间有问题都找谁来解决？为什么？

后 记

此书是全国教育科学规划课题的结题成果。它姗姗来迟，一方面是始终觉得有些意犹未尽的地方，想尽量补充完善；另一方面，个人认为论文或著作，好像自己的女儿一般，想让她嫁个好人家。承蒙光明日报出版社"光明社科文库"的垂爱，我的一件心事，终于了了。

博士毕业五年多来，我始终与恩师赵昌木老师保持比较密切的联系。每年教师节前后，我都会赶往济南去拜望赵老师。近些年，更多的是跟老师汇报自己的成长困惑、发展抉择，当然也不忘说些自己小小得意之事，老师总是微笑提点。我常感恩此生何其有幸，能有如父亲般的老师教导和陪伴。老师影响了我看待周遭、为人处世的态度，圆融不圆滑，抱朴而守拙，恬静亦安然。如此度过，岂非正是我喜欢而追求的人生境界吗？

尽管有机会去往更大的平台，我还是选择回到这所最普通的地方院校从教，不管是出于对未来的恐惧、对现实的妥协，还是出于对自我人生价值的定位。学院是我的大学母校，里边有一群如同当年来自农村的我一样的男孩子、女孩子，太多的孩子们迷茫、没有目标、没有信心。有一次，我实在受不了他们不听课，我无奈地问："同学们，到底老师讲什么，你们才能听课呢？"一个女孩子慢悠悠站起来，说："老师，作为二本院校的来自农村的我们，你觉得我们有什么出路？"我瞬间无语了。或许，我的作用，就是陪伴而已。陪伴他们这段蹉跎、无奈的四年时光。我无法拯救他们，正如我无法拯救自己。我感恩他们允许我的随意表达，也正是在这些表达里，我慢慢产生了对该书的一些新想法、新补充。谢谢孩子们。

学院和学院所在的小地方是我的人生道场。我愿意将我所学所思，除了影响我的学生们外，力所能及的影响附近的中小学学校。在这个过程中，我做乡村教育实验、学校深度教学变革实验，得到了很多人的帮助。感恩学院领导陈伟军教授、李芳教授的鼎力支持，也容我恣意而行；感恩亦师亦友的杭州师范大学张华教授，领我领略学术前沿，引我进入实践变革领域，助我创办 WOW 教育创新学院，诗酒文章事，我们共有太多回忆，感念有您；感恩师友吕明才教授、魏建培教授、李文海教授、吴红校长、王兰玉老师，我们发愿携手同行，成己达人；感恩好友崔玉涛校长，引荐我认识此书的核心人物、我的一位特别的"老师"，即本文的主要研究对象"王校长"。因研究伦理，不便说出真实姓名，但如果没有他的真诚相助，我不可能完成此书。他打开了一扇通往村庄的大门，也开启了一段忘年之交，向他及村庄里的所有老师致敬，不只是感谢村庄里诸位老师对我的帮助，更是感谢诸位让泥土里的孩子在课堂上获得一份异乎平常日子的美好！

感恩父亲、母亲，赐予我生命外，还赐予我较强的文字能力、敏锐而慈悲的心。父亲半生务农半生从教，一生坎坷，近些年已经老得有些糊涂了，唯不忘儿子，电话里叫着我的小名，说想我了。从前，他哪会说这样的话呢。谢谢妻子朱迎春女士，她是一名孩子们很喜欢的小学英语老师，谢谢她教子有方，始终容许我不停歇地折腾，谢谢苍天赐予我两个可爱的儿子，老大蒋瑞康、老小蒋瑞嘉，祝你们健康快乐，永远赤诚！

2023 年 9 月 15 日
于泰山脚下"抱朴斋"